# FARIÑA

NACHO CARRETERO

# FARIÑA

## ENQUÊTE SUR LE TRAFIC DE COCAÏNE EN GALICE

TRADUIT DE L'ESPAGNOL PAR
ERIC REYES ROHER

le cherche midi

Vous pouvez consulter notre catalogue général
et l'annonce de nos prochaines parutions sur notre site :
**www.cherche-midi.com**

**Directrice de collection :** Marie Misandeau

Titre original : *Fariña*
Éditeur original : Libros del K.O.

Couverture : Justine Dupré d'après Arthur Galocha
Design des cartes : Arthur Galocha

92, avenue de France
75013 Paris

Composition : Nord Compo

Dépôt légal : février 2022
ISBN 978-2-7491-7192-0

# Sommaire

*À Antón. Bienvenue.*
*À Paloma. Merci.*

« Filmez ! Un jour un salaud viendra nous dire
que tout ça n'a jamais existé. »

Dwight D. Eisenhower,
*à la libération d'Auschwitz*

C'est une histoire que racontent encore les anciens de la *raia*.

Un vieux villageois traversait tous les jours la frontière entre la Galice et le Portugal à bicyclette. Il trimbalait immanquablement une sacoche avec lui. Dès qu'il s'apprêtait à franchir la *raia*, la frontière, la Guardia Civil lui intimait l'ordre de s'arrêter et demandait à voir ce qu'il transportait. L'homme, patient et poli, obtempérait sans broncher : « du charbon, c'est tout », répondait-il en ouvrant grand son sac. Agacés, les gendarmes devaient se résoudre à le laisser passer. De l'autre côté, on assistait à la même scène. Les hommes de la Guardia de Finanzas portugaise (mieux connus dans les environs comme les *guardinhas*) contrôlaient à leur tour le contenu de son sac avant de le laisser filer sur son vélo. La scène se perpétua des années durant, provoquant l'exaspération des gardes-frontières. Non seulement ils étaient incapables de découvrir ce que le vieil homme passait en contrebande, mais en plus leurs uniformes s'encrassaient à chaque perquisition. Comme dans la nouvelle d'Edgar Poe dans laquelle la police retourne une maison de fond en comble à la recherche d'une lettre posée simplement sur un bureau, pendant toutes ces années, le secret de l'homme de la *raia* s'étalait sous leurs yeux.

L'homme faisait de la contrebande de bicyclettes.

# À TRAVERS TERRE, MER ET ESTUAIRE

« Des embarcations romaines jusqu'au *Prestige.*
On a toutes sortes de naufrages par ici. »

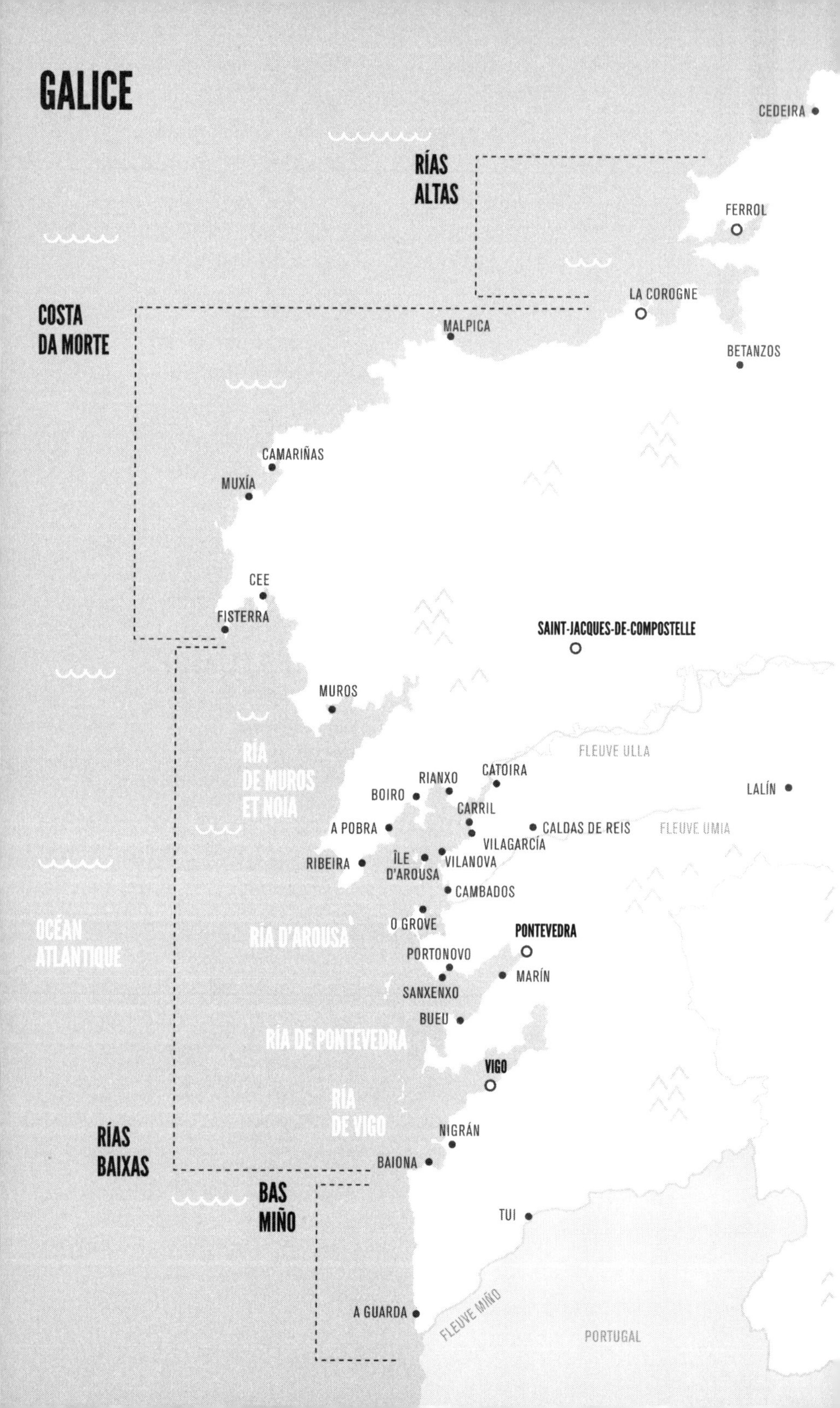

GALICE
CEDEIRA
RÍAS ALTAS
FERROL
LA COROGNE
COSTA DA MORTE
MALPICA
BETANZOS
CAMARIÑAS
MUXÍA
CEE
FISTERRA
SAINT-JACQUES-DE-COMPOSTELLE
MUROS
FLEUVE ULLA
RÍA DE MUROS ET NOIA
RIANXO
CATOIRA
BOIRO
LALÍN
CARRIL
A POBRA
CALDAS DE REIS
FLEUVE UMIA
VILAGARCÍA
RIBEIRA
ÎLE D'AROUSA
VILANOVA
CAMBADOS
O GROVE
PONTEVEDRA
OCÉAN ATLANTIQUE
RÍA D'AROUSA
PORTONOVO
MARÍN
SANXENXO
BUEU
RÍA DE PONTEVEDRA
VIGO
RÍA DE VIGO
NIGRÁN
RÍAS BAIXAS
BAIONA
BAS MIÑO
TUI
A GUARDA
FLEUVE MIÑO
PORTUGAL

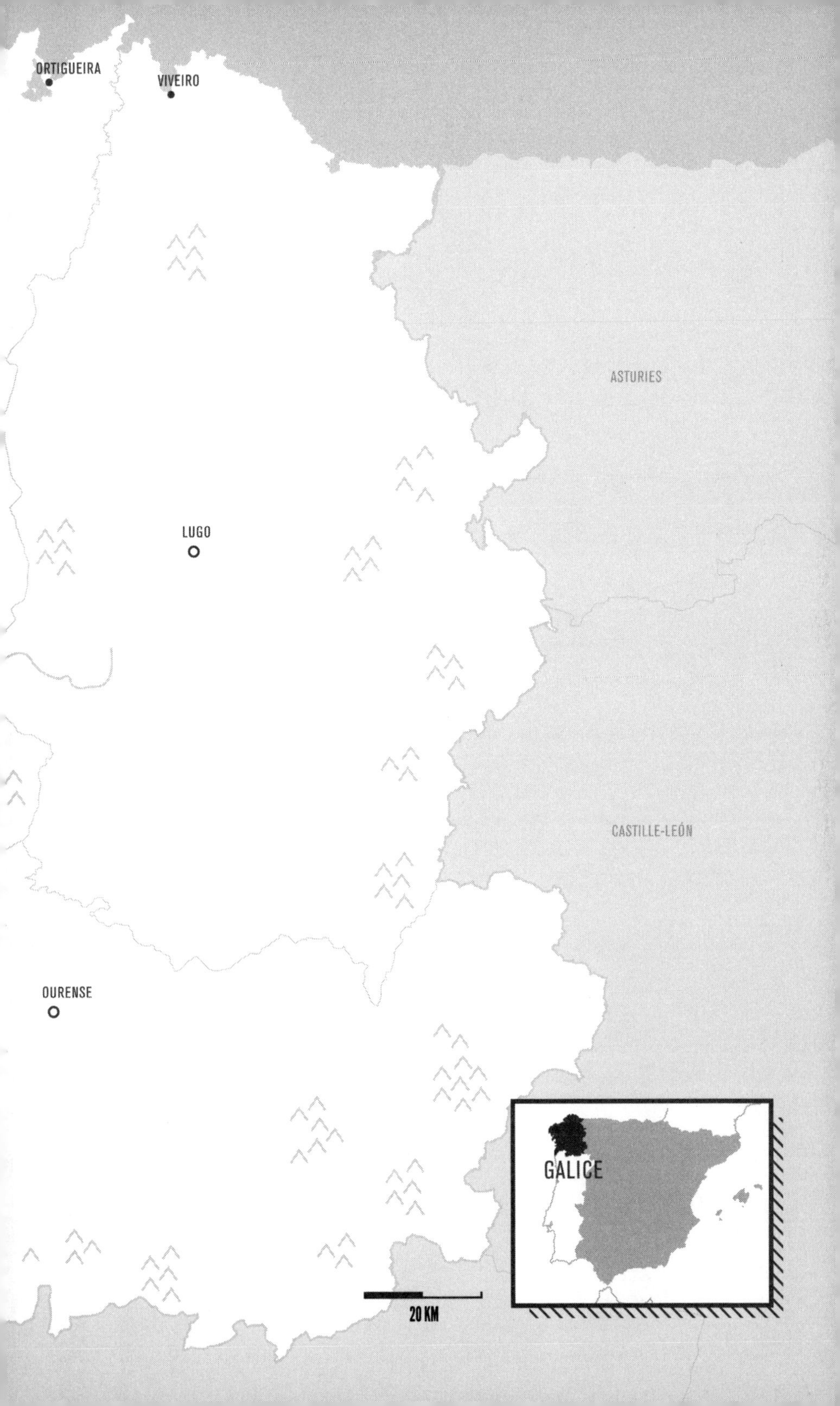
ORTIGUEIRA
VIVEIRO
ASTURIES
LUGO
CASTILLE-LEÓN
OURENSE
GALICE
20 KM

# La mer : légendes de la Costa da Morte

Elle n'en a pas l'air comme ça, jaugée entre le pouce et l'index, mais la Galice possède 1 498 kilomètres de littoral. Plus que l'Andalousie ou les îles Baléares. En regardant la carte de plus près, on remarque que la côte galicienne a horreur de la ligne droite. Son tracé s'enroule obstinément de détours en recoins, formant un lacet parfait pour entrer ou sortir sans être vu. Elle présente aussi une litanie de falaises et de roches idéales pour faire naufrage. L'un de ces tronçons reçoit le nom de Costa da Morte. C'est sur cette « côte de la mort » que tout commence.

Les hameaux et villages de la région – bâtis pour la plupart à l'abri du vent et des rigueurs de l'océan – n'ont pratiquement jamais entretenu de rapports entre eux au-delà des rivalités qui opposent inévitablement les confréries de pêcheurs ou *mariscadores* (pêcheurs de coquillages). Du fait de son isolement, cette contrée a également hérité d'un accent et d'une phonétique galicienne uniques, pas toujours évidents à comprendre. Le joyau de la couronne est le cap

Finisterre, la fin des terres selon les Romains, embarcadère de Charon pour les Grecs, kilomètre zéro du Chemin de Saint-Jacques pour les chrétiens, et un magnifique cap surplombant l'Atlantique pour le visiteur lambda. C'est aussi un décor accidenté parfait pour larguer des ballots de contrebande.

Cette région de Galice, qui va plus ou moins de La Corogne à Fisterra et au-delà, a toujours tiré ses ressources de la mer. De la pêche et du commerce essentiellement, mais également des marchandises des vaisseaux qui naviguaient le long de ses côtes. Nul besoin d'attendre qu'ils amarrent dans l'un des grands ports comme Laxe, Corme, Muxía ou Camariñas, il suffisait parfois de les attaquer en pleine mer ou de les laisser couler tout seuls.

Dresser la liste des bateaux qui ont sombré dans les eaux de Galice est une aventure vouée au naufrage. On recense 927 cas au large de la Costa da Morte, du Moyen Âge à nos jours. « Si seulement il n'y avait eu qu'eux », répliquent les habitants de la région. Dans son livre *Costa da Morte, un país de sueños y naufragios*, le chercheur Rafael Lema a compilé avec soin nombre de ces histoires. Son ouvrage offre un catalogue exhaustif des épisodes les plus surprenants survenus au large de ces côtes.

*

À la fin du XIXe siècle, le navire anglais *Chamois* échoua à proximité de Laxe. La légende veut qu'un pêcheur se soit approché à la rame pour secourir l'équipage et venir en aide au capitaine. Celui-ci, s'imaginant qu'on lui demandait le nom du bateau, répondit : « Chamois ». C'est alors qu'un prodigieux court-circuit phonétique se produisit entre le navigateur anglais et le natif de la Costa da Morte. Le *mariñeiro* crut comprendre que le navire transportait des bœufs (*bois*, en galicien) et donna aussitôt l'alerte. En l'espace de quelques minutes, munis de couteaux et de faucilles, des centaines de paysans assaillirent le bateau, décidés à régler leur compte aux bêtes, sous le regard épouvanté des marins anglais.

Le *Priam* s'enlisa du côté de Malpica à la même époque. Ses coffres remplis d'horloges en or et en argent s'éparpillèrent sur la plage, disparaissant en quelques heures seulement. On aperçut également un piano à queue sur le sable. Croyant qu'il s'agissait d'un coffre encore plus grand que les précédents, les habitants n'hésitèrent pas à l'éventrer à coups de machette : ils n'avaient jamais vu de piano auparavant.

La célèbre histoire du *Compostelano* n'est pas à proprement parler celle d'un naufrage. Celui-ci s'engagea dans l'estuaire de Laxe grâce à une manœuvre impeccable, mais alors qu'il s'approchait du rivage, il s'ensabla sur un haut-fond à l'entrée de Cabana. Lorsque les habitants accédèrent au bateau, ils ne trouvèrent personne à bord, pas l'ombre d'un marin, rien que la vue troublante d'un chat sur le pont.

L'une des plus sombres tragédies dont on garde encore le souvenir eut lieu en 1890, lorsque le navire anglais *Serpent* fit naufrage à Camariñas et que périrent les 500 membres de l'équipage. Ils sont enterrés dans le cimetière dit des Anglais, un charmant petit enclos mortuaire dans un paysage de plages et de promontoires à couper le souffle. Vingt ans plus tôt, le *Captain* sombrait face au cap Finisterre, disséminant 400 cadavres le long de la côte.

L'horreur des naufrages pouvait prendre d'autres formes que la mort par noyade. En 1905, le *Palermo*, qui transportait des accordéons, s'abîma face à Muxía. On raconte que dans la nuit parvint de la mer une musique spectrale qui remplit d'effroi la population.

En 1927, le *Nil* échoua à proximité de Camelle, chargé de machines à coudre, tissus, tapis et pièces automobiles. À peine s'était-il immobilisé sur la grève que la compagnie maritime engagea sur le champ une entreprise de sécurité pour protéger sa marchandise. En vain : quelques jours suffirent à la population locale pour faire main basse sur l'ensemble de la cargaison. Soit dit en passant, le *Nil* transportait aussi des boîtes de lait concentré. L'histoire voudrait que les gens du coin, qui n'en avaient jamais vu, aient pris le lait concentré pour de la peinture. Ils en badigeonnèrent copieusement leurs maisons, donnant à l'invasion de mouches qui s'ensuivit des allures de malédiction biblique.

Indépendamment de ce que la mémoire populaire aura retenu, on relèvera l'effroyable naufrage, en 1596, par une nuit de tempête magistrale, de vingt-cinq navires de l'Invincible Armada. Plus de 1 700 personnes périrent dans l'océan. Les chroniques de l'époque dépeignent des scènes terribles où des éclairs fulgurants illuminent un décor de cadavres, débris de bateaux et survivants hurlant à la mort avant de disparaître dans les flots.

La liste est trop longue. Voilà pourquoi, sur la Costa da Morte, le temps s'exprime en naufrages : l'année du *Casón* (qui en 1987 força l'évacuation de Muxía parce qu'on le soupçonnait de transporter des produits chimiques dangereux), l'année d'avant le *Prestige*, celle qui suivit le *Serpent*... Ainsi coulent les jours et les années.

*

Le *percebeiro* Ramón Vilela Ferrío, mieux connu sous le nom de « Moncho do Pesco », est un pêcheur de pouces-pieds de Muxía à la retraite. « Enfant, on enfilait un maillot de bain et un pull et on ratissait les falaises de la Costa da Morte. Si tu te faisais faucher par la vague, adieu la vie. Aujourd'hui, avec les combinaisons c'est plus sûr, mais des *percebeiros* meurent encore tous les ans. » Dans la confrérie de Moncho, ils étaient une trentaine dans les années 1970 à aller chercher du pouce-pied. Ils ne sont plus que quatorze survivants. « Ici, on n'a pas eu la vie facile. Nous, à l'époque, on manquait de pain. On avait tous les fruits de mer qu'on voulait, mais pas de pain. Ça paraît dingue, non ? C'est surtout très dur. » Depuis qu'il est à la retraite, Moncho a assisté à des dizaines de naufrages. « On a toujours connu ça », dit-il. « Des embarcations romaines jusqu'au *Prestige*. On a toutes sortes de naufrages par ici », déclare-t-il en riant.

« Ma grand-mère me racontait des histoires de doigts et

de mains tranchés pour récupérer les bagues et les montres des marins noyés », poursuit-il. Les corps des marins du *Revendal*, de l'*Irish Hood* et du *Wolf of Strong* – tous trois anglais et échoués au large de la Costa da Morte au XIXe siècle – furent repêchés sur la plage, amputés de leurs membres.

Ces histoires parlent également de *raqueiros*, ces pirates de la terre ferme qui s'employaient à dérouter les navires pour mieux les attaquer. Ils allumaient des feux, ou fixaient des torches sur les cornes des bœufs, à des endroits stratégiques de la Costa da Morte. Dès que les bateaux s'enlisaient, ils les abordaient sans vergogne. La plupart des victimes étant anglaises, ces récits atroces atteignirent rapidement les rivages du royaume de sa Gracieuse Majesté. Au début du XXe siècle, l'écrivaine Annette Meakin, amie de la reine Victoire-Eugénie, horrifiée par les événements qu'on lui rapportait, baptisa ce lieu reculé du nom de *Coast of Death*. Ces nouvelles furent très vite relayées par les principaux journaux britanniques, puis se retrouvèrent dans la presse madrilène qui en adopta le nom. Le gouvernement de Londres demanda à son homologue espagnol de prendre des mesures contre ces « mafias de pirates ».

« Il n'y avait pas de mafia. Il n'y a jamais eu d'association de pirates organisés pour l'assaut systématique de navires. Ça ne repose sur aucune vérité historique. » Le chercheur Rafael Lema vient nuancer un phénomène qui se prête à toutes sortes d'élucubrations et de ouï-dire souvent impossibles à vérifier. D'après lui, ces faits étaient sans rapport, les attaques fortuites. La magie qui imprègne certaines de ces histoires de naufrages est douteuse, mais elle nous permet d'appréhender un monde, une société et une économie qui s'est développée pendant des siècles à l'ombre d'une marchandise gratuite et à portée de main.

# La terre : la *raia seca*, berceau du marché noir

Tandis qu'on dévalisait les bateaux sur la Costa da Morte – d'après la rumeur –, l'arrière-pays galicien n'était pas en reste. Mais ici la réalité s'impose dans toute son évidence, sans élucubrations ni légendes : de part et d'autre de la *raia seca* (la frontière sèche), comme on appelle communément la démarcation entre la Galice et le Portugal, c'étaient tous types de marchandises qui circulaient : médicaments, argent, nourriture, électroménagers, métaux, armes, et jusqu'à des migrants.

La frontière hispano-portugaise se pare d'un certain flou du côté d'Ourense, du fait du lien culturel et linguistique étroit qui unit les deux rives autant que de l'indétermination topographique de la délimitation elle-même. Le XIX^e^ siècle était déjà bien entamé qu'il existait des hameaux reculés entre Verín et Chaves dont les habitants ne pouvaient dire à quel pays ils appartenaient. Non pas que cela les préoccupât véritablement. Le cas le plus frappant de cette apatridie régionale était sans doute celui de la zone connue sous le nom de Couto Mixto.

À eux trois, les villages de Santiago, Meaus et Rubiás constituaient le Couto Mixto, un triangle d'environ 27 kilomètres carrés perdu dans les montagnes, collé à la frontière portugaise. Au Moyen Âge, ce territoire semi-abandonné fut déclaré « *coto de homiciados* ». Un statut réservé à certaines zones frontalières ou à certaines contrées dévastées par la peste ou la guerre afin de les repeupler à marche forcée, par l'envoi de prisonniers libérés à cet effet. Au XIe siècle, c'est un petit millier de personnes qui vint s'installer dans le Couto Mixto, lequel émergea avec le temps comme un territoire autonome. Ni le comté du Portugal, ni le Royaume de Galice n'étaient pressés de réclamer ce petit bout de pays, laissant tout le loisir aux habitants de s'enraciner dans un *no man's land* territorial.

Lorsque la Galice intégra le Royaume de Léon et plus tard celui de Castille, la très particulière indétermination du Couto Mixto se renforça. Face à la passivité des deux couronnes, les habitants de cette contrée commencèrent à s'assumer comme sujets indépendants à partir du XIIIe siècle : ils élisaient leurs propres gouvernants et n'étaient soumis ni à l'impôt ni à la conscription vis-à-vis des deux royaumes. Nul besoin d'un quelconque acte officiel, les deux parties acceptant de fait l'indépendance de cet infime territoire. Le Couto Mixto s'érigea alors en zone de libre-échange entre l'Espagne et le Portugal. Ni la Guardia Civil espagnole, ni la Guarda de Finanzas portugaise ne contrôlaient les marchandises qui circulaient à foison par le dénommé

« chemin privilégié ». Dans les faits, un boulevard pour les contrebandiers, un rêve devenu réalité.

Ainsi, le Couto demeura-t-il dans les limbes géopolitiques jusqu'en 1864 et la signature du Traité des limites entre l'Espagne et le Portugal, inclus dans le Traité de Lisbonne[1]. C'est alors que le Couto Mixto éclata, partagé entre les deux pays. Cet événement marqua la fin de l'« Andorre » galicienne, de ce territoire indépendant vieux de huit siècles et qui fut porté au cinéma, quoique de façon quelque peu romancée il est vrai, par Rodolfo González Veloso dans son film *Rayanos : les derniers irréductibles Galiciens*.

Le partage du Couto Mixto donna naissance, de façon officielle cette fois, à la frontière qui aujourd'hui encore sépare la province d'Ourense du Portugal. C'est ainsi que certaines familles se retrouvèrent écartelées, quand bien même d'autres se contentèrent de passer outre les dispositions pactées continuant d'observer les limites que les habitants avaient assimilées de longue date. Dans plusieurs comarques[2] qui bordent la frontière, à l'instar de celle de Gerês-Xurés, les habitants se réunissaient tous les ans pour redessiner la frontière entre la Galice et le Portugal suivant

1. Accord par lequel furent fixées les frontières actuelles entre les deux pays, sur la partie allant de l'embouchure du fleuve Miño jusqu'au lieu où la rivière Caya se jette dans le Guadiana.

2. Division territoriale, géographique, historique, culturelle, ethnographique et économique regroupant plusieurs communes autour d'un chef-lieu, la comarque occupe une place prépondérante dans une Galice historiquement très autonome. (Note du traducteur)

l'évolution des terrains cultivés ou l'apparition de nouvelles habitations dans les communes concernées. Ainsi, alors que l'administration s'échinait à imposer une frontière, sur place les habitants se référaient à d'autres démarcations qu'ils fixaient eux-mêmes. Au sortir de la guerre civile, le régime franquiste blinda sa ligne territoriale, mit fin à la perméabilité et interdit formellement l'échange et le commerce de marchandises. Seuls les bergers étaient autorisés à la franchir sans entraves. Il va sans dire que certains, ayant franchi la *raia*, ne revenaient jamais en Espagne.

Dès lors, la frontière dure fit émerger deux régions cruellement inégales dans le contexte de l'après-guerre civile : alors que le Portugal parvenait à assurer un niveau de vie acceptable à sa population, la Galice rurale était, pour sa part, durement frappée par la misère. Non seulement elle manquait de médicaments et d'essence, mais elle souffrait d'une pénurie d'aliments, de composants électriques et même d'approvisionnement en électricité. Des produits tels que le café ou de simples briquets étaient devenus des articles de luxe inaccessibles au plus grand nombre. Depuis les maisons galiciennes qu'une lampe à huile éclairait chichement, on distinguait parfaitement, et non sans envie, les ampoules portugaises jetant une lumière crue sur les disparités. La contrebande naquit, pour ainsi dire, spontanément, comme une conséquence directe des inégalités criantes des deux côtés de la frontière.

Priorité était donnée à la nourriture, la fameuse « contrebande du ventre », mais aussi aux médicaments, à la ferraille, aux pièces automobiles ou aux armes. Le tarif était de 49 pesetas par ballot de nourriture que l'on parvenait à faire passer. S'agissant de ferraille ou de matériaux de construction, la somme s'élevait à 300 pesetas, l'équivalent d'un mois de salaire d'un ouvrier galicien de l'époque.

La facilité déconcertante avec laquelle la marchandise se retrouvait de l'autre côté de la *raia seca* était due, entre autres, à la complicité de la Guardia Civil. Dans les tavernes des villages frontaliers, contrebandiers et gendarmes s'asseyaient à la même table, partageant le vin et les parties de dominos. Ensuite, les uns faisaient entrer des marchandises tandis que les autres leur couraient après. Un mariage de convenance qui se perpétuerait jusqu'à l'époque de la contrebande de cigarettes, mais aussi, d'une certaine façon, dans le trafic de drogue.

Seule l'arrivée des inspecteurs dépêchés par Madrid interrompait cette routine. Les trains renouaient alors avec leur vitesse normale, et non les 15 km/h nécessaires pour décharger la marchandise sans s'arrêter. Et pendant toute la durée du séjour des policiers madrilènes, on ne voyait plus accrochées aux fenêtres les serviettes blanches indiquant que la voie était libre. Durant ces quelques jours, le flot de marchandises s'arrêtait net, mais les intrus à peine repartis, les Galiciens pouvaient à nouveau se procurer de la pénicilline (que le Portugal importait du Brésil), du café, du savon, de la morue ou de l'huile. Même les foulards en provenance d'Angleterre traversaient la frontière et venaient coiffer les têtes des dames d'Ourense et de Vigo. La contrebande, il va sans dire, n'était pas déconsidérée. Au contraire, c'était une activité respectable, prestigieuse même. Dans la Galice sous-développée de l'après-guerre, le commerce interlope était aussi un moyen de survie.

La période de la Seconde Guerre mondiale vit se consolider les routes internationales du tungstène, que les Allemands convoitaient tout particulièrement pour leur industrie militaire et l'éclairage de guerre. Les *arraianos*, les habitants de la *raia*, se spécialisèrent dans l'extraction du précieux métal dans les mines galiciennes et le vendaient à prix d'or aux « blonds », à savoir les émissaires de la Wehrmacht que l'on voyait débarquer dans les hameaux d'Ourense. Avant la guerre, les Galiciens descendaient chercher le tungstène au prix de 13 pesetas le kilo, mais l'appétit du Troisième Reich fit grimper son cours à 300 pesetas. Des dizaines de familles ourensiennes firent fortune pendant ces quelques années. Une manne que l'auteur et réalisateur galicien Héctor Carré aborde dans son roman *Febre* (Fièvre), dans lequel il dépeint une frontière galicienne semblable à un Eldorado où les chercheurs de tungstène se livrent à une concurrence acharnée. Ironiquement d'ailleurs, les soldats du Reich s'affairaient au beau milieu des maquisards républicains, planqués dans les montagnes alentour, et à qui les habitants vendaient, on l'aura compris, de la nourriture introduite illégalement depuis le Portugal. De nos jours, c'est toute la mémoire de cette époque singulière qui fait l'objet d'un effort de récupération. La Xunta de Galicia – nom officiel du gouvernement de la région autonome – et la Direction du Tourisme de Porto travaillent sur un projet de sauvegarde des chemins de la contrebande de tungstène à travers la création de musées et l'organisation de circuits thématiques. Une initiative qui a le mérite d'exister dans une région, la Galice, où l'amnésie mémorielle est un sport national.

## L'estuaire : la *raia mollada*, la naissance d'un trafic

Alors que les habitants d'Ourense se fondaient dans la montagne et ses chemins forestiers pour faire entrer tous types de marchandises, à Pontevedra on pouvait compter sur la mer : la *raia mollada* (la frontière d'eau), un large estuaire parsemé d'îlots et de sentiers, qui matérialise la limite entre la Galice et le Portugal à l'embouchure du fleuve Miño.

Au sortir de la guerre civile, ce sont des centaines de familles – autant dire quiconque disposait d'une barque – qui s'adonnèrent à la contrebande, réalisant des déchargements sauvages et tissant un réseau de transport terrestre pouvant en assurer la distribution. Une mécanique que les Galiciens reconnaîtront sans mal étant donné que la contrebande le long de la *raia mollada* contenait en germe les méthodes du narcotrafic qui allait se développer dans la région. Ce sont ces passeurs primitifs qui jetèrent les bases du système et de la culture du trafic qui, au fil du temps, s'érigea en vitrine de choix pour les cartels latino-américains à la recherche ils procédaient à l'arrestation de quelques contrebandiers et leur imposaient une amende correspondant au double de la valeur estimée de la saisie. De sorte que lorsque la marchandise s'avérait inutilisable, l'amende, logiquement, était nulle. C'est pourquoi, dès qu'ils voyaient s'approcher les gardes civils, les contrebandiers s'empressaient de se défaire de la cargaison et de la détruire au mieux (on rapporte ainsi un massacre de poules perpétré par un seul homme en l'espace de quelques minutes). Un avant-goût de l'image d'Épinal du narcotrafiquant précipitant ses ballots par-dessus bord.

Dans les années 1950, la contrebande prit du galon et s'intéressa à des articles autres que ceux de première nécessité. La « contrebande du ventre » devint « *zucata* »[2] et se mit à irriguer le secteur industriel. L'économie espagnole connut une petite embellie tandis que celle du voisin portugais commençait à se rétracter, instituant une contrebande qui agissait désormais dans les deux sens. De la Galice vers le Portugal, et inversement, c'étaient les pièces automobiles, le cuivre, la ferraille, l'étain, le fil de fer, le caoutchouc, la morue, les raisins secs et le tabac qui circulaient de part et d'autre de la frontière. Les transporteurs recevaient le nom de *freteiros* et la somme de 200 pesetas pour chaque *frete* (livraison) arrivé à bon port. Afin d'éviter tout malentendu ou entourloupe, les chefs attendaient de l'autre côté de la frontière. Dès qu'un *freteiro* apparaissait avec sa cargaison, on lui remettait une pièce

---

2. La *zucata*, ou *sucata* en portugais, désigne les déchets de ferraille du plomb, du cuivre ou de l'étain. (N.d.T.)

en aluminium spécialement frappée qu'il échangeait plus tard contre de l'argent. La contrebande était à ce point acceptée socialement que ces jetons avaient cours dans plusieurs villages galiciens et portugais. Ils valaient 200 pesetas ou 100 escudos et servaient de moyen de paiement dans quantité d'établissements.

Il arrivait aussi que le *frete* prenne forme humaine. Au début des années 1960, l'économie portugaise s'effondra en raison des guerres coûteuses dans lesquelles était engagé le pays, désireux de conserver ses colonies africaines en Angola et au Mozambique. Nombreux furent alors les Portugais cherchant à quitter le territoire, du fait de la misère régnante, mais aussi afin d'échapper à la conscription. Les contrebandiers galiciens créèrent alors un réseau d'immigration clandestin le long du Miño. Ils prenaient 600 pesetas par tête de *carneiro* (bouc), comme on appelait les migrants dans la région. Une véritable fortune.

Les Galiciens les aidaient à franchir le fleuve puis les cachaient chez l'habitant avant de les emmener jusqu'en France à bord de fourgonnettes ou de camions. Parfois des escrocs, faisant croire qu'ils étaient passeurs, empochaient l'argent et conduisaient les migrants jusqu'aux Asturies ou dans le Pays basque où ils étaient abandonnés à leur sort. En dehors de ces quelques cas isolés, les récits de l'époque font état de contrebandiers galiciens soucieux de nourrir convenablement leurs passagers clandestins, allant jusqu'à embarquer leurs propres médecins pour s'occuper de ceux qui pourraient tomber malades pendant la traversée.

Le trafic de *carneiros* tourna sans relâche et avec une

certaine facilité pendant quelques années, mais lorsque les autorités décidèrent de s'en mêler, il fallut innover. On commença ainsi à cacher les candidats à l'immigration dans des camions-citernes, sous le châssis de camionnettes ou dans des coffres à double fond.

« Lito », comme on le surnomme, était l'un de ces passeurs opérant de part et d'autre du Miño. Il se souvient de la fois où il transporta les quatre membres d'une famille portugaise dont le chef de famille – père et mari donc – trimballait une cuite carabinée. « Pour surmonter la peur », se rappelle-t-il. L'homme se tenait debout sur la proue et lui demandait s'il devrait ôter son chapeau lorsqu'ils toucheraient le sol espagnol. « *Olha galego !* », l'avait-il interpelé dans un mélange de portugais et de galicien, avant de mettre un pied à terre avec son chapeau à la main : « *Bailemos xuntos, sobre as ondiñas do mar, para lhe cortar os collóns a Franco e a cabeza a Salazar.* » Dansons, toi et moi, sur ces vaguelettes, à Franco coupons-lui les couilles et à Salazar la tête, chanta-t-il avant de s'étaler de tout son long dans la fange. Pas forcément le transport de *carneiros* le plus facile que Lito ait réalisé.

Les réseaux de contrebande se développaient à leur aise. Conquérants, ils infiltraient les territoires et le pouvoir. Après l'estuaire, c'est sur les chemins reliant la ville de Vigo et le nord du Portugal que les contrebandiers firent défiler des camionnettes chargées de ferraille, désormais la marchandise préférée des trafiquants. Là encore, ce commerce illégal se déroula sans entraves les premières années. Et lorsque la surveillance se renforça, ils redoublèrent d'ingéniosité.

Les gamins de Vigo se confectionnaient alors des gilets de ferraille qu'ils enfilaient sous leurs vêtements et des molletières en caoutchouc à pneu sous leurs pantalons (pourrait-on imaginer pareil attirail dans nos aéroports modernes ?). Il faut surtout imaginer les scènes qui se déroulaient dans les rues de Vigo où de jeunes hommes circulant avec 10 kilos de métal sur le torse et dans le dos, et le double à chaque jambe, avançaient l'air de rien malgré l'évidente lourdeur. « On aurait dit des robots, mais au ralenti », témoigne Praxíteles dans son livre. C'était l'époque des autocars peinant dans les montées aux abords de la frontière. Le conducteur, interloqué, examinait son moteur sans se douter que plusieurs de ses passagers pesaient 40 kilos de plus que prévu.

Une époque où, lorsque l'on était garde civil ou *guardinha*, être muté dans le Bas Miño était plus enviable encore que remporter la loterie. L'histoire nous est parvenue d'un jeune agent portugais que l'on avait affecté à la frontière avec la Galice. Son père, et prédécesseur dans cette caserne, était connu pour sa droiture, ayant toujours refusé de participer aux arrangements avec les contrebandiers. Une vraie tannée pour les deux camps. Lorsqu'il prit le poste – précédé de la réputation de son père –, il s'inquiéta de ce qu'on l'imaginât égal à son géniteur. Il craignait de se voir privé de sa part du gâteau. Aussi, dès son premier jour en poste, le jeune homme prit les choses en main et entreprit de faire le tour des villages frontaliers pour annoncer personnellement, de maison en maison : « Écoutez, je ne suis pas mon père ! Comme tout le monde, j'aime l'argent, j'aime quand ça tombe ! Alors, comme tout le monde, je veux ma part ! »

1. En Galice, on appelle la contrebande de cigarettes le *fume* (la fumée). Les trafiquants étaient alors les « seigneurs du *fume* ».

# LE *FUME*[1]

« Mariano, monte à Madrid, apprends le galicien,
trouve-toi une femme et fais des enfants. »

# Le Celta Marlboro

On raconte à Vigo qu'au début des années 1960, lorsque le Celta disputait un match important dans son stade de Balaídos, son président, Celso Lorenzo Villa – contrebandier et ancien pilote de l'armée républicaine –, grimpait dans son avionnette et survolait le stade au beau milieu de la rencontre. Il arrivait, toujours d'après la légende, qu'il volât si bas qu'il en décoiffait les joueurs.

C'est pendant cette décennie que les passeurs comprirent que la manne se trouvait dans le tabac en provenance du Portugal. À côté des cigarettes, les autres denrées, hormis le carburant, n'étaient nullement rentables. On assista alors à une mutation profonde de la structure délictuelle : les petits et moyens trafiquants se retirèrent, laissant la place aux grossistes qui allaient monopoliser le marché de la cigarette. Le temps des petits exploitants était révolu, on entrait dans l'ère des gros consortiums. Les contrebandiers indépendants s'effacèrent devant les organisations de trafiquants dirigées par des parrains.

Celso Lorenzo Villa fut l'un des premiers grands parrains galiciens à s'être lancé dans le trafic de cigarettes. C'était un homme respecté dans le Bas Miño : riche, populaire et à l'épais carnet d'adresses. Président, nous l'avons dit, du Real Club Celta de Vigo, équipe qu'il racheta en 1959, tout juste reléguée en deuxième division, dans l'idée de la remettre à flot et de lui faire retrouver les sommets du football national. On l'apercevait rarement dans la loge de Balaídos, contrairement à son conseil de direction, constitué, entre autres, de Vicente Otero, dit « Terito », Pepe Vallina, Antonio Bar Boo, Manuel Tomé ou encore Venancio González, surnommé « *Capitán Veneno* »[1], ancien joueur des années 1940, célèbre pour les tacles assassins qu'il infligeait dans le couloir droit à ses adversaires autant qu'à ses coéquipiers. Il paraît que lors d'un match à Vigo, il arracha son parapluie à un spectateur qui le prenait à partie puis s'en servit lors de l'échange d'amabilités qui s'ensuivit sur le terrain. Couronnant vingt ans de bons et loyaux services sur la pelouse, « *Capitán Veneno* » faisait partie du conseil de direction de son club, désormais connu comme le « Celta Marlboro ».

L'équipe de Celso Lorenzo Villa effectuait ses déplacements dans un magnifique car Dodge dernier cri, offert par le Centre Galicien de La Havane, et qui arborait fièrement le nom et le blason du club. À l'intérieur, outre les

1. Le « Capitaine Venin » est le personnage du roman éponyme de Pedro de Alarcón se déroulant à Madrid lors des événements de 1848, surnommé ainsi du fait de son caractère âpre et bagarreur. (N.d.T.)

joueurs et le staff technique, c'étaient quelques cartons de Marlboro qui faisaient le voyage et que l'on revendait dans les tribunes pendant la durée du match.

Celso Lorenzo était un homme marié, son épouse n'étant rien de moins que la fille d'un sergent de la Guardia Civil. Le dimanche, c'était à bord d'une magnifique Jaguar couleur beige qu'ils se rendaient en famille à la messe.

Les parrains des années 1960 avaient à leur charge des centaines de travailleurs. Toutes organisations confondues, ils employaient quelques milliers de personnes dans la région du Bas Miño et de Vigo (puis dans les Rías Baixas et sur la Costa da Morte par la suite). Ils arboraient des costumes confectionnés à Madrid ou à Barcelone, se pavanaient au volant de voitures de luxe, organisaient de somptueux banquets, finançaient les œuvres de la paroisse et les fêtes votives, et s'affichaient toujours aux côtés de femmes splendides… Mais, plus que tout, les rois du tabac nageaient dans les mêmes eaux que les politiciens, les maires, les banquiers et le grand patronat.

Il régnait un climat de tolérance de la part des pouvoirs publics et des élus vis-à-vis du marché noir. Loin d'être perçus comme des délinquants, les contrebandiers jouissaient de l'approbation sociale et d'une complicité locale à toute épreuve. C'était une profession dont rêvaient nombre de Galiciens et une source de fierté pour les rares élus. On raconte à Tui, une commune située entre Vigo et la frontière portugaise, l'histoire d'une femme de contrebandier partie déclarer l'enfant dont elle venait d'accoucher. L'officier de l'état civil lui posa les questions de rigueur et lorsqu'il lui demanda la « profession du père », celle-ci répondit sans la moindre hésitation : « contrebandier ».

Imperceptiblement, ce mélange toxique d'admiration populaire et de complicité politicienne était en train de jeter les bases de ce qui, quelques décennies plus tard, allait dégénérer en un système criminel paramafieux.

C'est alors que dans la presse s'élevèrent – quoiqu'on ne voulût pas les entendre – les premières voix alertant des dangers de cette industrie illégale. Ce n'est que tardivement et en traînant les pieds que la Guardia Civil se mobilisa, mais pour la forme uniquement, comme lors de cette prise dans les environs de La Corogne où l'on surprit l'une de ces organisations en flagrant délit de déchargement clandestin de cigarettes. Et même si tous les impliqués parvinrent à passer entre les mailles du filet – suffisamment grosses pour ne pas avoir à courir –, ce fut l'occasion pour les gendarmes de prendre la pose à côté des cartons de tabac confisqués. Une formule gagnant-gagnant que plus personne ne serait en mesure d'endiguer.

# « Y a pas plus honnête qu'un contrebandier »

Manuel Díaz González, « *Ligero* » (Le Léger), était ainsi surnommé du fait de son aisance à franchir la frontière avec le Portugal depuis la localité de A Guarda, dont il finit par devenir maire. Du moins, dans la version de Fraga[1]. Dans sa chronique pour le quotidien espagnol *El País*, la journaliste Elisa Lois raconte la fois où Don Manuel [Fraga], en guise de remontrance, s'adressa au président du gouvernement régional galicien, Alberto Núñez Feijóo[2], en ces termes : « Savez-vous seulement pourquoi le maire de A Guarda est surnommé “Le Léger” ? Eh bien, parce qu'il lui arrivait d'échapper à la Guardia Civil à l'époque où il faisait de la contrebande ! » Le rappel à l'ordre de Fraga n'était pas sans rapport avec des photos publiées dans la presse montrant

1. Manuel Fraga (1922-2012), ancien ministre de Franco puis leader de la droite conservatrice avec le retour de la démocratie. Il a fondé l'Alliance populaire (AP) en 1977. (N.d.T.)

2. Né à Ourense, il préside le gouvernement de Galice depuis 2009, succédant à Fraga, ainsi que la section galicienne du PP depuis 2006. (N.d.T.)

Feijóo prenant du bon temps sur le yacht de Marcial Dorado, un narcotrafiquant notoire d'Arousa, arrêté en 2003. Une relation – et des photos – sur lesquelles nous aurons l'occasion de revenir.

Manuel Díaz fut l'un de ces grossistes qui se muèrent en seigneurs du tabac, respectés et admirés, dans les années 1960 et 1970. Son parcours est archétypal du capo galicien : non diplômé, ayant fait ses premières armes dans la contrebande et vénéré par ses voisins de A Guarda, dont il finançait les fêtes, pourvoyait les emplois et présidait l'équipe de football, le Club Sporting Guardés. Un authentique parrain à la galicienne qui allait réaliser ses ambitions en 1987 en se faisant élire maire de A Guarda sous la bannière Alianza Popular[3].

Quatre ans avant de devenir premier édile de son village, « *Ligero* » avait purgé une peine de prison à Carabanchel. Il fut l'un des condamnés dans l'affaire du 11/84, un grand coup de filet contre les réseaux de contrebande qui se délita face à l'incurie nationale. À la suite de cette opération, il fut brièvement incarcéré aux côtés de nombreux contrebandiers galiciens. Embarqué dans une Opel de la Guardia Civil pour être déféré à Madrid, il parvint à ouvrir la portière et à sauter du véhicule en marche. « Le Léger » réussit à s'enfuir à pied, même s'il fut capturé par la suite. Lors de son séjour à la prison de Carabanchel, sa légende ne fit que

3. L'« Alliance populaire » (AP) est une fédération de mouvements et de partis conservateurs, fondée par d'anciens franquistes au moment de la transition démocratique et qui deviendra en 1989 le Parti populaire (PP), force hégémonique de la droite espagnole. (N.d.T.)

croître, tout consacré qu'il était à régaler ses codétenus, à leur offrir des couvertures et du café et à satisfaire autant que possible leurs besoins de confort.

Il s'est toujours défendu d'avoir continué dans la contrebande après son élection à la mairie de A Guarda. En 1987, alors qu'il était déjà maire, il accorda un entretien au journal *Faro de Vigo*. Le texte vaut le détour. Entre autres délices, Manuel Díaz y explique que son sobriquet n'a rien à voir avec ce que prétendait Fraga. « Je l'ai depuis que je suis enfant. Et je le porte aussi fièrement que mon nom de baptême. » Puis, à mesure que la conversation avance, « Le Léger » se retrouve à livrer une défense enflammée des contrebandiers dont il se revendique, quoique bien malgré lui : « [...] Dis-toi bien que la parole d'un contrebandier vaut de l'or. Elle est comme celle de l'éleveur qui à la foire cède sa bête contre une simple poignée de main. Nul besoin de papiers. Voilà votre Manuel Díaz ! » Mais le summum de l'entretien, ce qui resterait pour la postérité, était son titre : « Y a pas plus honnête qu'un contrebandier ». Aussitôt dit, aussitôt imprimé. Deux ans plus tard, Manuel Díaz « *Ligero* », mourut. Parmi les milliers de personnes venues assister à son enterrement – dont nombre d'éminents politiciens et d'entrepreneurs galiciens – se trouvait Don Manuel Fraga, sur le point de devenir président de la Xunta de Galicia. Sans doute le gouvernement galicien cautionnait-il finalement l'intitulé de l'entretien.

# Winston de chantier

Un jour d'été de 1982 une fusillade éclata dans le Parador de Cambados. On rapporta un échange de coups de feu, des bruits de pas dans les couloirs, des voitures qui démarraient en trombe puis le silence. La police finit par arriver sur les lieux, mena son enquête et prononça, publiquement, un non-lieu. « Un différend entre contrebandiers », balaya-t-on d'un revers de main dans la région. On apprit plus tard que les seigneurs du tabac s'étaient réunis ce jour-là. Une version très répandue parmi les journalistes galiciens de l'époque voudrait qu'ils se soient retrouvés au Parador pour discuter du cours que prendrait leur activité. La conversation se grippant sous l'effet de la tension, Vicente Otero « Terito » dégaina et braqua son arme sur Laureano Oubiña. S'ensuivirent des tirs qui ne firent pas de blessés. D'aucuns affirment que « Terito » appuya sur la gâchette au moment même où un autre capo frappait son arme, déviant la balle qui se logea dans le pied d'un troisième. Mais d'après les tenants de cette deuxième version, les barons ne discutaient pas tant du tour que prendraient les affaires, que de la somme qu'ils verseraient à l'Alliance populaire (AP) pour financer sa campagne électorale. La seule certitude reste qu'un jour d'été de 1982, une fusillade éclata dans le Parador de Cambados.

L'homme qui aurait mis en joue son associé Oubiña, serait Vicente Otero, dit « Terito », ou Don Vicente. Le même qui, des années plus tôt, faisait partie du conseil de direction du susmentionné Celta Marlboro de Celso Lorenzo. « Terito » est le visage immergé de cette nouvelle fournée de trafiquants ayant déplacé l'activité du Bas Miño aux Rías Baixas, de l'embouchure du fleuve aux estuaires atlantiques. C'était un pur produit du marché noir et qui se targuait de s'être fait tout seul. Friand d'élégance, il était toujours impeccablement vêtu, quoique sans goût, abonné aux colorations capillaires pour dissimuler ses cheveux blancs. Il se constitua des réseaux grâce à la contrebande des années 1960 et se fit un nom de commerçant respectable grâce à son entreprise de transporteur, Transportes Otero, une enseigne bien connue des autoroutes du nord-ouest, région que couvrait sa flotte de poids lourds, parfois chargés, on s'en doutait, de quelques cartons de blondes américaines.

C'est au tabac que « Terito » doit ses millions. Grâce à eux, il acheta des entreprises à la pelle, pour investir autant que pour blanchir son argent. Ainsi possédait-il la célèbre cité balnéaire de Mondariz, tout comme, en définitive, l'entièreté de Cambados, sa ville natale. Il fut le premier cacique de la ria. Plutôt accessible, il n'hésitait pas à financer les projets de la municipalité ou de la comarque ; il donnait du travail aux habitants, organisait les fêtes locales ou votives, mais plus que tout, il ramenait des voix à l'AP, le parti qui régnait sans partage sur toute la région d'Arousa.

Don Vicente fut un militant de la première heure et un ami personnel de Manuel Fraga. Ils étaient liés par une amitié solide qu'ils cultivaient scrupuleusement et qu'aucun ne renia jamais. Lorsque Fraga se rendait à Arousa, l'accueil était immanquablement princier : on le recevait autour de repas somptueux et de riches plateaux de fruits de mer, souvent d'ailleurs dans le Parador de Cambados (les coups de feu en moins), quand ce n'était pas dans l'un des restaurants de « Terito », ou au Casino de A Toxa, véritable repaire du contrebandier. Le leader de l'AP y était reçu en fanfare et, réciproquement, Don Vicente recevait les plus grands honneurs du parti. « Terito » fournissait les voix dans une comarque où l'alliance conservatrice remportait habituellement – et encore aujourd'hui dans certaines circonscriptions – 70 % des suffrages[1].

Ce n'est pas un secret en Galice – et certainement pas parmi les journalistes des Rías Baixas –, mais outre les honneurs, « Terito » s'était vu décerner une médaille du mérite pour le financement fort probable des campagnes millionnaires du parti, par le biais de dons très généreux qui renforçaient le lien étroit entre l'AP et la contrebande. « Je n'ai

1. Lors des élections de 2011, le PP remporta tous les *concellos* : Vilagarcía avec 48 % ; Vilanova avec 67 % ; Cambados avec 61 % ; l'Île d'Arousa avec 46 %. En 2015, ces taux chutèrent brutalement : Vilagarcía avec 29,3 % ; Vilanova avec 54 % ; Cambados avec 45 %, l'Île d'Arousa avec 38 %.

aucune preuve étayant ce financement, mais je n'ai jamais été poursuivi pour l'avoir écrit », résume Perfecto Conde, auteur du livre *La conexión Gallega* (La filière galicienne).

Le bras droit de Vicente Otero était José Ramón « Nené » Barral, né à Ribadumia, localité située à quelques kilomètres de Cambados, dans les terres, mais que l'on peut rejoindre en naviguant le long du fleuve Umia. Il passa son enfance et son adolescence à déménager un peu partout en Europe, en Suisse et en Allemagne notamment, se faisant employer surtout comme mécanicien. Rentré au pays (avec un petit pactole sous le bras), il lança plusieurs affaires, dont certaines parfaitement inédites dans les parages, comme une plantation de kiwis. Du reste, il comprit très vite où se trouvait l'argent et rejoignit les réseaux de contrebande. « Quand "Nené" est à la manœuvre, le monde entier se fige. Il sort avec trois bateaux du genre patrouilleur, dans lesquels il charge ses mille huit cents cartons et remonte ainsi le fleuve, pratiquement jusqu'aux portes de sa maison, tandis que tous les chemins qui donnent sur le Miño sont fermés, comme lorsque Franco venait pêcher le saumon », peut-on lire également dans le livre de Perfecto Conde. Barral ne manquait pas d'ambition et il fut l'un des premiers à brancher les clans galiciens avec la mafia internationale de la contrebande, depuis sa villa du bord de mer à Vilanova de Arousa.

« Nené », comme son mentor, était militant du parti conservateur, mais il le fut bien au-delà du simple soutien : en 1983, il se fit élire maire de Ribadumia sous les couleurs de l'AP, avec une écrasante majorité. Dès lors, il renonça officiellement à la contrebande, avec la bénédiction du parti. Mais pas celle de tout le monde : l'étoile montante, et président du conseil général de Pontevedra, n'appréciait guère que des « Nené », « Terito » et tant d'autres gravitent si près (parfois même à l'intérieur) du parti. Ce jeune séditieux s'appelait Mariano Rajoy[2] et il tint tête à Fraga, lui reprochant les liens étroits qui unissaient le patron aux contrebandiers. Don Manuel ne goûta pas tellement le rebiffement de Rajoy et lui glissa un conseil désormais entré dans l'histoire populaire de Galice : « Mariano, monte à Madrid, apprends le galicien, trouve-toi une femme et fais des enfants. » Conseil suivi à la lettre, sauf pour ce qui est de la langue. Toujours est-il que le coup de gueule de Rajoy, était, à n'en pas douter, en avance sur son temps.

Car le « j'y renonce » de « Nené » ne dura pas. Il ne décrocha jamais pendant toute la durée de sa longue carrière politique en tant que maire de Ribadumia – où il siégea pendant dix-huit ans, sous l'étiquette de l'Alliance populaire d'abord puis du Parti populaire au moment de sa refonte, réélu à chaque scrutin avec une majorité absolue indiscutable –, jusqu'à ce qu'en 2001, le juge José Antonio Vázquez Taín le cueille avec son frère en plein débardage dans le port de Vigo en possession de 400 000 paquets de cigarettes Magnum, d'une valeur de 1,2 million d'euros. « J'ai toujours été honnête et sincère dans ma vie publique,

2. Né en 1955 à Saint-Jacques-de-Compostelle, Mariano Rajoy fut l'homme fort de la droite jusqu'à son retrait de la vie politique en 2018. Membre du Parti populaire (PP) qu'il dirigea à partir de 2004, il présida le gouvernement espagnol entre 2011 et 2018. (N.d.T.)

mon erreur relève du privé. Je vous demande pardon. Je m'en vais pour que le nom de Ribadumia ne soit jamais associé à une quelconque activité délictueuse », déclara-t-il le jour où il se retira de la politique[3].

3. Le jugement pour cette saisie ainsi que dans une affaire d'évasion fiscale dans les Îles Vierges est toujours en cours.

# Peseta connection

Le premier saut qualitatif de la contrebande galicienne eut lieu au début des années 1980, lorsque la nouvelle fournée menée par « Terito » et « Nené » décida de tourner le dos aux intermédiaires portugais. C'est alors que les réseaux de contrebande s'éloignèrent pour de bon de la frontière et vinrent s'établir durablement dans les anfractuosités des Rías Baixas.

À compter de ce jour, ils se fourniraient en tabac directement auprès des fabricants, autrement dit, les cadres aux commandes des géants cigarettiers américains. Patrick Laurent, directeur commercial Europe de R.J. Reynolds Tobacco Company, était le cerveau derrière la combine : c'était grâce à lui que les excédents ou les lots défectueux rejoignaient les réseaux informels partout dans le monde. Une pratique que l'on retrouvait chez l'autre multinationale, Philip Morris Products Incorporated. La marchandise quittait les entrepôts de Bâle et d'Anvers sur route et sur mer, puis se retrouvait dans des cargos ravitailleurs qui partaient de Grèce ou d'Italie en sillonnant les côtes européennes, dont celles de Galice. C'est ainsi que les multinationales du tabac identifièrent trois puissants associés à l'orée des années 1980 : les organisations grecques, la Camorra italienne et les clans galiciens. Les décisions concernant cette énorme combine étaient prises tous les ans lors du Grand Prix de Formule 1 de Monte-Carlo, où l'on aperçut ponctuellement la tête de certains de ces capos galiciens. Les accords prévoyaient de mutualiser les pertes possibles. L'argent coulait à flots.

Forts d'une expertise de plusieurs décennies dans l'importation frauduleuse, les clans galiciens gagnèrent en quelques mois seulement la confiance des fabricants de tabac, faisant rapidement de la Galice le principal port d'arrivée de la cigarette de contrebande en Europe. Des centaines de navires défilaient le long de la côte galicienne, transportant chacun dans ses cales l'équivalent de plusieurs dizaines de trajets par voie routière. D'après une estimation réalisée par les juges au début des années 1980, un tiers environ du tabac entré illégalement en Europe avait transité par la Galice. Et d'après les données de l'administration elle-même, le fisc enregistra un manque à gagner annuel de 10 milliards de pesetas au début des années 1980 en raison du marché noir, l'équivalent de 60 millions d'euros il y a 35 ans. Une étude commandée par l'union des buralistes de Galice conclut qu'entre 1980 et 1982, les 1 500 bureaux de tabac qui opéraient sur le territoire avaient cessé de vendre 850 millions de pesetas (5 millions d'euros) de tabac licite par an.

Les clans du tabac retiraient leur argent d'Arousa à la recherche de refuges plus sûrs, de préférence en Suisse. L'homme chargé de transférer l'argent était un Basque français du nom de Joseph Arrieta dont la mission consistait à mettre des liasses de billets dans le coffre de sa voiture et à conduire d'une traite jusqu'en Suisse. Au début, Arrieta travaillait seul, mais il dut se résoudre à se constituer une petite flotte et à embaucher son frère et des amis. La quantité d'argent en partance était telle qu'on n'avait pas le temps de le compter. Les contrebandiers s'en remettaient alors au poids : « Je t'envoie 3 kilos ; tu me dois 300 grammes… »

Grâce à l'influence des barons galiciens, Arrieta put s'acheter la bonne disposition de plusieurs douaniers espagnols et français, parvenant ainsi à faire sortir l'argent sans difficulté. Arrivé à Genève, il garait la voiture à proximité de l'aéroport, devant plusieurs agences bancaires, et s'en allait. Un employé de la banque sortait alors, récupérait les sacs qui se trouvaient dans le coffre et les remplaçait par d'autres. C'était de l'or qui repartait dans l'autre sens. Les contrebandiers le stockaient ou bien le réinvestissaient dans des bijoux tout aussi clandestins. C'est cette affaire de blanchiment d'argent que la presse allait nommer la « Peseta connection ».

Arrieta soutient qu'il se retira de la manœuvre dès qu'il comprit que les sommes qu'on lui remettait à Arousa étaient trop élevées pour être le simple fait du trafic de cigarettes. Ainsi, en une seule année vers la fin de la décennie, la bande de Marcial Dorado lui confia jusqu'à 22 milliards de pesetas (soit 133 millions d'euros), provenant soi-disant de l'ensemble des clans galiciens. De pareilles quantités empestaient le trafic de drogue et c'est alors qu'Arrieta décida d'alerter les autorités, selon ses dires. Quoique ayant différé quelque peu son élan moral inopiné, il prit tout de même contact avec le juge français Germain Sengelin, lequel enquêtait déjà sur les transferts d'argent entre Arousa et Genève, grâce à la confession d'un contrebandier suisse du nom d'Edmond Eichenberg, marié à une Corognaise. Monsieur Eichenberg passa aux aveux dans une camionnette stationnée pile sur la frontière franco-helvète. L'informateur était assis à l'arrière, en Suisse, le juge se tenant à l'avant, en France.

Lorsque le magistrat Sengelin demanda à Arrieta pour quelle raison il n'allait pas voir les autorités espagnoles, celui-ci lui répondit qu'il ne faisait confiance à personne au sud des Pyrénées. De fait, Sengelin porta à la connaissance des autorités espagnoles tout ce qu'il savait au sujet de la Peseta connection, et devinez ce qui arriva : rien. La combine se perpétua jusqu'à l'époque du trafic de drogue sans que personne ne bougeât le petit doigt. Qui sait si par incurie gouvernementale ou bien parce qu'à l'époque la législation espagnole en matière de blanchiment d'argent n'en était qu'à ses balbutiements.

Toujours est-il que la Peseta connection n'était qu'un simple nœud dans une trame bien plus complexe. Genève en constituait l'épicentre, la laverie cardinale où convergeaient tous les criminels d'Europe. Les contrebandiers d'Arousa lavaient leur argent dans les mêmes machines que l'ETA, la Camorra, la mafia sicilienne ou les trafiquants d'armes du Maghreb. Un câblage complexe qui finit par mettre en relation les clans galiciens et les acteurs du trafic de drogue. Les connexions commençaient à s'établir.

# « Contrebandier, comme mon papa »

Le mode opératoire des groupes galiciens était, à peu de chose près, le même qu'on allait déployer avec le trafic de drogue : les ravitailleurs – qu'ils appelaient « mamelles » – patientaient dans les eaux internationales et c'est jusqu'à eux que se déplaçaient les zodiacs et les offshores que l'on chargeait et qui ramenaient les cartons jusqu'au continent[1]. Les clans s'appuyaient sur une technologie maritime dernier cri, avantagés par des moteurs et des ressources dont ne pouvaient pas même rêver les agents des douanes. Le labyrinthe inextricable que formait la côte arousane faisait le reste. Les criques et les plages accueillaient régulièrement des déchargements massifs, parfois même en plein jour. Arrivées à terre, les caisses étaient cachées dans des entrepôts industriels, des églises et chez les habitants, en

1. Il s'agit de la technique du « go fast ». Cet anglicisme a d'abord été utilisé pour désigner les bateaux légers et très rapides employés lors du transport de drogue (« go fast boats ») puis la manœuvre elle-même, qu'elle soit maritime ou terrestre.

échange de dons généreux ou de primes alléchantes. De là, la distribution se faisait vers tous types d'établissements (y compris, parfois, des bureaux de tabac) ou de petites associations locales. Il arrivait que l'on dissimulât le tabac à même la mer, sous ces grands portiques en bois que l'on appelle chantiers et qui sont autant de parcs à moules émaillant la ria d'Arousa. Raison pour laquelle on parle de « Winston de chantier ».

La paye était bonne et immédiate. Les déchargements ne duraient pas plus de deux heures et représentaient une occasion irrésistible de mettre la main sur un petit pactole le temps d'un soir. Mais alors, que pouvait-on reprocher à ces « seigneurs du tabac » ?

« Lorsque les hors-bord approchaient avec la cargaison, le village sombrait dans le noir, trois fois. Depuis la centrale électrique on coupait le courant trois fois pour informer les go fast que la voie était libre ou pour leur indiquer le lieu du déchargement », raconte Manuel, un habitant de Vilanova de Arousa qui préfère garder l'anonymat, « non pas que ce soit nécessaire, hein ? Mais bon, je préfère quand même… » Le souvenir de Manuel montre combien le bras de la contrebande était long. « Ils payaient très très bien. Je me rappelle deux jeunes qui étaient en classe avec mon fils vers 1980. L'un travaillait comme serveur pour un salaire de misère et l'autre empochait en une seule opération ce que le serveur touchait en un mois. Le jeune serveur me disait qu'il faisait un complexe de couillon dès qu'il voyait débarquer l'autre dans sa Golf GTI. »

« C'était un véritable phénomène social », m'expliqua

un juge qui enquêtait sur la contrebande à cette époque et qui préfère, là encore, ne pas s'afficher sous son vrai nom. « Arousa tout entière, et une bonne partie des Rías Baixas voyaient dans le trafic de cigarettes un moteur de la croissance économique. Cela faisait vivre énormément de gens. Et dans la région, on ne crachait pas sur l'argent et les emplois qu'offrait le tabac. On évitait de se poser trop de questions. » L'accoutumance à la contrebande à l'aube des années 1980 peut être comparée à cette tolérance qui jusque très récemment était la nôtre vis-à-vis des déboires financiers dans le football : alors que tout le monde était au courant des irrégularités commises, personne ou presque ne s'en indignait.

C'est le journaliste de *La Voz de Galicia*, Julio Fariñas, qui finalement en parle le mieux : « La contrebande avait pris une telle ampleur à Arousa, qu'il était plus pertinent de se demander qui n'en faisait pas partie. C'était un moyen de subsistance. » Dans le contexte de ces années-là, la célèbre phrase de Mark Twain nous apparaît étonnamment à propos : « J'ai envoyé une fois un même télégramme à une douzaine d'amis : "Quitte la ville immédiatement. Tout le monde est au courant." Tous quittèrent la ville. »

Il nous paraît nécessaire d'expliquer que ce qui nous semble inimaginable aujourd'hui n'était pas si révoltant dans le contexte de l'époque. La contrebande ne constitua un délit qu'à partir de 1982. Avant cela, il s'agissait d'une simple infraction et la Guardia Civil ne mettait pas toute son énergie à la combattre. Avant 1978, on la considérait comme un problème purement économique, raison pour laquelle c'était le trésor public, *via* son Service de Surveillance Douanière (SVA en espagnol), qui était en charge de remonter la filière. Et ce n'est qu'en de très rares occasions qu'elle était habilitée à requérir des peines de prison. Cette possibilité néanmoins s'évapora avec l'arrivée de la démocratie, puisque la nouvelle constitution déposséda l'administration de sa capacité à prononcer des privations de liberté. De sorte que, le contrebandier qui était pris en flagrant délit risquait tout au plus une amende qui très souvent s'égarait dans les méandres du dédale bureaucratique. Et si d'aventure l'amende venait à trouver son chemin jusqu'à son destinataire, le contrebandier, qui avait enregistré tous ses biens au nom d'autres personnes, se déclarait insolvable. Cette configuration ne devait pas changer entre 1978 et 1982. Mais à partir de 1983, la situation évolua et la législation, du moins sur le papier, imposa de punir la contrebande plus sévèrement.

Le mantra suivant lequel « tabac = essor économique » était en train de ruiner toute une région. Le manque à gagner pour l'État espagnol, et plus tard pour la Communauté Économique Européenne (CEE), était tel que c'étaient des dizaines de secteurs qui s'asséchaient. Dans les Rías Baixas c'est l'ensemble de l'activité industrielle que l'on déserta au profit du tabac, instillant l'idée pernicieuse selon laquelle la région coulerait sans l'oxygène apporté par les blondes américaines. Non seulement c'étaient des millions qui n'arrivaient pas dans les caisses de l'État, mais en plus on se persuada qu'il n'y avait pas de salut en dehors de la contrebande, ce qui décourageait toute initiative sérieuse de mise en valeur des ressources de la région, y compris le tourisme. Une attitude qui allait durement pénaliser le sud de la Galice, pendant de longues décennies, et qui d'après quantité d'acteurs économiques, se perpétue à ce jour, malgré l'énorme potentiel de la région. La ria d'Arousa, à titre d'exemple, produit annuellement plus de moules que le reste de l'Europe. Mais la contrebande de cigarettes, tel un chalutage profond, finit par tout emporter sur son passage, contre la promesse de gains colossaux et immédiats.

L'autre facteur qui explique l'acceptation de la contrebande était la faible violence qui s'exerçait entre clans, une aubaine pour les habitants. À peine quelques épisodes sans importance si on les compare à ce que le trafic de drogue allait nous offrir quelques années plus tard, avec ses fusillades, ses enlèvements et extorsions. Au début des années 1980, il y avait suffisamment de matière première pour tout le monde et il régnait un climat de bonne entente, la plupart du temps. Il y eut des menaces et même un ou deux passages à tabac, mais tout le monde gardait à l'esprit qu'un cadavre pourrait siffler la fin de la récréation. Y compris la Guardia Civil, partie prenante dans l'affaire. En effet, comme au temps du marché noir transfrontalier, sans son concours, rien de tout cela n'eut été possible.

Mais à ces faits il conviendrait d'ajouter un problème nouveau, le plus grave aux yeux de certains : le fleuron de l'activité dans les Rías Baixas – la contrebande, donc – était une industrie qui reposait sur l'illégalité. C'est ainsi que l'on créa, encouragea et implanta durablement une culture délictuelle. Une partie non négligeable de la société dans les Rías Baixas intégra pleinement certaines conduites comme le fait de contourner les autorités, prêter allégeance à un capo plutôt qu'à l'État ou l'enrichissement personnel rapide et facile. On façonna un environnement dans lequel vivre dans l'ombre de la loi était plus ou moins dans l'ordre des choses. C'était normal.

Manuel, notre témoin discret de Vilanova, était employé dans une administration publique à l'époque : « Tu comprends, toutes les semaines on voyait arriver au bureau un type avec je ne sais combien de cartouches de Winston que nous lui avions achetées. Puis nous les revendions dans la foulée. Les gens venaient faire leurs démarches et en profitaient pour se constituer une réserve de cigarettes. » Manuel ne peut s'empêcher de rire en y repensant : « D'une certaine façon, nous faisions nous-mêmes de la contrebande. » Son épouse, Elisa, travaillait alors pour une agence immobilière. « Mon rôle consistait à faire visiter des biens et je me souviens que plus d'une fois, en faisant le tour de la propriété, j'ouvrais une porte et je tombais sur une pièce pleine à craquer de cartons de Winston. Rien de plus banal. Je disais alors aux acheteurs : "on vous enlèvera tout ça, mais vous pouvez déjà vous faire une idée de la surface…", et cela n'avait rien de bizarre ! » Manuel reprend la parole et enfonce le clou : « Dis-toi bien que dans les bureaux de tabac, on te demandait de but en blanc si tu voulais des normales ou des spéciales ! »

En 1981, une terrible tempête s'abattit sur les Rías Baixas. Dangereuse, certes, mais surtout extrêmement inopportune. On attendait à Cambados une très importante livraison et cela faisait déjà trois jours que les hors-bord étaient cloués au port sans possibilité de rejoindre la « mamelle ». La tempête finit par retomber le jour de la Vierge du Carmen, sainte patronne des pêcheurs, festivité majeure dans n'importe quel village de la côte galicienne. Ce jour-là, ce sont toutes les embarcations de la comarque qui sortent en procession, chargées de fleurs et toutes sirènes hurlantes. Mais les cigarettes attendaient en haute mer et les contrebandiers demandèrent alors au curé la permission de repousser la célébration afin de disposer de bateaux et de bras pour le débardage. Le prêtre accéda à la requête et ce n'est que le lendemain qu'eut lieu la procession en mer ; certains bateaux, paraît-il, défilèrent avec leur cargaison de cigarettes. Cette année-là, les dons adressés à l'église battirent tous les records.

L'anecdote la plus parlante pour comprendre à quel point la contrebande de cigarettes avait été assimilée dans les rias, nous la devons à cet enfant interviewé par la chaîne de télévision galicienne (TVG). Lors d'un duplex en direct à Vilagarcía, le journaliste demandait aux enfants ce qu'ils aimeraient faire quand ils seraient grands. Le dernier n'hésita pas un instant. Micro en main, il affirma fièrement : « Contrebandier, comme mon papa ! »

# Les seigneurs du *fume*

En 1983, le curé de l'Île d'Arousa, une île magnifique située au milieu de la ria, remarqua la présence d'une fissure sur le toit de sa paroisse. Il décida de s'en remettre à l'homme le plus riche et puissant des lieux, Marcial Dorado, également connu comme « Marcial de la Isla », le fantastique contrebandier dont la renommée allait dépasser les frontières de la Galice avec la publication de photos le montrant sur un yacht en compagnie du président de la Xunta, Alberto Núñez Feijóo. Le curé lui demanda l'obole et Marcial la lui donna. Le clerc fit réparer sa toiture. L'année suivante, une nouvelle fissure apparut et le curé fit de nouveau appel au seigneur de l'île, mais cette fois sans succès. Marcial lui refusa les fonds. Quelques mois plus tard, le Service de Surveillance Douanière allait intercepter l'un de ses bateaux, rempli de cigarettes non déclarées. Les témoins de l'époque attestent que dans l'esprit du contrebandier il n'y avait aucun doute : « Je l'ai bien cherché, j'aurais dû écouter le curé. »

Et pourtant, Marcial Dorado Baúlde était l'homme fort de l'un des trois clans dominants des Rías Baixas. Dans le sillage de « Terito » et « Nené », la nouvelle génération de contrebandiers, plus jeunes et nettement plus ambitieux, fit main basse sur le commerce de cigarettes. « Terito » demeurait le patriarche charismatique, mais la relève affichait une soif de conquête qui n'avait plus rien à voir avec le train-train d'antan. Leurs organisations étaient parfaitement structurées, dirigées par des chefs énergiques aux aspirations internationales. Quelques années seulement auront suffi pour qu'ils prennent le contrôle du trafic de cigarettes en Espagne et, par moments, en Europe.

Cette nouvelle couvée apporta les dernières touches à l'image de mafioso qui leur collerait à la peau. On les connaissait sous le nom de « *señores do fume* », les seigneurs du tabac : pleins aux as, m'as-tu-vu, arrogants, caciques et connectés à tous les niveaux. Ils débarquaient dans les casinos des Rías Baixas distribuant des poignées de main, ils invitaient à des gueuletons de fruits de mer qu'ils arrosaient avec les meilleures bouteilles d'albariño de la région et s'affichaient dans des voitures qu'on ne voyait qu'à la télé. Il y avait néanmoins différentes espèces dans cet écosystème : ceux qui projetaient une image élégante et sophistiquée et qui envoyaient leurs enfants faire leurs études à l'étranger, et ceux qui, malgré leurs millions, demeuraient des rustres, sans manières et sans aucun savoir-vivre et dont le seul souhait était que leurs enfants reprennent le flambeau.

Parmi les premiers, il y avait le susnommé Marcial Dorado, à la tête du plus puissant des clans, la Bande à

Marcial. Véritable fils professionnel de « Terito » (certains prétendront qu'il en était aussi le fils naturel : « *sonche cuspidiños* »[1], comme disent les anciennes d'Arousa) auquel il devait tout son savoir, jusqu'à son émancipation et la formation de son propre réseau. Marcial établit immédiatement une ligne directe avec Patrick Laurent, le grand boss de la contrebande, avec lequel il maintint une relation étroite, se rendant souvent à Genève et à Bâle. Juan Manuel Lorenzo Lorenzo et Manuel Suárez Nieto étaient ses plus proches associés[2]. Bien que cela demeure indémontrable, il est très probable que la bande de Marcial ait été à ce moment-là l'association de contrebandiers de cigarettes la plus puissante d'Europe. Elle s'appuyait notamment sur un réseau inédit de collaborateurs, et avait pratiquement toutes les autorités de la ria dans sa poche. Manuel Prado López[3] s'occupait de distribuer les pots-de-vin, avec une redoutable efficacité si l'on considère que Marcial est toujours sorti indemne de chacune de ses rencontres avec la justice dans les années 1980 et 1990. La bande avait infiltré la Guardia Civil, le service des douanes, le personnel de l'aéroport de Vigo (qui signalait tout décollage de

1. Son portrait craché.

2. La paire était connue comme « les Ferrazos » et finira par former sa propre bande. D'après le bureau du procureur, entre 1982 et 1983, le clan introduisit plus de 3,5 millions de cartons de cigarettes vendus à 30 000 pesetas (180 euros) chacun.

3. Cette figure historique de la contrebande serait arrêtée en 2012 pour un chargement de 3 200 kilos de cocaïne à destination de Corcubión sur la Costa da Morte. Une machination dirigée, d'ailleurs, par l'ancien chef de la Guardia Civil de cette localité.

l'hélicoptère des douanes) et différentes agences bancaires, dont une en particulier, à Ponte Caldelas, qui conservait en permanence de grandes quantités de dollars à disposition de ses plus gros clients.

« Sito Carnicero » (à ne pas confondre avec Sito Miñanco) était le surnom de José Ramón Barreiro Fontán, chef de la deuxième organisation de contrebandiers la plus puissante de la ria. Son centre d'opérations était Vilagarcía, à quelques kilomètres seulement de l'île de Marcial. Sito, secondé par Ricardo Camba, se fournissait lui aussi auprès des contrebandiers européens. Il était connu pour son tempérament de feu et on le disait incapable d'y regarder à deux fois avant de prendre une décision. Il mourut dans un étrange accident de la route en 1985 ce qui, comme il fallait s'y attendre, donna lieu à une multitude de rumeurs, allant du règlement de comptes au suicide. Il est probable que Sito Carnicero ait inspiré le personnage de Mariscal, héros du roman *Tout est silence*, dans lequel l'auteur galicien Manuel Rivas brosse le portrait de la contrebande dans la région et du trafic de drogue qui s'ensuivit. Ce même Manuel Rivas que Sito saisit au collet par une journée d'hiver de 1983, lorsque l'écrivain – alors dans son rôle de journaliste – se présenta à l'hôtel où s'était réfugié le capo en cavale pour lui poser quelques questions. Tout en le tenant dans les airs par le gosier, Sito conseilla à un Rivas manifestement en détresse de repartir par où il était venu s'il souhaitait éviter de finir au fond d'un ravin. Tout porte à croire que sans cet accident fatal, Sito se serait laissé tenter tôt ou tard par le trafic de drogue, comme tout le monde autour de lui. Il va sans dire que l'homme en avait toutes les compétences.

C'est par le nom pompeux de ROS S.A.R.L. qu'était connue la troisième bande de contrebandiers arousans, société regroupant Ramiro Martínez Señoráns, Olegario Falcón Piñeiro et José Ramón Prado Bugallo, dit « Sito Miñanco ». Les chefs n'aimaient pas cette dénomination, Sito Miñanco allant jusqu'à déclarer auprès du juge Ramiro que « ROS était une trouvaille de la police ». Quoi qu'il en soit, ces trois-là étaient connus de tous comme la ROS, et il y eut même des curieux pour aller voir si la société n'apparaissait pas sous ce nom dans le registre du commerce et des sociétés de Pontevedra. Le groupe ROS opérait comme une entreprise complexe basée à Cambados et s'appuyait sur des livrets comptables, des contrats de sous-traitance, des sociétés-écrans et un équipement de communication satellitaire de pointe pour diriger ses navires et ses camions. La justice détermina qu'elle était en contact direct avec un certain « Tonino » à qui elle envoyait l'argent de la distribution. Le procureur crut un instant que « Tonino » n'était autre qu'Antonio Bardelino, le chef d'un clan de la Camorra napolitaine, jugé un an plus tard dans l'affaire de la Pizza connection. Il s'agissait en réalité d'Antonio Esposito, associé italien de Patrick Laurent, et tout aussi affilié à la Camorra. L'enquête de 1984 allait révéler des gains effarants pour l'époque. D'après la justice, le groupe ROS détourna, entre juillet et décembre 1983, 1,5 milliard de pesetas et 1,4 million de dollars. Au total et autrement dit : 10,1 millions d'euros il y a 30 ans. Et ce en l'absence de certains livrets comptables du clan qui ne furent jamais retrouvés.

Ainsi, d'après les conclusions de l'enquête, ces trois groupes avaient administré, rien que pendant la seconde moitié de 1983, un peu plus de 21,5 millions d'euros. Les établissements financiers d'Arousa leur déroulaient le tapis rouge à chaque visite. Les agences de Vilanova, de Vilagarcía et de Cambados – dont les directeurs seraient traduits en justice par la suite – conservaient des liquidités en devises à l'usage des clans. Ou comme l'explique Enrique León, agent puis commissaire de police à Vilagarcía dans les années 1980 et 1990 : « Je me souviens d'une famille locale qui, en l'espace d'un semestre de 1981, transféra jusqu'à 3 milliards de pesetas. Lorsque les inspecteurs du fisc se rendirent à la banque pour contrôler les comptes, ils s'aperçurent qu'ils étaient tous au nom d'un jeune déficient intellectuel. Nous avons interrogé le jeune homme qui nous a demandé ce qu'était un compte courant. »

La coopération prévalait entre les trois organisations. Ainsi, les affrontements étaient rares. D'ailleurs, Sito Miñanco et Marcial Dorado se retrouvèrent plus d'une fois dans le même vol à destination de Genève. Lorsque le juge interrogea Miñanco sur ces déplacements, celui-ci répondit qu'il tombait souvent sur Marcial assis à côté de lui. Avec le temps, Sito allait se muer en une sorte de capo sud-américain de la ria, un mini Pablo Escobar audacieux allant jusqu'à copier le style des narcos colombiens pour lesquels il allait un jour travailler.

L'antithèse de Sito était Laureano Oubiña Piñeiro. Le

plus beau spécimen de cette deuxième espèce de contrebandier qui savait à peine lire et écrire mais possédait des comptes courants avec des zéros à n'en plus finir. Oubiña était à la tête d'une autre organisation de trafiquants de cigarettes d'Arousa. Celle-ci opérait entre Vilagarcía et Vilanova, localité où il achèterait l'emblématique domaine viticole du Pazo de Baión. Plus discrète que les autres, son organisation volait sous le radar des autorités, ce qui favorisa sa croissance sans entraves et lui permit de devenir l'un des plus gros trafiquants de drogues en Europe.

Un jour d'hiver de 1983, une vedette de la Guardia Civil qui patrouillait dans le port de Ribeira – localité située sur la rive nord de la Ría d'Arousa – repéra une forme dans l'eau. Quelqu'un se démenait, au bord de l'hypothermie. Les gendarmes alarmés entreprirent le sauvetage avant de constater qu'il s'agissait d'un confrère. Ils le montèrent à bord et lui donnèrent une couverture. À l'époque, le gendarme déclara être tombé par mégarde, mais la vérité fit surface peu après : il avait été poussé par Manuel Carballo « Gavilán » (L'Épervier) lors d'une dispute. Visiblement, le garde civil lui réclamait sa part, ce « et moi, alors ? » proverbial qui avait tourné à la noyade. Carballo pourtant n'était pas un violent ; au contraire, il se distinguait par son sang-froid et sa sobriété. Et son œil affûté pour les affaires. Plus tard, il finirait par s'impliquer dans le trafic de drogue, une maladie qui allait se propager au sein de sa famille comme un legs grevé de sang : son fils Daniel Carballo Conde, « Danielito », se ferait sauter la cervelle dans un bar de Vilagarcía, et sa sœur, Carmen Carballo, se retrouverait tétraplégique lors d'un deuxième règlement de comptes. Son cousin, Luis Jueguen, sentirait les balles colombiennes siffler à Benavente.

On prétend que « Falconetti », surnom donné à Luis Falcón Pérez, lui venait du célèbre feuilleton *Le Riche et le Pauvre.* Il débuta comme débardeur pour le compte de « Terito » et finit par se hisser parmi les seigneurs de la contrebande de la ria. Son territoire était le village de Vilagarcía et ses manières si brutales, qu'il prônait même la violence dans son conflit avec l'État et les autorités. D'après ce qu'on dit, il portait toujours une arme sur lui et traînait dans Arousa à bord d'une voiture blindée, bien qu'à l'époque personne n'en comprît vraiment l'utilité. On rapporte qu'il alla s'entretenir avec le maire de Vilanova, José Vázquez, au sujet d'une requalification. Face au refus de l'édile, Falconetti aurait sorti un pistolet qu'il aurait posé sur le bureau du maire en disant : « Saviez-vous que faire venir une rouste du Portugal ne coûte qu'un million de pesetas ? » Mais le capo savait aussi se montrer plus subtil et faire jouer ses relations, en tant que membre de l'AP (encore un). En 1984, il obtint du conseil municipal de Vilagarcía l'autorisation de construire le premier bingo de la comarque, malgré le signalement de la part du secrétaire de mairie du caractère « manifestement illégal » du projet. L'opposition socialiste de Vilagarcía contesta tièdement la décision, mais le recours sombra dans l'oubli. Le maire était alors José Luis Rivera Mallo, d'Alianza Popular, qui deviendrait par la suite sénateur et président de la « Commission sur l'étude du problème de la drogue ».

Trois ans plus tard, « Falconetti » se retrouvait derrière les barreaux pour avoir tenté d'introduire une cargaison de haschich dans Vilagarcía. Non loin du bingo, bien entendu.

En étroite collaboration avec Luis Falcón, Jacinto Santos Viñas finit lui aussi par intégrer la galerie des narcos historiques. À ce moment-là, il aidait « Falconetti » à transporter le tabac grâce à un remorqueur qu'il faisait tourner dans les ports de La Corogne et de Ferrol. Entre deux cargos qui arrivaient à quai, Santos Viñas déchargeait des Winston. Des années plus tard, il se verrait impliqué dans deux contrats déterminants : la vente de son remorqueur en Afrique du Sud et ce dont il fit l'objet lorsque son contact marocain le livra à la Guardia Civil. Santos Viñas, comme nous le verrons par la suite, se lancerait dans le trafic de haschich et de cocaïne, à la tête de son propre clan familial, maquillé en entreprise d'importation d'huîtres turques.

Plus au nord, sur la Costa da Morte, le business était aux mains des « Lulús », sans doute le clan le plus efficace et résilient de tous ceux qui ont façonné la contrebande et le trafic de drogue en Galice. Toujours actifs à ce jour, c'est dire. « Dans la Costa da Morte, rien ni personne ne bouge sans leur autorisation », déclare un garde civil à la retraite.

Un autre clan célèbre en Galice est celui des « Charlines ». Ses patriarches, les frères Manuel et José Luis Charlín Gama, issus de la contrebande de ferraille, se lancèrent dans le commerce de cigarettes sans savoir qu'ils écriraient une saga délictuelle qui se poursuit encore à l'heure qu'il est. « El Viejo », comme on appelle Manolo Charlín, et ses frères n'avaient connu alors que misère :

enfants dans la campagne la plus pauvre, ils avaient dû se battre hiver après hiver pour ne pas mourir de faim. Ce qui expliquerait leur attitude de contrebandiers (puis narcos) n'ayant rien à perdre : brusques, impulsifs et ultra-violents. Pour preuve le passage à tabac, une fois n'est pas coutume, de Celestino Suances, un contrebandier de bas étage de Valladolid qui leur devait de l'argent. En tout et pour tout sept millions de pesetas (soit 42 000 euros). Déterminé à recouvrer cette créance, José Luis Charlín mandata à la capitale castillane son associé José Luis Orbáiz Picos, un ancien garde civil qui raccrocha le tricorne pour mieux se consacrer au trafic de cigarettes, puis de stupéfiants (et dont le fils allait suivre les pas). En guise de bienvenue, Orbáiz Picos fut reçu par un groupe de gendarmes en civil, lesquels, au lieu des sept millions en question, lui allongèrent une raclée mémorable et le renvoyèrent illico à Vilanova. Quelques mois plus tard, les « Charlines » eurent vent de la présence de Suances à Arousa, et plus précisément à la table du Frankfurt (il y a un livre à écrire sur les noms des enseignes créées par les migrants galiciens rentrés au pays), propriété de « Terito », à qui Suances avait l'habitude d'acheter des fruits de mer. Deux des frères Charlín, Aurelio et José Luis, se rendirent sur les lieux, se saisirent du mauvais payeur et l'emmenèrent de force jusqu'à la conserverie Charpo, propriété du clan. C'est là que, rejoints par Manuel et Orbáiz, ils s'en donnèrent à cœur joie, puis ils l'enfermèrent dans une chambre froide et l'obligèrent à appeler sa femme pour lui donner l'ordre de transférer l'argent. Celestino Suances parvint néanmoins à s'évader par la grille d'aération du camion frigorifique où il était retenu de force, regagna Valladolid et porta plainte, ce qui contraignit « le Vieux » à se retirer pendant quelques mois en Belgique.

Un épisode sur lequel enquêta José Luis Seoane Spiegelberg, alors juge à Cambados. « Nous nous rendîmes à la fabrique en compagnie de Suances, afin de reconstituer le fil des événements. Le pauvre homme était terrorisé », se remémore le magistrat. Profondément agacé par la tournure que prenaient les événements, le juge Spiegelberg, plutôt que de s'en tenir à l'instruction, prit la décision insolite de creuser l'affaire, de poursuivre les barons et de tenter de démanteler le trafic de cigarettes en Galice. Ce qui déboucha sur la grande rafle de décembre 1983 et sur le méga procès du 11/84, première tentative sérieuse d'en finir avec la contrebande galicienne, à un moment où les opérations de police ne portaient pas encore de noms amusants.

# Quand le président du gouvernement galicien se réunissait avec les seigneurs de la contrebande

En 1983, le juge Spiegelberg procéda à la dissolution de la caserne de O Grove et plaça en garde à vue quatre gendarmes de Sanxenxo. L'affaire se déroula plus ou moins comme suit : on envoya à O Grove un jeunot pas très futé mais pistonné par un sergent. Au terme du premier mois, on lui remit, en plus de sa paye, 15 000 pesetas et plusieurs cartouches de Winston. « En quel honneur ? », demanda le bleu. « C'est comme ça », lui répondit-on alors. « C'est 1 000 pesetas pour chaque ballot de cigarettes qui entre. Plus quelques cartouches. » L'agent repartit avec sa « prime ». Plus tard dans l'année, le sergent qui avait parrainé sa mutation lui rendit visite et voulut savoir comment il se sentait. Le gamin était radieux : « Je ne pouvais rêver mieux. À côté de notre salaire, on touche un extra et on nous offre des cigarettes. » L'aveu naïf, en plus d'arracher une probable grimace d'affolement chez le sergent, servit de tremplin à l'enquête du juge Spiegelberg.

Celui-ci inculpa les 14 gardes civils impliqués dans la

combine pour malversation, prévarication, dénonciation calomnieuse, corruption, contrebande et pour faux et usage de faux en écriture publique. À l'ouverture du procès, la Capitainerie Générale de La Corogne demanda le dessaisissement de l'affaire, arguant qu'il s'agissait de membres des forces armées et qu'elle souhaitait les faire comparaître devant un tribunal militaire. Spiegelberg s'y opposa et le Tribunal Suprême établit qu'il s'agissait bien d'une affaire de police. La justice ordinaire jugea les agents cinq ans plus tard.

Un ancien de la Police nationale se souvient, sourire en coin, que cette même année on leur signala la présence à Vilagarcía d'une fourgonnette remplie à ras bord de paquets de cigarettes. La taupe leur demanda de ne pas l'intercepter sur place afin de ne pas trahir son identité. Les policiers prirent alors le véhicule en filature jusqu'à Lalín, dans la province de Pontevedra, où ils lui intimèrent l'ordre de s'arrêter. Les contrebandiers descendirent avec un calme olympien, franchement ravis de croiser les agents. L'un des policiers montra alors sa carte. Mains sur la tête, les contrebandiers comprirent leur erreur : « Merde ! Ce ne sont pas des gardes civils ! »

« Le fait est, résume un juge de l'époque, qu'on ne pouvait pas compter sur la Guardia Civil. » Dans son livre *La conexión gallega*, Perfecto Conde consacre tout un chapitre aux pots-de-vin versés à des gendarmes et que les enquêteurs identifièrent dans les comptes des organisations de trafiquants sous la mention « paiement force », une dépense destinée aux casernes galiciennes pour qu'elles ferment les yeux sur leur activité. C'est ce qui, entre autres cas de corruption, fit dire à Laureano Oubiña des années plus tard : « C'est sûr, sans eux nous n'aurions rien pu faire… »

Le juge Spiegelberg avoue ne s'être fait une véritable idée de l'ampleur de la trame mise en place par les seigneurs *do fume* qu'à partir du moment où il a fait transcrire les écoutes téléphoniques. Suite à la correction infligée par les « Charlines » sur la personne de Suances, les enquêteurs descendirent enfin dans les cloaques de la contrebande en procédant à des écoutes et à des filatures. Spiegelberg rapporte ainsi avoir entendu deux capos s'entretenir au téléphone après l'interception par les douaniers d'un chargement de cigarettes dissimulé dans un cargo en provenance de Grèce dont l'équipage avait été appréhendé. Un échange qui ressemblait plus ou moins à ceci :

— Les marins grecs savent ce qu'ils doivent dire au juge ?

— Oui, ne t'en fais pas. Et même s'ils essaient de nous la faire à l'envers, on a graissé la patte à l'interprète.

Les clans avaient plusieurs longueurs d'avance sur la justice. Et ce pour une raison bien précise : avant l'adoption en 1982 de la « loi contrebande » – Loi organique 7/82 –, les juges étaient parfaitement impuissants face aux gros bonnets galiciens. Suite à son adoption, la nouvelle réglementation institua la contrebande en délit. Il n'était plus uniquement question de saisies, désormais la justice était en mesure d'imposer de très grosses amendes indépendamment de la nature de la marchandise. Le scénario n'était plus le même. Du moins sur le papier, puisque le pouvoir des clans dépassait celui du législateur.

Après quelques mois d'enquête seulement, Spiegelberg regroupa l'ensemble des instructions et décréta que l'heure était venue de procéder à un vaste coup de filet contre les grands barons du *fume* galicien. L'opération reçut le nom de « Méga procès du 11/84 ». Le juge pouvait compter sur l'appui de Virginio Fuentes, à la tête du gouvernement socialiste de Pontevedra et l'une des très rares figures politiques locales à dénoncer la contrebande dans la région. En réalité, Fuentes était le fer de lance du gouvernement de Felipe González, lequel décela dans la lutte contre les trafics une opportunité de se rallier l'électorat galicien. Une initiative qui, bien entendu, allait se retourner contre lui. À Madrid, on ignorait le soutien inconditionnel que la population vouait aux clans, et c'est pourquoi les opérations de police estampillées socialistes lui firent plutôt perdre des voix.

Le pouvoir des organisations était tel que les capos furent immédiatement informés du coup de filet qui se préparait. De surcroît, ils savaient qui précisément se trouvait dans le collimateur de la justice et ce furent eux, et eux seuls, qui décidèrent de s'enfuir au Portugal en novembre 1983, un mois avant la date programmée de l'opération. Ils traversèrent la frontière les mains dans les poches : Marcial Dorado et sa bande, Sito Carnicero et les siens, ainsi qu'une partie de la ROS, concrètement Ramiro Martínez et Olegario Falcón. Sito Miñanco préféra rester, pris d'un excès de confiance, et fut appréhendé à la sortie d'un café à Cambados. Le commissaire Enrique León s'en souvient comme si c'était hier. « Nous le cherchions absolument partout. Et là, je l'ai vu qui sortait d'un café, je me suis approché comme si de rien et je lui ai demandé : "C'est toi Sito Miñanco ?" Il s'est retourné et m'a répondu : "Oui". Je l'ai attrapé et je lui ai dit : "Je t'ai eu !" »

Les fuyards trouvèrent refuge dans les hôtels des contrebandiers portugais, leurs anciens partenaires désormais complètement dépassés par leurs voisins du nord. Marcial et ses hommes prirent possession des luxueuses suites du manoir médiéval de Boega, à proximité de Vila Nova da Cerveira, face au Miño. « Sito Carnicero » opta pour Monte Faro, une localité accolée à la frontière, où il s'installa dans un ancien couvent transformé en gîte. C'est là qu'il attrapa par le cou un Manuel Rivas venu lui poser quelques questions. Dans sa chronique pour le journal *El País*, Rivas dirait plus tard que Sito reprochait à la presse de « chercher à foutre la nierde (sic) » dans cette affaire. Olegario Falcón et Ramiro, de la ROS, se planquèrent à Lanhelas où ils firent venir leur famille pour les fêtes de Noël.

Tous les autres restèrent en Galice. L'instruction ne concernait ni « Terito » ni « Nené », pas plus qu'Oubiña, « Falconetti », Manuel Carballo, ni un seul des « Charlines ». Depuis ce jour, à Arousa s'ancra la croyance qu'ils étaient intouchables, jusqu'à faire émerger une chanson à leur gloire : « Tu as épargné "Terito" et "Nené", Carballo et Falcón, car ce sont tes plus gros clients. » Le grand coup de filet commençait à ressembler à un coup d'épée dans l'eau. La contrebande poursuivit son activité à plein régime. La même année fut saisi le *Christiana*, un cargo grec transportant le plus gros chargement de cigarettes de contrebande jamais vu en Europe. Un record battu quelques mois plus tard lorsque furent interceptés les navires *Tessar* et *Cedar*, grecs également (en même temps que les marins pour lesquels on avait soudoyé l'interprète). Lors de cette opération, la frégate *Andalucía* alla jusqu'à tirer un coup de canon de sommation à destination de l'un des bâtiments. Les journalistes spécialistes de la contrebande, dont Elisa Lois, alors reporter pour *El Correo Gallego*, ou encore Manuel Rivas, se souviennent d'une activité florissante malgré l'instruction en cours, et des déchargements quotidiens ou presque. Les ravitailleurs se succédaient au large des côtes galiciennes.

Pendant ce temps, dans le pays voisin – comme dans un roman aux trames multiples –, les fuyards continuaient de diriger leurs opérations à distance. Ils s'aventuraient de temps en temps en territoire galicien mais ils passèrent le plus clair de l'année 1984 dans leur exil portugais. Le 6 juillet, dans le manoir de Boega se déroula une scène aussi insolite qu'inédite. Profitant d'une tournée en terre lusitanienne, le président de la Xunta, Xerardo Fernández Albor, étiqueté Alianza Popular, rencontra Marcial, ainsi que, semble-t-il, l'ensemble des barons en cavale. Il existe des centaines de versions sur cet épisode. Certaines avancent que ce furent les contrebandiers qui approchèrent l'élu sans s'annoncer et réussirent à lui arracher cinq minutes sur son emploi du temps. D'autres prétendent que la rencontre était inscrite noir sur blanc dans son agenda. Mais toutes s'accordent à dire qu'Albor leur conseilla – ou demanda – de rentrer en

Espagne et de se livrer à la justice. Ils rétorquèrent qu'ils étaient « injustement poursuivis par la justice ! » Le président serait sommé de s'expliquer auprès du Parlement régional après que la rencontre eut fuité et que le PSOE (Parti socialiste ouvrier espagnol) eut déposé un recours. Albor fut contraint de présenter ses excuses tout en assurant qu'il ignorait la présence des fugitifs dans l'hôtel où il s'était rendu.

Simple coïncidence ? Suite à cette réunion, le juge Spiegelberg fut dessaisi de l'affaire et transféré en Cantabrie au Pays basque. Le gouverneur socialiste Virginio Fuentes subit le même traitement et fut envoyé à Albacete, où il déclarerait par la suite qu'il ne voulait plus entendre parler de la contrebande galicienne.

Un esclandre auquel il conviendrait d'ajouter une phrase rendue publique par le journaliste Perfecto Conde, retranscrite par la police à partir d'une conversation téléphonique entre le contrebandier Celestino Ayala, de A Pobra do Caramiñal et Manuel Pardo, l'associé de Marcial. Alors que la conversation tournait autour de cette justice qui les persécutait, du coup de filet, et de l'exil portugais de Marcial et des autres, Ayala lâcha au passage : « On va nous emmerder pendant une année encore, jusqu'à l'élection de Fraga. »

Une piste que vient étayer un passage de la chronique qu'Elisa Lois a publiée dans *El Pais* en 2013, retraçant la chronologie de ces années-là : « Bien que les actifs du *fume* fussent déjà favorables au tournant politique qu'incarnait Manuel Fraga, après la descente de police de 1983, ses soutiens se démultiplièrent. En revanche, les contributions des contrebandiers aux campagnes électorales restèrent aussi confidentielles que l'heure ou le lieu de déchargement des marchandises. » L'occasion de se rappeler que, pendant ce temps, « Nené » était élu maire de Ribadumia sous la bannière AP, fauteuil qu'il occuperait pendant dix-huit ans.

Il semblerait que les contrebandiers aient suivi les recommandations du président de la Xunta dans le sillage de leur réunion au Portugal et de la suspension foudroyante de Spiegelberg et de Fuentes. Marcial fut le premier à rentrer en Espagne et à se rendre, en novembre 1984. Après consultation avec son avocat, il se présenta seul à Madrid, auprès du juge Alfonso Barcala. Les autres lui emboîtèrent le pas : Ramiro, Olegario, puis « Sito Carnicero ». Ils séjournèrent dans la prison madrilène de Carabanchel pendant quelques semaines, puis ils s'acquittèrent de leurs cautions, qui ne dépassaient pas les 20 millions de pesetas (120 000 euros) et rentrèrent chez eux. Les capos disposaient d'un énorme soutien juridique, avec des avocats veillant sur leurs intérêts, comme José María Rodríguez Hermida ou l'infatigable Pablo Vioque, finalement envoyé en taule pour trafic de cocaïne après avoir présidé, tout de même, la Chambre de commerce de Vilagarcía, sous l'étiquette AP. Nous reviendrons ponctuellement sur Vioque, car son cas en vaut la peine.

Ce fut la grande époque des photos où l'on voit les avocats de Vilagarcía et de Cambados en train de distribuer de l'argent à l'entrée des tribunaux tandis que les équipages des cargos arrêtés patientaient en cercle. De l'argent destiné à payer les cautions. Les clans avaient tout prévu.

Au total, 93 contrebandiers furent mis en cause et relâchés dans l'attente d'un procès. Mais les voies de l'Espagne étant impénétrables, l'audience se vit constamment repoussée jusqu'à être fixée, attention, pour l'année 1993 ! Le moment venu, le ministère public s'aperçut du changement de législation de 1986 avec l'entrée de l'Espagne dans la Communauté Économique Européenne (la CEE) et l'on établit qu'il y avait prescription. Les 600 ans de prison cumulés et les 1,47 mille milliards de pesetas requis (à savoir un peu plus de 8 milliards d'euros) restèrent lettre morte.

Suite à cette magistrale leçon d'impunité, le trafic de cigarettes connut ses meilleures années dans la plus grande passivité des gouvernements et des pouvoirs publics. La contrebande atteignit un volume d'activité jamais vu. Les clans proliférèrent, ils augmentèrent et améliorèrent leur flotte, étendirent leurs réseaux. Les Galiciens imposèrent leur hégémonie. Mais pas seulement. Ce court séjour dans la prison de Carabanchel – où ils côtoyèrent des narcos colombiens – et la prise de contact avec les filières internationales, par le truchement du blanchiment d'argent, firent que le tout nouveau trafic de drogue s'intéressa à ce coin reculé de la péninsule, si fabuleusement impuni et si merveilleusement appelé à faire entrer des ballots comme si l'avenir du monde en dépendait. Plus rien ne les empêchait de sauter le pas.

# LE SAUT

« À quoi bon traficoter des joints en Andalousie quand
on peut en ramener un chalutier plein à craquer directement du Maroc ? »

# On n'avait pas la moindre idée

À l'époque, Enrique León était inspecteur de Police au commissariat de Vilagarcía de Arousa. Avec son équipe, il se battait depuis longtemps contre le trafic de cigarettes, à armes inégales puisque les barons du *fume* avaient des années d'avance sur eux. « Un vendredi soir nous avons obtenu d'un juge l'ordre de mettre une ligne sur écoute », raconte-t-il de sa voix profonde et limpide à l'accent méridional de la ria. Il ne se souvient pas précisément de l'année. En 1985, peut-être. Ou en 1986. « Nous poursuivions l'un de ces seigneurs du tabac. Le lundi à la première heure, nous étions sur le pied de guerre au cas où il serait question de déchargements. Bingo ! On est tombé direct sur un Colombien. Je me rappelle m'être dit : "Un Colombien, vraiment ?" Eh oui, vraiment, il y avait un capo de chez nous qui parlait avec un type de là-bas. Puis c'est un autre Colombien qui a pris le relais et ils ont discuté un moment. Enfin, c'est un troisième Colombien qui s'y est collé. Deux sas avant de pouvoir parler à ce type. À ce moment-là, on n'avait pas la moindre idée de qui c'était. »

Enrique arrivait trop tard. Enrique et l'ensemble des forces de police, de la Guardia Civil, de la Xunta et du gouvernement central. Tous à la traîne. Ce Colombien qu'ils ne connaissaient pas et qui négociait au téléphone avec les clans de Vilagarcía après avoir imposé deux filtres n'était autre que José Nelson Matta Ballesteros, chef du clan Ochoa et l'un des dirigeants du cartel de Medellín. Un lundi matin, Enrique mit sur écoute une ligne téléphonique des Rías Baixas et tomba sur le narcotrafiquant le plus recherché au monde par la Drug Enforcement Administration (DEA) et Interpol.

Les hauts fonctionnaires de police et les personnalités politiques de cette Espagne qui en était encore à casser le cuir de la démocratie ne connaissaient pas grand-chose aux nouvelles substances qui se propageaient parmi les jeunes. Et moins encore aux organisations internationales qui en faisaient le commerce. Dans son livre *La Operación Nécora +*, le journaliste arousan Felipe Suárez raconte que durant l'été 1978, les jeunes chevelus de Vilagarcía se retrouvaient dans le Bar Peñón pour jouer aux cartes et fumer des joints. Chema, l'un de ces *hippies* de la ria, raconte : « À la fin de la partie, je m'allumais un pétard sans rien dire, ce qui irritait le sergent Gabeiro : "Mais c'est qu'il pue ton tabac, t'en changes quand tu veux." Et moi je lui répondais : "Vous faites pas de bile, sergent, vous vous y ferez rapidement, c'est hollandais." »

En réalité, c'est à ce moment-là que le bond en avant était

en train de se produire. Contrairement à ce que voudrait la croyance populaire, ce ne sont pas les capos qui ramenèrent la drogue (le haschich d'abord, puis la cocaïne) et l'offrirent à une génération ignorante qui finirait dévastée. Non. Ce qui arriva c'est que grâce à ce flair pour la magouille inscrite dans leur ADN, les contrebandiers comprirent qu'il y avait un paquet d'argent à se faire avec les nouvelles substances que fumaient les copains de leurs enfants. Ils reniflèrent l'odeur de l'argent, comme ils l'avaient reniflée dans le carburant, la ferraille et les cigarettes. Alors, oui, ils posèrent des questions, ils se renseignèrent, puis ils monopolisèrent l'activité et disséminèrent leur came comme une véritable épidémie parmi toute une génération.

« Les vieux ne voulaient pas sauter le pas. Ils avaient mis au point leur petite affaire de cigarettes et ils étaient pleins aux as », explique le juge José Antonio Vázquez Taín, qui se ferait le pourfendeur du trafic de drogue à l'aube du XXIe siècle. « Ils ne souhaitaient pas prendre de risques, n'y connaissant rien à ces produits. Ce sont les plus jeunes qui comprirent qu'il y avait beaucoup plus d'argent à se faire, pour moins d'efforts. » Et plus précisément, comme le signale Felipe Suárez dans son livre, ce furent les enfants de Manuel Charlín Gama, patriarche du clan des « Charlines » qui ouvrirent la boîte de Pandore.

*

Tati, Dámaso, Rivero de Aguilar... sont quelques-uns des membres de la première bande de chevelus nostalgiques de Woodstock dont on se souvienne à Vilagarcía. En 1975, ils entreprirent un voyage en Angleterre, où ils découvrirent les plaisirs du haschich. Ils y retournèrent à plusieurs reprises, ramenant une barrette à chaque fois, de quoi tenir l'été. Bientôt, d'autres jeunes rallièrent ce nouveau mode de vie qui devait se populariser dans le sud de la Galice et qui serait l'antichambre de la *movida* galicienne, dont l'épicentre se trouvait à Vigo et qui irradiait partout dans les rias. Chenano, Chiruca, Maribel, Tarano, Chis « le Boiteux », Chema… tous ces babas cool se réunissaient pour cramer les savonnettes rapportées de Londres. Ils discutaient photographie, art et non-violence, et organisaient même des partouzes qui rencontraient un franc succès. De vrais hippies.

C'est Ángel Facal, dit « Corpiño Xeitoso » (Corps de Rêve) d'après le tube d'Andrés do Barro, qui commença à ramener régulièrement du hasch pour toute la bande. Avec Tati, ils se rendaient de temps à autre au Maroc et rentraient lestés de trois ou quatre kilos de cannabis. Avec le temps, il n'était même plus nécessaire d'aller aussi loin : les jeunes Galiciens trouvaient leur hasch à Madrid ou à Séville et rentraient chez eux. Il était de plus en plus facile de s'en procurer et il y avait de plus en plus de gens pour leur acheter ce qu'ils ramenaient. Ce n'était plus seulement leurs amis de Vilagarcía : les jeunes de Vigo et de Santiago savaient désormais qu'il y avait des gamins à Arousa qui vendaient des pétards pas cher. C'est ainsi que l'engouement prit de l'ampleur, se propageant partout en Espagne. L'affaire tournait si bien que Chema et Chis le Boiteux ouvrirent un boui-boui à Sanxenxo, une localité en vogue parmi les estivants huppés de Madrid. Ils lui donnèrent le nom de Siete Colinas (les Sept Collines) et l'administrèrent avec le concours d'Ángel « Corpiño Xeitoso » et de Suso « le Sourd ». À la fermeture, ils partaient boire des coups à Portonovo et se rendaient le matin sur la plage, sans autre obligation que de trouver quelque chose à se mettre sous la dent avant d'aller ouvrir le bar. C'est lors de l'un de ces étés, tout consacré à s'enfumer la gueule de bois sur le sable en contemplant l'arrivée des années 1980, qu'Adelaida, une fille de la bande, tomba amoureuse de Chis. Elle, comme tant d'autres jeunes de l'époque, était fille de contrebandier. Rien d'exceptionnel à l'époque, mais qui avec le recul a un petit goût de prémonition : Adelaida Charlín Pomares n'était autre que la fille de Manuel Charlín Gama. C'est grâce à cette amourette – par ailleurs réprouvée par le vieux Charlín, qui alla jusqu'à menacer Chis de détournement de mineur étant donné qu'Adelaida n'avait encore que 17 ans –, que vinrent se greffer au groupe ses frères Manuel et Melchor, employés à temps plein dans l'organisation cigarettière du père. En seulement deux semaines d'éclate avec la bande, ils comprirent à quel point les Winston de chantier étaient une perte de temps. Ils allèrent voir leur père, lui soumirent leur idée et... nous y voilà.

# Les pionniers

Manuel Charlín Gama a l'honneur d'avoir été le premier à introduire un ballot de drogue sur les côtes galiciennes de la ria. Rien ne le confirme : ni dates, ni témoins, ni preuves. Et pourtant, dans l'historiographie populaire des Rías Baixas, c'est là une vérité indéboulonnable. Tout comme pour les anciens de la Guardia Civil et de la Police, pour qui « Le Vieux » a toujours été le premier. Ce que Chis, Chema et les autres considéraient comme un passe-temps, une distraction qui les obligeait tout au plus à descendre jusqu'à Séville et à dissimuler un ou deux kilos de hasch dans le coffre de la voiture, se transforma en une activité insatiable pour les contrebandiers chevronnés. À quoi bon traficoter des joints en Andalousie quand on pouvait en ramener un chalutier plein à craquer directement du Maroc ? Les barons entrèrent dans la danse.

Comment établirent-ils les contacts pour passer du tabac à la drogue ? On ne l'a jamais vraiment su, même si l'on se doute que cela n'a pas dû être très compliqué. « Ils avaient déjà mis en place une infrastructure complexe grâce au trafic de cigarettes », explique le juge Taín. « Un atout qui leur simplifia la vie et inspira confiance aux fournisseurs. Socialement, le terrain était idéal : ils bénéficiaient d'une impunité totale, de la permissivité et de l'acceptation des habitants. Les premières années, les gens ne savaient pas trop ce qu'était la drogue et ne voyaient donc pas forcément d'un mauvais œil les nouveaux marchés investis par les capos. » L'existence d'un vide juridique et le peu d'intérêt qu'il y avait à le combler constituèrent le troisième déclencheur du grand bond. La Xunta ne disposait ni des compétences ni des moyens de lutter contre des organisations qui n'avaient pas grand-chose à envier à la mafia et qui, au demeurant, contribuaient généreusement et depuis longtemps au financement politique de la région. Quant au gouvernement central, il avait d'autres questions plus urgentes à régler que les problèmes de société de ce coin reculé du territoire. Comme par exemple la boucherie qu'était en train de perpétrer l'ETA et qui en 1980 comptabilisa 99 assassinats, ou encore les 1 000 nouveaux chômeurs quotidiens que l'Espagne engendrait en moyenne pendant cette même année. La législation aussi semblait favorable aux clans. Au début de la décennie, la contrebande de stupéfiants n'était pas réglementée et les peines encourues étaient les mêmes que pour la cigarette. Moins d'efforts et beaucoup plus d'argent à risques égaux. Comment ne pas se jeter sur l'occasion ?

Les réseaux de blanchiment d'argent étaient l'hypothèse la plus plausible derrière la prise de contact entre les chefs galiciens et les mafias internationales du narcotrafic. Lorsque les « Charlines » décidèrent d'entrer dans le business, ils se rapprochèrent de l'une des organisations marocaines dont ils se servaient pour envoyer l'argent en Suisse. Félix García, actuel chef en Galice de l'Unité de lutte contre les drogues et le crime organisé (UDYCO) de la Police nationale, explique que ces partenaires de blanchiment acceptèrent d'effectuer pour eux quelques déchargements mineurs. « Ils se livrèrent à deux ou trois tests à petite échelle. Comme une lettre à la poste. Ils ont dû halluciner en constatant à quel point c'était facile. Les réseaux que les Galiciens avaient tissés étaient uniques en Europe. » Les ballots de drogue commencèrent à déferler et plus aucun jeune de Galice ne remonta en voiture pour se trouver un joint.

Dans le sillage de Charlín, c'est Laureano Oubiña qui à son tour se jeta à l'eau. Son comptable était un certain Dris Taija, un Marocain qui finirait assassiné sur la Costa del Sol en 1990. C'est Taija qui proposa à Oubiña d'aller tâter du haschich suivant l'adage bien connu : moins d'efforts, mêmes risques, et beaucoup plus d'argent. D'après la rumeur, Don Laureano n'était pas franchement convaincu. L'homme intègre, rompu à la contrebande de ferraille, de gasoil et de cigarettes, ne semblait pas s'enthousiasmer pour cette nouvelle denrée dont on disait qu'elle était dangereuse. Oubiña se référa à l'avis de sa femme qui avait elle aussi quelques réticences. Au terme d'un profond examen de conscience, Don Laureano – qui n'a jamais été condamné pour trafic de cocaïne – décida de sauter le pas et d'aider une organisation marocaine à introduire la marchandise dans les rias. Et comme pour les « Charlines », son affaire fit un carton. Au point qu'il prit très vite contact avec un puissant réseau de trafiquants pakistanais qui fourguaient du haschich à grande échelle et avec lesquels il entama une collaboration sérieuse. Les narcos du monde entier se réjouissaient de l'efficacité des barons galiciens.

Des années plus tard, Oubiña se justifiait : « Si j'ai pu trafiquer du haschich à un moment donné, c'est que jamais je ne me suis imaginé qu'on en arriverait là sans qu'il soit légalisé, en Espagne comme ailleurs. La grande différence entre le haschich et les autres substances, c'est que le haschich est une drogue douce, et que, si je ne m'abuse, sa consommation n'a jamais tué personne. » Les Oubiña embrassèrent à ce point cette ligne de défense qu'ils allèrent jusqu'à solliciter le célèbre essayiste Antonio Escohotado, auteur d'une *Histoire générale des drogues*. L'essayiste s'en souvient : « Alors qu'il (Laureano) était jugé, sa famille m'a demandé de produire un texte sur l'histoire, les effets et l'usage actuel du haschich, que j'ai rédigé avec bonheur. J'ai même été convoqué comme témoin de la défense lors d'une des audiences, mais Oubiña ayant alors récusé son avocat – Ruiz Giménez –, je n'ai finalement pas pu comparaître. »

Au même moment, de l'autre côté de l'Atlantique, au Panama, on apportait les dernières touches au montage financier des clans galiciens. Dans ce pays d'Amérique centrale, paradis fiscal et deuxième résidence des cartels colombiens, les seigneurs de la contrebande tricotaient un lacis de sociétés dans lesquelles ils allaient réinjecter leur flamboyant argent suisse. Comme on finirait par l'apprendre, pratiquement tous les avoirs des barons figuraient au nom de sociétés panaméennes qui s'entremêlaient en un enchevêtrement inextricable de combines administratives et financières. L'un des habitués du pays centraméricain était le leader de la ROS, Sito Miñanco, le seigneur du *fume* de Cambados. Toujours tiré à quatre épingles, chemises de luxe et moustache impeccable, le Pablo Escobar de la ria était un amoureux des Caraïbes et de ses femmes. À l'époque, il était encore marié à Rosa Pouso, avec laquelle il eut deux filles. Mais à force de se rendre au Panama, Sito finit dans les bras de celle qui allait devenir sa deuxième épouse, Odalys Rivera (notons le patronyme galicien), nièce du ministre de la Justice du gouvernement du général Noriega, lequel se hisserait au pouvoir en 1984. De son mariage avec Odalys naîtra une autre fille. « C'est elle qui l'a converti à la cocaïne », soutient un garde civil à la retraite. « Familière des cartels colombiens qui opéraient au Panama, elle a établi le contact, ce qui a fait décoller sa carrière. » Proche de Sito, José Manuel Padín Gestoso, alias « Manolo le Catalan », opérait depuis le Panama d'après les révélations de la justice. Manolo le Catalan, lors de ses premières prises de contact, alla jusqu'à se réunir avec le cartel de Medellín, dirigé par Pablo Escobar, par l'intermédiaire de l'un de ses hommes, le Hondurien Juan Ramón Matta Ballesteros, qui à l'époque assurait la liaison entre le cartel de Medellín et les cartels mexicains : c'est lui qui en 1984 commandita l'assassinat de l'agent de la DEA Enrique « Kiki » Camarena. Les deux hommes se réunirent au Panama puis se rendirent ensemble au Costa Rica, où ils s'accordèrent sur quelques livraisons tests. C'est ainsi que les Colombiens découvrirent en Galice une porte d'entrée idéale pour se lancer à l'assaut du marché européen. Tout s'y prêtait : une infrastructure solide, des partenaires expérimentés, des pouvoirs publics et une législation aux abonnés absents, et une langue commune. Les cartels colombiens traversaient une crise depuis quelques mois, depuis qu'ils s'étaient retrouvés acculés sur le continent américain par la DEA, l'agence antidrogue états-unienne. C'est pourquoi ils cherchaient désespérément un débouché viable en Europe qui leur permettrait de renouer avec les affaires. Arousa apparut comme la bouffée d'oxygène qu'ils cherchaient désespérément.

Les essais, quoique très prometteurs, furent un temps arrêtés en avril 1984. Le cartel de Pablo Escobar venait d'assassiner le ministre de la Justice colombien, Rodrigo Lara Bonilla, lequel avait lancé huit mois plus tôt une âpre campagne visant à mettre fin à l'impunité des cartels. Lara Bonilla se retrouva criblé de balles à bord de sa Mercedes au nord de Bogotá. Ses gardes du corps prirent en chasse les hommes de main d'Escobar, qui, en tentant de fuir à moto, perdirent le contrôle de l'engin. L'un se tua sur le coup, l'autre fut capturé et condamné à 11 ans de prison. Le meurtre déclencha la colère du gouvernement colombien, alors dirigé par Belisario Betancur qui déclara la guerre aux narcotrafiquants. Les capos de Medellín n'eurent d'autre choix que de mettre les voiles : Pablo Escobar atterrit au Nicaragua et ses deuxièmes lignes, Jorge Luis Ochoa

Vásquez et José Nelson Matta Ballesteros, optèrent pour Madrid. Avec eux allait débarquer le chef du cartel de Cali, Gilberto Rodríguez Orejuela.

Le choix de l'Espagne ne doit rien au hasard, loin s'en faut. Les réunions qui depuis des mois s'enchaînaient avec les Galiciens les persuadèrent qu'elle était la meilleure destination envisageable. Preuve s'il en est de la bonne entente entre les partenaires, Matta Ballesteros allait s'installer au bout de quelques mois à La Corogne, dans un gigantesque appartement de la corniche donnant sur la plage d'Orzán. Il y ouvrit une antenne du cartel de Medellín pour blanchir l'argent de l'organisation et relança les affaires avec les clans galiciens. De l'autre côté de l'océan, tout se faisait par téléphone par l'intermédiaire de son frère, Juan Ramón Matta. C'est sans doute l'un de ses appels que l'inspecteur Enrique León avait intercepté. Alors que le cartel campait à son aise sur le littoral galicien, la police, elle, traquait encore les paquets de cigarettes.

Ochoa Vásquez et Rodríguez Orejuela restèrent à Madrid, où ils bâtirent de nouveaux comptoirs afin de consolider le narcoviaduc reliant l'Espagne et la Colombie et blanchir l'immense fortune qu'ils emportèrent avec eux. À peine arrivé en Espagne, Ochoa changea de nom et de visage grâce à la chirurgie esthétique. La DEA le cherchait sans relâche. Orejuela, même s'il parvint à sauver la face, circulait avec de faux papiers d'identité. Tous deux se dépêchèrent de trouver des entreprises dans lesquelles investir. Ils achetèrent une villa de luxe à Pozuelo de Alarcón, dans les environs de Madrid, pour en faire leur poste de commandement. Afin d'optimiser leur plan d'investissement, ils s'assurèrent le conseil d'importants et prestigieux avocats espagnols. Malgré tout, le tapage était trop grand, la déferlante de tous ces millions en un temps si court était assourdissante et c'est ainsi que le 15 novembre 1984, la police donna l'assaut à la villa et arrêta les deux expatriés. Parmi les affaires d'Orejuela, on retrouva un livre de comptabilité dans lequel figuraient des transactions millionnaires dérivées du trafic de cocaïne. Felipe González, alors président du gouvernement, reçut un appel des États-Unis : on sollicitait, urgemment, l'extradition des deux narcos.

Par « urgemment », le gouvernement du président Ronald Reagan avait sans doute autre chose en tête que les deux années qu'ils passèrent derrière les barreaux espagnols. Tandis qu'on négociait les termes de leur extradition, Ochoa et Orejuela, leaders des cartels de Medellín et de Cali, séjournèrent dans les prisons de Puerto Santa María et de Carabanchel. Et devinez quels sont les autres qui purgeaient des peines de prison au même moment suite au grand coup de filet contre les trafiquants de cigarettes de 1984 (et le méga procès du 11/84, encore lui) ? Exactement : les contrebandiers galiciens, dont Sito Miñanco qui eut tout le loisir de tailler le bout de gras avec les Colombiens et cimenter les accointances ébauchées au Panama. Puis d'autres barons arousans s'engouffrèrent dans son sillage. Les couloirs et cellules de la maison d'arrêt virent éclore de nouveaux liens qui allaient rapprocher inexorablement la Galice et la Colombie. On dit à Arousa, non sans raison, que le narcotrafic galicien est enfant de Carabanchel.

Les Galiciens recouvrèrent bientôt la liberté, grâce aux bons soins de leurs avocats. Les Colombiens y restèrent jusqu'en 1986, mais obtinrent du gouvernement espagnol un refus d'extradition aux États-Unis, où ils encouraient entre dix et quinze ans de réclusion. Au grand dam des Américains, les capos furent déportés en Colombie, où ils furent remis en liberté quelques mois après leur arrivée. Au demeurant, le livre *El ajedrecista* (le joueur d'échecs), de Fernando Rodríguez Mondragón, fils aîné d'Orejuela, revient longuement sur les circonstances de cette négociation qui leur évita l'extradition. « Quitter l'Espagne nous a coûté 20 millions de dollars, dont cinq pour Felipe González. [...] Les envoyés de celui-ci nous répétèrent que les élections approchant ils avaient besoin d'argent, c'est pourquoi ils autorisèrent la transaction », comme le raconte l'ouvrage, entre autres souvenirs croustillants du capo colombien. Le livre prétend que l'échange fut rendu possible grâce au jet privé de Pablo Escobar, dans lequel se trouvait également une enveloppe de dix millions de dollars à destination du tribunal de l'Audience nationale. Aucun document ne prouve ces allégations. Pas plus que celles qui émergent un peu plus loin dans le livre : à Carabanchel, en plus des chefs galiciens, Orejuela se lia d'amitié avec un membre de l'ETA expert en explosifs qu'il emmena avec lui en Colombie. Toujours est-il que peu de temps après, en 1986, le cartel de Medellín inaugurait sa période de narcoterrorisme, se livrant à une longue série d'attentats dans le pays.

Alors qu'Ochoa et Orejuela passaient deux ans en prison, José Nelson Matta Ballesteros parvenait, lui, à passer entre les mailles de la justice tout en restant à La Corogne. Un temps et une liberté qu'il consacra à préparer les envois et à blanchir l'argent du cartel. Dans son livre *La conexión gallega*, le journaliste corognais Perfecto Conde raconte comment l'organisation colombienne arrosa abondamment la ville avec ses millions. Les Corognais, reconnaissants, ne crachèrent pas sur les narcomillions. La première entreprise dans laquelle investirent les capos sud-américains fut Automóviles Louzao, l'un des concessionnaires automobiles les plus importants de La Corogne, alors au bord de la faillite. Ces nouveaux associés colombiens refroidirent franchement certains constructeurs qui avaient confié leur distribution à Louzao, comme par exemple BMW, qui finit par rompre son engagement.

Aparcamientos Orzán S. A., l'entreprise de BTP qui réalisa les parkings de la Plaza de Pontevedra et de l'actuel hôpital universitaire, s'est également vue gratifiée de narcodollars à foison. En 1988, le quotidien *El País* ébruita l'affaire. Prise par un photographe du journal, la photo de Matta Ballesteros en train de promener son chien sur la place en question fit les gros titres le lendemain : « Les proches d'un baron de la drogue investissent massivement en Espagne ». La dépêche mentionnait des entreprises et des politiciens ayant bénéficié des largesses du clan depuis son arrivée sur le territoire. Parmi eux, le maire sortant Francisco Vázquez, éternel élu corognais, célèbre pour son aptitude à remporter les suffrages sans faire campagne. Vázquez, responsable de l'octroi des marchés à Aparcamientos Orzán, sortit de ses gonds en découvrant l'article et menaça le journal de poursuites. « Nous sommes face à une tentative de dénigrement de notre fière ville de La Corogne au moment même où elle prend son envol, qu'elle se met à l'ouvrage, qu'elle attire les investisseurs, qu'elle lance des actions d'urbanisme, qu'elle réussit à susciter l'allant qui fait naître des parkings, des palais des congrès, de nouveaux logements, des centres commerciaux... » De poursuites, en revanche, il n'y en eut pas. Le gouverneur civil de La Corogne, Ramón Berra, alla jusqu'à affirmer en public que Matta Ballesteros faisait partie des « gens clean », invoquant un rapport de la Haute autorité de la police de Galice. Antolín Presedo, secrétaire général du PSOE galicien (socialiste), opina pour sa part que l'article de *El País* « était une polémique de papier ».

Autrement dit, *El País* faisait éclater toute une machination autour de l'argent du cartel de Medellín, mais personne n'était au courant de rien. Heureusement que quelque neuf mois plus tard, John Lawn, le directeur de la DEA, enfoncerait le clou lors d'un sommet contre la drogue tenu à Rome, affirmant mot pour mot : « Nous pensons que le point d'entrée principal de la cocaïne en Europe est la péninsule ibérique. Nous savons également que le très puissant cartel de Medellín et la famille Ochoa ont un lien privilégié avec l'Espagne, dont ils partagent les relations culturelles et une langue commune. Nous savons qu'Ochoa a résidé un temps dans ce pays. Tout un tas d'indices qui nous poussent à croire que la cocaïne est entrée en Europe *via* l'Espagne. Grâce à la famille Ochoa, par le biais de Matta Ballesteros. »

Ce que le directeur de la DEA était en train d'expliquer ce jour-là à Rome, c'était, tout simplement, que la cocaïne à grande échelle fut envoyée pour la première fois en Europe grâce à l'action conjointe des cartels sud-américains et des clans galiciens. Et tandis qu'il énonçait cela, nos autorités, entreprises et politiciens nationaux, eux, détournaient le regard, l'air de ne pas y toucher. La DEA était à ce point exaspérée face à l'inaction ibérique que, dit-on, ce fut elle qui fuita l'information à la rédaction du grand quotidien dans l'espoir de provoquer une réaction. Sauf que, quand ils virent les autorités ouvrir grand les mallettes pour recueillir cet argent tombé du ciel, les barons galiciens comprirent que la voie était libre. Ils entraient dans un âge d'or. Le temps de la *fariña*.

# LA MAFIA GALICIENNE

« Comment le vieux Charlín faisait-il
pour vendre ses crabes aussi bon marché ? »

# L'ami colombien

Au début des années 1990, le Colombien Hugo Patiño Rojas était l'un des dirigeants du cartel de Cali en Galice. « Et jusqu'à récemment encore. Il me semble qu'il est rentré en Colombie, mais je ne peux rien affirmer », explique un garde civil. Il occupait à l'époque un appartement avec vue sur la plage de Santa Cristina, dans les environs de La Corogne. Il était à la tête de l'officine que les Caleños – comme les autres cartels colombiens, du reste – avait installée en Espagne. En 1992, Patiño scella un accord avec José Santorum Viñas, dit « O Can » (le chien), un capo de Boiro qui purge actuellement une peine de prison pour avoir fait entrer 600 kilos de cocaïne sur les côtes galiciennes. C'est Juan Manuel García Campaña qui pilota le bateau jusqu'en Colombie pour le compte de « O Can ». L'opération était dirigée par Ignacio Bilbao, lequel resterait sur place comme caution le temps que durerait l'opération. Celle-ci se déroula sans le moindre contretemps : le chalutier gagna les côtes colombiennes, on chargea la drogue, on s'en retourna et on l'introduisit dans la ria d'Arousa dans des hors-bord discrets. Ignacio Bilbao regagna la Galice et, le soir même, survolté par le succès de l'opération, García Campaña s'envoya quelques verres de Boiro et sniffa l'équivalent de la production de sel de la comarque. Puis il rentra chez lui au volant de sa voiture dont il perdit le contrôle à l'entrée du village. Le choc fut tellement précis que Campaña traversa son pare-brise et atterrit sur le balcon d'un premier étage. Un succès mortel.

*

Le passage de la cigarette au haschich et à la cocaïne se consomma en Galice et son exécution fut exemplaire : les clans des rias gagnèrent la confiance des Marocains et des Colombiens et enchaînèrent ainsi de nombreux et florissants déchargements. Les bandes de contrebandiers se muèrent définitivement en organisations criminelles à part entière : elles étaient structurées, disposaient d'un impressionnant réseau et possédaient des millions. Les capos galiciens, qui avaient déjà bâti de grandes fortunes, firent exploser leurs comptes courants grâce à la drogue. Ils prirent possession des rias et le firent savoir.

Le cœur de leur activité était les cartels colombiens. Les trois organisations majeures, Medellín, Cali et Bogotá, dépêchèrent des hommes de confiance à Madrid et en Galice, comme le susmentionné Hugo Patiño Rojas. Depuis Madrid, l'argent était blanchi, récupéré, puis renvoyé en Colombie. En Galice, on supervisait les déchargements et le transport. Au moindre problème, des hommes de main faisaient leur apparition. À Arousa, on retenait son souffle dès qu'on entendait l'accent colombien.

À leur tour, les Galiciens détachaient des hommes de confiance en Colombie et au Panama (où l'on blanchissait l'argent des cartels) afin de coordonner les opérations. L'un de ces hommes était José Manuel Padín Gestoso, « Manolo le Catalan », que nous avons croisé précédemment et qui s'entendait comme larron en foire avec ses hôtes.

« À l'orée des années 1990, on peut véritablement parler d'organisations mafieuses », explique le journaliste Julio Fariñas. « Et je dirais que c'est le seul moment dans l'histoire du narcotrafic galicien où l'on peut employer un terme aussi fort. Il y avait là plusieurs organisations, presque toutes construites sur les liens de parenté, dans une logique clanique. On y retrouvait la mentalité de la petite propriété galicienne, fondée sur les ressources familiales. »

La Galice est devenue – et ce n'est pas seulement une image – la porte d'entrée de la cocaïne en Europe. George Faz, directeur de la DEA en Espagne pendant cette décennie, alla jusqu'à signaler que 80 % de la coke, *fariña*, poudre, coco, Charlie, *snow*, ou comme vous voudrez la nommer, qui arrivaient dans le vieux continent entraient par les rias galiciennes.

Quand bien même les premiers contacts se firent à travers le cartel de Medellín de Pablo Escobar, au fil des ans c'est le cartel de Cali qui s'érigea en partenaire privilégié (dont l'un de ses membres, Gilberto, séjourna à Carabanchel aux côtés de certains barons galiciens). Parmi les leaders du cartel de Cali se trouvait Helmer Herrera Buitrago « Pacho », dont le fils était le chef du cartel en Galice et s'installait par moments à Cambados, sur les terres de Sito Miñanco. À l'époque, le cartel de Medellín était dans le viseur des autorités colombiennes, lancé dans une guerre contre l'État et poursuivi sans relâche par la DEA, ce qui, d'une certaine façon, ouvrit un boulevard à leurs homologues de Cali. Les Galiciens travaillaient aussi pour le groupe paramilitaire Autodefensas Unidas de Colombia (AUC)[1]. Son fondateur et chef de l'époque, le terrible Carlos Castaño, dirigea personnellement certaines livraisons à destination d'Arousa et de La Corogne, d'après le souvenir de plusieurs gardes civils à la retraite.

Il y avait quatre grandes organisations galiciennes : celle de Sito Miñanco, celle de Laureano Oubiña, les « Charlines » et celle de Marcial Dorado, toutes rompues à la contrebande de cigarettes. Autour d'elles orbitait une constellation de petites bandes qui assuraient la sous-traitance. C'était le cas du clan de « O Can », tout comme « les Lulús », « les Baúlos », « les Pulgos », la bande de Manuel Carballo, celle d'Alfredo Cordero, de « Franky » Sanmillán, « les Panarros » ou encore celle de « Falconetti ». Nous les retrouverons tous. Ils l'ont bien mérité.

Chaque clan avait son implantation, mais n'avait pas pour autant d'exclusivité territoriale. On déchargeait où

1. Les Autodéfenses Unies de Colombie, fondées en 1997, se spécialisèrent dans les basses besognes pour le compte de l'armée, des grands propriétaires terriens et des cartels. (N.d.T.)

l'on voulait et les commandes étaient suffisamment nombreuses pour éviter qu'on se fasse la guerre. D'ailleurs, il leur arrivait de collaborer de temps en temps lors d'arrivages particulièrement importants. Mais même dans cet éden d'opulence il y eut quelques règlements de comptes suite à des trahisons, malentendus et autres coups fourrés qui à Arousa laissèrent une bonne poignée de cadavres.

Les clans obéissaient à une structure pyramidale extrêmement verticale, multipliant les niveaux hiérarchiques. Des sociétés très fermées que les forces de l'ordre eurent le plus grand mal à pénétrer. S'il y a bien quelque chose qui a toujours caractérisé les narcotrafiquants galiciens c'est leur opacité, leur goût du secret et la violente méfiance que suscite en eux tout comportement inhabituel, choses courantes au sein des mouvances mafieuses fondées sur des liens de famille et des codes sociaux stricts. Des caractéristiques qui en font des structures impénétrables et particulièrement appréciées par les organisations avec lesquelles elles s'associent.

Le rôle des organisations galiciennes consistait à récupérer la cocaïne en Colombie, traverser l'Atlantique, décharger en Galice (la tâche la plus délicate) et la remettre de nouveau aux Colombiens pour sa distribution. On pourrait presque parler de sous-traitance, d'entreprises offrant un service de collecte et de livraison aux cartels colombiens. Dans les coulisses de ces opérations, dans les entrailles de ce couloir mafieux reliant les deux rives de l'Atlantique, on prenait une infinité de risques. À chaque opération, les clans galiciens étaient obligés de laisser une caution humaine en Colombie. Un membre de l'organisation montait sur le chalutier avec un aller simple et ne rentrait chez lui que lorsque l'officine du cartel en Espagne annonçait être en possession de la marchandise. Au moindre écart, les Colombiens tentaient d'abord de tirer les choses au clair, et si d'aventure ils découvraient qu'on avait essayé de leur faire une entourloupe, l'otage disparaissait de la surface du globe. Miñanco, les « Charlines » et consorts étaient des gens sérieux qui n'ont jamais rencontré, d'après ce qu'on en sait, de problèmes majeurs. Mais d'autres groupes, moins importants, ont tenté de doubler les Colombiens. C'est ce qui arriva, par exemple, en septembre 1995, lorsque Ignacio Bilbao, membre du clan de « O Can » (le clan de l'homme-canon Manuel García Campaña), se rendit en Colombie en qualité de caution humaine. La cargaison n'arriva jamais entre les mains du cartel de Cali. Son propre fils, bien plus tard, dut faire le même voyage pour récupérer sa dépouille. Il repose à présent dans le cimetière corognais d'Oza.

Les clans galiciens les plus puissants disposaient de leur propre flotte de bateaux de pêche. Immatriculés, il va sans dire, sous d'autres noms. C'étaient, pour la grande majorité, des embarcations vétustes qui ne sortaient plus en mer. Les organisations plus petites devaient embaucher des pêcheurs en activité, malmenés par la restructuration du secteur de la fin des années 1980. En 1986, la CEE intégra l'Espagne et le Portugal à la politique commune de la pêche (PCP), limitant ainsi leurs captures par l'imposition de quotas. Confrontés à une inactivité réglementaire, nombre de marins se laissèrent tenter par un autre genre de stock. Les risques étaient énormes mais les gains mirobolants. « Certains marins sortaient pêcher des poissons une semaine et des ballots la semaine d'après », explique Luis Rubí Blanc, un avocat et administrateur judiciaire qui des années plus tard se verrait confier la gestion du domaine de Baión de Laureano Oubiña. « Les clans avaient constitué un réseau très dense parmi la flotte galicienne. Mais il nous était impossible d'apprendre quoi que ce soit. Tous les marins savaient ce qui se passait, mais pas un seul ne laissait filtrer la moindre information. C'était assez incroyable, en fait. »

Lorsqu'ils faisaient appel à des tiers, les capos galiciens appelaient l'armateur et lui livraient les coordonnées : « Tu t'y rendras tel jour, à telle heure. Les Colombiens transféreront la cargaison et tu reviendras avec un ou deux hommes à bord. Vous rentrez et vous attendez en ce lieu précis, jusqu'à l'arrivée des hors-bord. » Les chalutiers mouillaient à 200 milles au large (quelque 320 kilomètres) dans les eaux internationales, distance que les go fast parcouraient dans les deux sens, afin de ramener les ballots sur terre le plus vite possible. Une fois délesté de la drogue, le chalutier rentrait à vide dans le port de Vilagarcía ou de Cambados, ou dans celui de l'Île d'Arousa, de Ribeira, de Vigo, ou dans n'importe quel port qu'il aurait quitté pour aller, soi-disant, pêcher des poissons.

L'avantage de ces opérations, par rapport à la cigarette, était une cargaison moins volumineuse et de ce fait des contraintes, du temps et des efforts nettement moindres. Le go fast fonçait sur la grève avec l'un des moteurs tournant à plein régime et les jeunes se mettaient immédiatement à décharger les ballots. « Comme des diables », nous explique un garde civil. « Ils échouaient sur la plage et débarquaient le tout en un temps record : 2 000 kilos de cocaïne en une demi-heure. » La marchandise était alors placée à bord de voitures ou de camionnettes. Le gendarme poursuit : « Oubiña possédait quatre véhicules tout-terrain pouvant transporter 30 ballots chacun. Au total, c'est plus de 5 000 kilos qu'il pouvait livrer en un même trajet. Ils démarraient alors, tous phares éteints, pied au plancher. Je ne connais pas de flic suffisamment fou pour tenter de les arrêter. C'est la herse de police ou rien. Ils te seraient rentrés dedans. » Le gendarme se souvient d'être intervenu par deux fois en plein déchargement. « Dès que tu arrives ils disparaissent, tels des fantômes. Ils se perdent dans la montagne et comme ils la connaissent par cœur, tu n'as aucune chance de les attraper. » Une autre option consistait à dissimuler les ballots dans l'une des nombreuses planques qui émaillaient la côte galicienne. À Rianxo, en 1990, la Guardia Civil en découvrit sept en un mois seulement. À flanc de montagne, sous les ajoncs. « Quand j'étais à l'école, on est allé camper un week-end sur l'Île d'Arousa, se souvient Rosaura, une habitante de Vilanova qui, comme tout le monde dans les environs, est tombée plus d'une fois sur une livraison en cours. La nuit, nous étions sous les tentes et nous avons commencé à entendre des voix et à remarquer des lumières. Notre professeure est venue nous dire de ne pas sortir. Nous n'avons pas bougé, nous avions compris que c'était un déchargement. Le lendemain, un camarade repéra une cachette et nous avons joué à qui oserait y descendre. J'imagine qu'elle devait être remplie de ballots. » Bien que nettement moins nombreuses, ces planques existent toujours. Et les locaux préfèrent ne pas trop s'en approcher. D'ailleurs, il arrive que les planques se trouvent directement chez les gens. « On a proposé à un habitant de lui bâtir un chalet s'il acceptait d'y entreposer la marchandise. Évidemment, il accepta », ajoute le gendarme.

Souvent, lorsque la police se montrait particulièrement zélée, il fallait faire preuve d'imagination. Plus d'une fois, les ballots de haschich ont été laissés sous les chantiers, comme au temps du trafic de cigarettes. Un policier se remémore la fois où il s'est fait rencarder : « Un armateur m'a passé un coup de fil, il était très nerveux, il voulait raccrocher au plus vite. Il m'a communiqué des coordonnées et m'a pressé de m'y rendre tout de suite. Arrivés sur place, nous avons découvert la face immergée du chantier à moules bourrée de haschich, 800 kilos accrochés aux filières. »

Les points de livraison de la drogue étaient désignés en amont et minutieusement étudiés. Il y en avait trois ou quatre à chaque fois, truffés de gamins qui en surveillaient tous les accès. En approchant du rivage, les hommes sur le hors-bord scrutaient la terre ferme en quête d'un signal lumineux. En son absence, synonyme de problème, ils se dirigeaient vers le deuxième spot. Et ainsi de suite sur trois ou quatre points de repli. Aujourd'hui, ces signaux ont été remplacés par des téléphones prépayés. On appelle, on reçoit la confirmation et on jette l'appareil dans la nature. Une autre possibilité consistait à emporter directement la marchandise au port. Dans le nord de la Galice, plusieurs d'entre eux étaient sous contrôle des clans, notamment ceux de La Corogne, par où sont passés nombre de ballots. Le bateau entrait dans le port comme si de rien n'était et déchargeait la marchandise maquillée en poissons.

*

« Mon premier déchargement, je l'ai fait à trois heures du matin au pied d'une falaise de Baiona », avoue Manuel Fernández Padín, 56 ans, né à Vilanova de Arousa et qui débuta aux côtés des « Charlines » au lendemain de ses trente ans. Quelques années plus tard, il prendrait son téléphone pour raconter dans le détail son expérience au juge Garzón, devenant par la même occasion l'un des tout premiers repentis de l'Espagne démocratique, placé sous la protection juridique de l'État. « J'étais au fond du trou à cause de la drogue. Trop de nuits de défonce à Portonovo. Alcool, coke, LSD… Faut dire qu'il y a beaucoup trop de came dans les rias. Lorsque j'ai touché le fond, j'ai tout arrêté et je me suis mis à chercher du boulot. J'ai cherché pendant des mois, mais rien n'y faisait. Puis je me suis souvenu de "Manolito" Charlín [fils de Manuel Charlín, à la tête du clan] et je lui ai demandé s'il n'aurait pas du travail pour moi. J'avais en tête un ou deux déchargements de cigarettes. » Deux semaines plus tard, le frère de Manolo, Melchor, lui donna rendez-vous dans un café et lui dit : « Habille-toi en noir, je passerai te prendre cette nuit. » Melchor se présenta à bord d'une Porsche 944 et l'emmena dîner au restaurant Los Abetos, à Nigran. Il lui expliqua alors comment ils allaient procéder. Puis ils filèrent jusqu'à Baiona et patientèrent dans une villa en travaux aux abords d'une crique. Les hors-bord firent leur apparition vers trois heures du matin. « L'un des chefs nous sermonna parce que nous fumions des cigarettes. Les douaniers pouvaient nous repérer et se douter de quelque chose. Lorsqu'ils commencèrent à extraire les caisses des go fast, j'ai compris que ce n'était pas des cigarettes. » Cette nuit-là, Padín et les autres débarquèrent 2 000 kilos de haschich. « Le sentier était on ne peut plus raide et moi j'étais dans un sale état : gros, insomniaque et déprimé. Après avoir porté un premier ballot, je me suis affalé entre deux arbustes. J'avais horriblement mal aux bras. Je me souviens de m'être dit que je ne servais décidément à rien. » Personne ne remarqua la désertion de Padín et le déchargement se fit sans encombre.

Deux semaines plus tard, rebelote, les mêmes vêtements noirs, cette fois au cap Touriñán de Muxía, en pleine Costa da Morte. « C'était pendant l'été 1989. Nous avons attendu les hors-bord dans les bureaux d'une homarderie voisine qui travaillait pour les "Charlines". Pour l'occasion, les "Lulús" sont venus nous prêter main-forte. Ils ont installé je ne sais combien de gamins sur les routes pour éviter les mauvaises surprises. » Avec l'arrivée des hors-bord, Padín remarqua qu'à la place des cartons, c'étaient des bidons que l'on débarquait. « De la cocaïne. 700 kilos à peu près. Dans l'une des embarcations se trouvait "Baúlo", lequel avait ramené le bateau depuis la Colombie. Et avec lui deux Colombiens. J'ai attrapé leurs valises pour les mettre dans la voiture. Eux ne disaient rien, ils étaient très sérieux, et très courtois. Des années plus tard, Garzón m'a demandé de lui donner le nom de ces Colombiens, mais je n'ai rien dit. Tout comme je ne dirai rien aujourd'hui. Ce serait de la folie. C'étaient des gens vraiment importants, la liaison entre le cartel et les "Charlines". » Ils ont alors ouvert les bidons et ont fourré les paquets de cocaïne dans une Citroën BX. « Le coffre et les sièges pleins à ras bord. Le conducteur se trouvait littéralement écrasé sous les paquets. Si des gardes civils avaient arrêté la voiture, ils auraient paniqué. » Mais personne ne s'est pointé. Et Padín a reçu un demi-million de pesetas pour sa peine.

Avec le temps, le futur repenti allait devenir le bras droit de Melchor Charlín, revendiquant alors son appartenance au clan. « On récupérait à chaque fois une partie de la coke pour la revendre. Charlín avait un principe : il ne vendait que des quantités supérieures à un kilo. Il ne voulait pas avoir affaire à des dealers. »

Padín embarquait dix kilos dans sa voiture et faisait le tour des rias pour refourguer sa came. « Le reste, je le stockais dans un garage à Caldas de Reis. À l'époque, on en consommait énormément. Il m'arrivait de donner rendez-vous pour dealer un kilo et je tombais sur une connaissance : "Merde alors ! Toi aussi ?" Tout le monde, en fait. On en vendait aussi beaucoup à Madrid et en Andalousie. Les gens montaient jusqu'en Galice pour s'en procurer. C'était l'épicentre de la came, ça partait dans toute l'Espagne. Si on voulait de la coke, Arousa était le passage obligé. Ils étaient très bien organisés. Melchor s'occupait essentiellement des arrivages de haschich. Mais il ne pouvait pas tous les faire, car ça n'arrêtait pas, alors parfois c'était un autre qui s'en occupait. Les livraisons de cocaïne, c'était les Colombiens qui les dirigeaient et les fils Charlín qui les géraient. Ils embauchaient des jeunes pour décharger. » Y avait-il des rivalités avec les autres organisations ? « Pas de rivalité, non, mais beaucoup de jalousie. On parlait fric tout le temps, le fric de celui-là, le fric de l'autre, et ils en voulaient toujours plus. Il fallait être celui qui en avait le plus. Ça les obsédait. Je pense que c'est pour ça qu'ils se sont tous fait serrer. Tu pouvais t'arrêter de travailler avec un seul déchargement. Mais il leur en fallait toujours plus. »

*

Après avoir débarqué la cocaïne, les Galiciens la remettaient au cartel sur place ou alors ils la leur livraient à Madrid. Les grandes organisations des rias avaient aussi leur propre flotte de camions – propriété des sociétés-écrans, de poissons ou de fruits de mer –, qui fournissaient les halles de Mercamadrid directement d'Arousa. L'une de ces entreprises était le comptoir familial des « Charlines », La Baselle, partie intégrante du montage frauduleux. La Baselle cassa brutalement les prix et mit à terre sa concurrence licite, qui ne comprenait pas – ou plutôt comprenait très bien – comment le vieux Charlín faisait pour vendre ses crabes aussi bon marché. Il fut un temps où, à Mercamadrid, il n'arrivait que des produits des « Charlines ». Il arriva même qu'on livrât un lot de fruits de mer farcis de *fariña* directement à l'adresse du cartel.

Ayant récupéré la cocaïne – et jamais avant –, les Colombiens versaient l'argent aux Galiciens. Ils allèrent jusqu'à se partager les gains à parts égales, mais habituellement le cartel prenait 70 % et le clan 30 %. Si l'opération s'avérait particulièrement risquée, il pouvait espérer toucher jusqu'à 40 %. La plupart du temps, les organisations galiciennes préféraient revendre leur part de la marchandise aux Colombiens, raison pour laquelle le paiement se faisait presque systématiquement en liquide. Malgré cela, il en restait toujours une partie, même minime, dans la région. Celle-ci était alors distribuée aux revendeurs et dealers qui se chargèrent d'inonder de cocaïne le littoral galicien. À l'époque, dans les Rías Baixas il était plus facile de se procurer de la cocaïne que n'importe quelle autre drogue. Et qui plus est, à un prix défiant tout concurrence. Alors qu'à Madrid un gramme atteignait presque les 10 000 pesetas (environ 60 euros), à Vilagarcía, la même dose se négociait pour moins de 6 000 pesetas (environ 35 euros). Pratiquement la moitié. Il était extrêmement facile de se procurer de la blanche. Trop facile.

Dès qu'elles touchaient l'argent, les bandes payaient l'ensemble des participants à l'opération : armateurs, marins, pilotes de hors-bord, jeunes débardeurs, chauffeurs de camions ou de voitures, messagers, etc. À l'époque, le kilo de cocaïne valait 10 millions de pesetas (environ 60 000 euros, il y a 25 ans). Si un clan parvenait à réaliser un déchargement de 1 000 kilos et qu'il touchait 30 % de sa valeur, cela voulait dire que pour une seule opération, il touchait près de 20 millions d'euros. « Ils ramènent de l'argent », rétorquaient les gens du coin. Ah, ça, oui.

De leur côté, les Colombiens la distribuaient à grande échelle dans toute l'Espagne et l'exportaient vers le Royaume-Uni, la France, l'Italie, les Pays-Bas, la Suède, la Pologne, la Lettonie, l'Estonie et la Russie. D'Arousa aux quatre coins d'Europe. Jamais la Galice n'a exporté avec autant de succès une quelconque marchandise, pas même les fruits de mer.

Il arrivait parfois qu'il faille changer de mode opératoire, lorsque la côte était particulièrement surveillée ou la police horriblement vexée. Les narcos se réinventaient sans cesse. C'est alors que l'on vit naître en Espagne le phénomène des « mules », des personnes qui avalaient des boulettes de cocaïne plastifiées pour franchir les contrôles, puis les expulsaient par les selles et les remettaient aux cartels. On n'a aucune idée des quantités qui ont pu être ainsi introduites à la fin des années 1980 et au début des années 1990, quand les forces de sécurité ignoraient encore cette méthode et que les aéroports ne disposaient pas de moyens pour les détecter. Celui de Barajas à Madrid et celui de Lavacolla à Santiago étaient les principaux points d'arrivée des « mules ». Felipe Suárez rapporte que quatre habitants parfaitement illettrés de Vilaxoán – une petite bourgade de Vilagarcía – s'envolèrent pour le Brésil. À bord de cet engin fabuleux moderne se trouvait également un baron de Vilagarcía. Les quatre heureux voyageurs furent abondamment comblés de toutes sortes de délices brésiliens, puis on leur introduisit 30 kilos de cocaïne dans l'anus sous forme de cylindres. Ils reprirent l'avion en direction de l'Italie, puis croisèrent en bateau jusqu'à Vilagarcía, où ils purent enfin déféquer. Bien qu'on leur eût promis deux millions de pesetas par personne, ils ne touchèrent que la moitié de cette somme. L'un menaça alors de tout déballer à la police. On le retrouva semi-inconscient, la raclée qu'il venait de recevoir le fit changer d'avis.

Cacher la came ou le grisbi se révélait plus compliqué qu'il n'y paraissait, et cela pouvait parfois donner lieu à des épisodes surréalistes. Il y eut ces mallettes pleines de grosses coupures flottant dans des réservoirs d'eau ou ces liasses de billets partant en fumée en même temps qu'un stock de foin de Vilanova à cause d'une étourderie. Dans son village de Carril, « Romualdo », comme on surnommait une petite frappe qui travaillait pour le compte des « Charlines », planqua deux kilos de haschich dans les auges de sa ferme. Cette même nuit, son cochon décida d'en faire son minuit et le jour se leva sur un *porco* raide mort au milieu des poules. « Romualdo » et sa femme ne purent échapper à la prison et l'histoire du cochon overdosé fit les choux gras de la presse régionale. Le fermier devint une sorte de célébrité locale. Un jour, le fils du porcher accrocha l'Audi de « Manolo le Catalan ». Le jeune homme, paniqué, descendit de voiture et se confondit en excuses. Voyant que le baron ne décolérait pas, il fit usage de sa notoriété : « Merde, enfin ! Je suis le fils de "Romualdo", dont le *porco* a fait une overdose. »

# Arousa, Narcoland

« Tout le monde à Carril – village des environs de Vilagarcía célèbre pour la qualité de ses palourdes – savait que lorsque Otero Garride réussissait un déchargement, on le voyait marcher un pied sur la route et l'autre sur le trottoir. « C'est ainsi qu'il marchait lorsqu'il était heureux », s'amuse un vieil agent en se le remémorant.

Garride ne parvint jamais à se faire un nom parmi les narcotrafiquants galiciens. Sa foulée extravagante n'était qu'une bizarrerie sans commune mesure avec la vague d'ostentation mafieuse qui déferla sur la Ría d'Arousa à la fin des années 1980 et au début des années 1990. Avec la consolidation de l'activité, c'est la débauche qui fit son apparition. « Ils se mirent à acheter d'immenses demeures, des manoirs, et des voitures de luxe. Ils voulaient s'assurer que tout le monde était au courant de leur réussite », explique un garde civil qui s'intéressa de près à ce premier âge d'or du trafic de drogue en Galice. Fernando Alonso, administrateur de la Fondation galicienne contre le narcotrafic, se souvient également des excès de ces années-là. « Ils campaient à leur aise, les petits, les moyens et les gros trafiquants. Tous menaient la grande vie, comme des capos siciliens. Arousa aurait très bien pu devenir une nouvelle Sicile. Malgré tout le respect que j'ai pour les Siciliens, mais c'était le chemin que nous semblions emprunter. À n'en pas douter. »

« La première dépense, explique Félix García, chef de l'UDYCO en Galice, c'était le palace. Passage obligé. Et pour les jeunes des clans, la grosse bagnole. » Les « Charlines » ont mis la main sur le domaine de Vista Real, à Vilanova de Arousa, un manoir du XVII^e^ siècle, entouré d'un jardin de 24 000 mètres carrés, classé par la Direction du patrimoine galicien comme un ouvrage architectural de la plus haute importance. Laureano Oubiña, qui ne souhaitait pas être en reste, renchérit avec obstination dans la course au domaine de Baión, jusqu'à l'obtenir enfin, l'emportant sur le vieux Charlín, d'ailleurs. Une construction datant du Moyen Âge, restaurée au début du XX^e^ siècle et comprenant 287 hectares de vignes d'albariño. À Vilagarcía, le domaine de Baión était surnommé « Falcon Crest ».

Comme il est d'usage chez les nouveaux riches, les capos envisageaient tout au format maxi. Oubiña fit retirer les vitraux du domaine et les remplaça par des horreurs aux couleurs criardes. Puis il commanda la réalisation d'une statue en marbre à son image, ainsi que pour sa femme. Il ordonna aussi qu'on lui installât un réfrigérateur en pierre, assorti au reste du domaine. Les techniciens s'échinaient à lui faire comprendre que le projet n'était pas viable.

Don Laureano essaya des années durant d'obtenir son frigo en pierre, en vain.

Marcial Dorado, qui au même moment, et d'après ce qui a été prouvé, en était resté aux cigarettes, se fit construire un palace sur l'Île d'Arousa et y installa un Bouddha géant. Celui-ci passait cependant pour une babiole à côté de la piscine installée sur le toit en verre de son salon. Sito Miñanco, quant à lui, était connu pour son goût des voitures : le boss de Cambados possédait trois Corvette qu'il exhibait dans Arousa en même temps que sa satisfaction.

Plusieurs légendes ont essaimé autour de cet étalage qui enflammait l'imagination. Comme celle, par exemple, d'un réseau de tunnels qu'Oubiña aurait fait creuser sous le domaine de Baión, ou des compartiments qu'il aurait fait percer dans les poutres pour y cacher son argent. À Vilanova on prétend qu'un beau matin les habitants retrouvèrent des billets de banque flottant dans les mares et les bassins de la ville parce que, la veille, un capo avait dû écouler sa fortune dans les W.-C. tandis que les agents tambourinaient à sa porte.

« Ils étaient obsédés par le luxe. Ils faisaient main basse sur le patrimoine en toute impunité », explique Fernando Alonso. « Ils acquéraient toutes sortes de propriétés : maisons, voitures, bateaux, yachts, entrepôts, sociétés, appartements, terrains… » Les gamins qui travaillaient pour eux affichaient leur situation : à chaque opération réussie, ils filaient se trouver une BMW ou une Mercedes. C'est alors que la ville fut rebaptisée « Vilamercedes » dans la région.

Ils prenaient aussi du bon temps. Les chefs de clan

étaient connus pour fréquenter les meilleures enseignes. Ils s'accordaient de fabuleux gueuletons, entre autres parce que pratiquement toutes les entreprises conchylicoles leur appartenaient : les meilleurs coquillages et fruits de mer étaient destinés à leurs tables – lesquelles, comme cela arrivait à Ray Liotta dans *Les Affranchis*, étaient apprêtées en urgence même lorsque le restaurant était plein – accompagnés des albariños les plus fins. S'ils décidaient de se rendre au casino de A Toxa, c'était dans un salon privé qu'ils étaient reçus. Felipe Suárez, journaliste arousan, recense 107 passages de Sito Miñanco au casino en 20 mois. Les fêtes étaient tout aussi plébiscitées. « Je me souviens de quelques soirées organisées avec la Guardia Civil », se confie notre gendarme à la retraite. Dès que l'un des capos organisait une beuverie, tout le monde rappliquait : agents, fonctionnaires, politiciens. On se retrouva même dans les locaux de la Chambre de commerce de Vilagarcía. Le gros délire, mais c'était ainsi.

Les journalistes n'étaient pas en reste. En particulier les journalistes sportifs et tous ceux qui n'enquêtaient pas sur leurs activités. Ceux-là profitaient des largesses de Sito Miñanco, grand amateur de foot et excellent amphitryon dans sa villa. Le journaliste Manuel Jabois raconte dans sa chronique « *Las patas machacadas de la nécora* »[1] comment le gotha de la presse sportive galicienne fut convié à l'un de ces festins. Grands crus, champagnes et les meilleurs

1. « Les pattes écrasées de l'étrille », en référence à l'opération du même nom. (N.d.T.)

crustacés de la ria. À la fin du dessert, on vit défiler une colonne de prostituées du « meilleur niveau ». Et de poursuivre : « Le boss était capable de traverser trois continents pour arriver à Cambados à temps pour son rendez-vous avec une jeune fille de 19 ans. »

Les femmes représentaient le stade ultime dans la course au luxe et au bling-bling. « Après chaque déchargement conséquent, on voyait défiler les plus belles voitures en direction du Portugal et ses clubs VIP. Ils étaient en permanence fourrés chez les putes », rapporte en pouffant un ancien agent. Là encore, Miñanco sortait du lot, toujours accompagné de beautés caribéennes. « Je me rappelle une copine dominicaine de Sito, Alejandrina si je ne m'abuse », renchérit un autre agent. « Une sacrée nana. Une vraie bombe. Quand elle passait au commissariat, elle nous hypnotisait. Et je ne vous parle pas des engueulades. Je les ai même vus se rouler par terre en pleine rue. »

« Ils passaient leur temps à essayer de piquer la femme de l'autre. Dès que l'un se montrait accompagné, tout le monde se jetait sur elle », ajoute le premier.

Sito alla jusqu'à faire venir à sa table ni plus ni moins qu'Isabel Pantoja[2]. Une rencontre qui eut lieu au restaurant Posta do Sol de Cambados, et même si ce ne fut pas un dîner aux chandelles – ils étaient quatorze convives autour de la diva à la sortie de son concert de Pontevedra –, la soirée n'en fut pas moins sponsorisée par le capo, qui termina sa

2. Chanteuse et actrice sévillane de renommée internationale, condamnée en 2013 à deux ans de prison pour blanchiment d'argent. (N.d.T.)

soirée en battant des mains tandis que la Pantoja tapait du pied avec un vase sur la tête. Même Julio Iglesias trempa, bien qu'indirectement, dans les réseaux des barons arousans. En 1989, la justice enquêta sur celui qui avait été son manager, Rodríguez Galvís[3], pour sa médiation présumée dans deux livraisons de cocaïne. Rodríguez Galvís – tout comme Julio Iglesias – étaient des habitués de Vilagarcía et du casino de A Toxa.

L'homme d'affaires Carlos Goyanes, figure de la *jet-set* des années 1980, se retrouva mis en cause dans l'Opération Nécora. On l'accusa de distribuer la cocaïne des Galiciens dans les soirées mondaines d'Ibiza et de Marbella, que fréquentaient, du reste, les barons arousans. On requit huit ans de prison à son encontre, mais il fut finalement acquitté.

« Ils étaient vraiment très "*pailán*"[4], analyse une journaliste experte du narcotrafic galicien. Grossiers et de mauvais goût. Ils portaient la chemise ouverte pour mieux laisser apparaître leurs chaînes en or et se paraient de bagues et de bracelets. » Au bout du compte, les capos n'étaient rien d'autre que des chefs d'entreprise sans éducation et sur lesquels pleuvaient les millions. Ils étaient ringards malgré eux. Aux yeux de l'administration, les narcos des rias

3. Arrêté par la police car destinataire d'un cylindre en métal envoyé par une société fantôme du Belize, la Caribean Enterprises Corporation. Dans le cylindre étaient dissimulés trois kilos de cocaïne. Entre 1975 et 1981, Ernesto Rodríguez Galvís était l'attaché de presse des chanteurs Julio Iglesias, Joan Manuel Serrat et Camilo Sesto. « Un presunto traficante trabajó con Julio Iglesias, Serrat y Camilo Sesto » dans *El País* du 8 avril 1989.

4. Terme dépréciatif qui, en Galice, désigne les paysans ayant migré à la ville.

étaient producteurs de coquillages, possédaient une casse auto, ou alors ils étaient éleveurs ou gérants de bar. Tous avaient une profession officielle, qui servait par ailleurs de tête de pont au circuit de blanchiment de leur narcofortune. C'est ainsi que dans les Rías Baixas, il n'était pas rare – et ça ne l'est toujours pas – de voir un paysan conduire un tracteur dans ses champs avec la Porsche Cayenne à l'entrée de la propriété, ou une femme servir des sandwichs de calamar dans une paillote avec une Rolex au poignet. En réalité, tout le monde savait qui était dans la combine. L'État cautionnait une situation dans laquelle certains faisaient carrière dans le trafic de drogue sans qu'on les dérangeât et côtoyaient ceux qui menaient une vie ordinaire. Dans les Rías Baixas, il était normal de voir un jeune travailler un jour chez le primeur et le lendemain conduire une sportive avec 200 chevaux sous le capot.

Les crucifix et la Vierge du Carmen, patronne des marins, étaient de rigueur, car la plupart des capos risquaient régulièrement leur vie en haute mer. On retrouva des estampes de la sainte patronne lors de fouilles réalisées dans des hors-bord et des maisons. Le jour de la procession du Carmen, lorsque les barques et les bateaux des villages côtiers de Galice sortaient en procession chargés de fleurs, dans les Rías Baixas les embarcations placées en tête du cortège n'étaient pas celles des maires. Mais bien celles des narcos.

Les clans avaient leurs propres codes et pratiques mafieuses, et ils étaient bien plus craignos que ce que le cinéma a bien voulu faire croire. Les journalistes de terrain couvrant les débuts du trafic de drogue en furent la cible principale. « Je venais de déposer mon fils à l'école, raconte une journaliste, et j'ai retrouvé sur ma porte un chat pendu par la queue. C'était une mise en garde typique de leur part. » Un autre journaliste découvrit sur le pas de sa porte une couronne mortuaire. « Ils l'avaient commandée et apportée jusque-là avec une menace et mon nom sur le ruban. » Ces années-là furent éprouvantes pour les journalistes qui enquêtaient sur les clans. L'un des pionniers se fit tabasser et en réchappa dans un sale état, le visage tuméfié. L'auteur des coups n'était autre que le narcoavocat Pablo Vioque, un type sur lequel nous reviendrons et qui fut l'une des figures les plus dangereuses d'Arousa.

On en rirait presque, preuve que le cinéma n'est pas parvenu à refléter la réalité sociale des rias galiciennes de l'époque, mais l'un des films qui dépeint le mieux cet âge d'or du trafic de drogue est la comédie délirante *Airbag*. Le film met en scène, sur le ton de l'humour – souvent absurde et raté par moments –, un capo galicien qui se démène pour conclure un marché avec des trafiquants portugais. Le personnage, bagousé et violent, se laisse conduire par son chauffeur, s'entoure de jeunes femmes et se fait accueillir en grande pompe au casino. C'est aussi le partenaire et sponsor de politiciens. Le film enchaîne les rebondissements et les clins d'œil, parodiant le train de vie des barons de cette Galice-là. Mais la parodie renferme toujours une part de vérité que nombre de spectateurs, sans doute, n'ont pas décelée à l'époque. Dans l'une des scènes, on voit le narcotrafiquant proférer des menaces et les destinataires, encerclés et mis en joue, tenter de calmer le jeu en arguant : « Vous ne tirerez jamais, la pièce est remplie de témoins. » Le capo jette alors un œil autour de lui et répond : « Tous des citoyens. Mais la cité m'appartient. Tout comme les juges, d'ailleurs. »

C'était ainsi. Ils se savaient intouchables. Dans les Rías Baixas, la société leur accordait acceptation, tolérance, et même admiration. On se répétait toujours le même mantra (« ils apportent argent et richesses »), apparu du temps des premiers barons du *fume* et du Celta Marlboro. La plupart des gens optaient pour la complaisance. « Mieux vaut travailler pour les clans que devenir voleur. Faut bien occuper les jeunes… » La ligne qui délimitait la délinquance de la vie sociale était flottante. Une frontière floue que brouillaient davantage encore les gestes philanthropiques des capos. À l'image des contrebandiers de cigarettes depuis les années 1950, les narcotrafiquants finançaient toutes sortes de projets et œuvres de bienfaisance. Les paroisses recevaient quantité d'aumônes inopinées, les fêtes et les processions étaient l'affaire des clans, et il n'était pas jusqu'aux clubs et installations sportives qui ne profitaient de la manne pécuniaire. Tout le monde en tirait quelque chose.

« L'adhésion aux pratiques et à la culture délictuelles remontait au *fume* », explique le journaliste Julio Fariñas. « C'est à ce moment-là qu'elle s'enkysta, qu'elle se normalisa. On apprit à s'accommoder de comportements ostensiblement illégaux et, ce faisant, à ouvrir la voie à une accoutumance favorable au trafic de drogue. On ne cherchait pas à savoir, on préférait regarder ailleurs, comme cela a toujours été le cas en Galice.

*Tout est silence* est le titre du roman que Manuel Rivas consacra au trafic de drogue dans la région. La formule met en avant le caractère galicien comme un terreau fertile où faire pousser les graines du narcotrafic. Une omerta galicienne, une coutume, une manie ou une tare culturelle qui se perpétue comme un code qui vous empêche de vous mêler des affaires du voisin. « *Alá cada quen* », chacun sa vie. Ce qui vaut aussi pour les narcos.

« Que pouvait-on faire ? », s'interroge Enrique León, ancien chef de l'UDYCO en Galice et enfant de Vilagarcia, prenant la défense de la société de l'époque. « Que vouliez-vous qu'ils fassent, qu'ils se mettent à dénoncer les capos ? À les pointer du doigt ? Personne ne voulait d'histoires. Personne n'osait manifester son désaccord. On peut le comprendre. » Enrique aborde une articulation primordiale dans cette partition sociologique : les gens ne s'en mêlaient pas car l'État, les pouvoirs publics et toutes les institutions concernées au premier chef, ne s'en mêlaient pas. Face à l'indolence, pour ne pas dire à l'absence, de l'État, comment pouvait-on raisonnablement demander des comptes aux Galiciens ? À l'époque la Guardia Civil suscitait autant, voire plus, de méfiance que les narcos ; la police ne disposait pratiquement pas de moyens ; les juges ne se sentaient pas concernés ; la Xunta fermait l'œil et Madrid faisait le mort. La vérité, c'est qu'il n'y avait personne pour interpeller Sito Miñanco au sujet de ses Corvette. « La cité m'appartient », disait le narco de *Airbag*. Nous étions prévenus.

Ce n'est pas un hasard si la *fariña* fit son apparition en Galice plutôt que dans les Asturies ou en Cantabrie. Les raisons et les circonstances, nous l'avons vu, étaient nombreuses. Tout comme les coupables, anesthésiés par l'argent, le pouvoir ou le manque de moyens. « Le gouvernement galicien, explique Fernando Alonso, s'entêta pendant des années à nier l'existence d'un trafic de drogue organisé. Non pas qu'il se gardât de le combattre, non, il soutenait sa non-existence. » Ce qui nous ramène à l'analogie, toutes proportions gardées, avec la Sicile, où la mafia prenait ses aises parce que, officiellement et de l'avis du gouvernement de Rome, elle n'existait pas. « Pour chaque année perdue pendant les quatre ou cinq ans qu'a duré le déni, nous donnions aux clans cinq ans d'avance en termes d'organisation et de pouvoir », estime Fernando Alonso. « C'est grâce à cette passivité et à ce déni qu'ils sont parvenus à s'implanter. Notre incurie a été le terreau de leur expansion. »

« C'était scandaleux », écrit le journaliste Felipe Suárez dans son livre *La Operación Nécora +*. « Pendant sept longues années, personne dans ce pays n'a bougé le petit doigt pour s'attaquer à ce fléau. » Il suffit de se rappeler ce qu'étaient devenus les derniers fonctionnaires à s'être mouillés : le juge Seoane Spiegelberg et le gouverneur Virginio Fuentes, tous deux engagés dans une croisade personnelle contre les mafias du tabac. Le premier se retrouva à Santander et le deuxième à Albacete. Le bureau central du PSOE venait de réaliser que le démantèlement des clans ne rapportait pas de voix, ce que le PP avait compris des années avant lui.

Et plus encore, un grand juge galicien qui préfère ne pas révéler son identité l'exprime d'autant plus clairement : « Il n'y a pas un seul parti en Galice qui n'ait pas été financé par les narcos. Pas un seul. »

Si Miñanco pouvait se pavaner dans Vilagarcía aux côtés de deux bombes caribéennes à bord d'une Chevrolet décapotable tandis que sur la plage voisine on déchargeait des pains de cocaïne, c'est parce que tout le monde y trouvait son compte. Ou, du moins, parce que personne ne trouvait à redire.

# LES CAPOS

# LA RÍA D'AROUSA

Photographies de Vitor Mejuto, avec l'aimable autorisation du journal *La Voz de Galicia*

**LES « CHARLINES »**

Clan à la Sicilienne dirigé par le patriarche Manuel Charlín. Nombre de ses enfants, neveux et petits-enfants ont repris les activités liées à la cocaïne et au haschich. « Le Vieux » se trouve en liberté à l'heure qu'il est.

**LAUREANO OUBIÑA**

Le baron du haschich en Galice. Il a dirigé une organisation dont la puissance n'avait d'égale que la grandeur du domaine de Baión. Arrêté en 2000, il est actuellement incarcéré.

**MARCIAL DORADO**

Ancien chef de la plus grande bande de trafiquants de cigarettes en Europe, il a été jugé pour trafic de drogue en 2003. Les photos montrant le président de la Xunta, Alberto Núñez Feijóo, sur le yacht de Dorado ont provoqué un tollé médiatique sans conséquences politiques. Il est actuellement incarcéré.

**SITO MIÑANCO**

Le Pablo Escobar de la ria. Le baron le plus puissant qu'ait connu la Galice, partenaire direct du cartel de Cali. Arrêté en 2001, puis remis en semi-liberté avec interdiction de mettre les pieds en Galice, il a de nouveau comparu pour trafic de drogue en 2018. Il se trouve actuellement en prison.

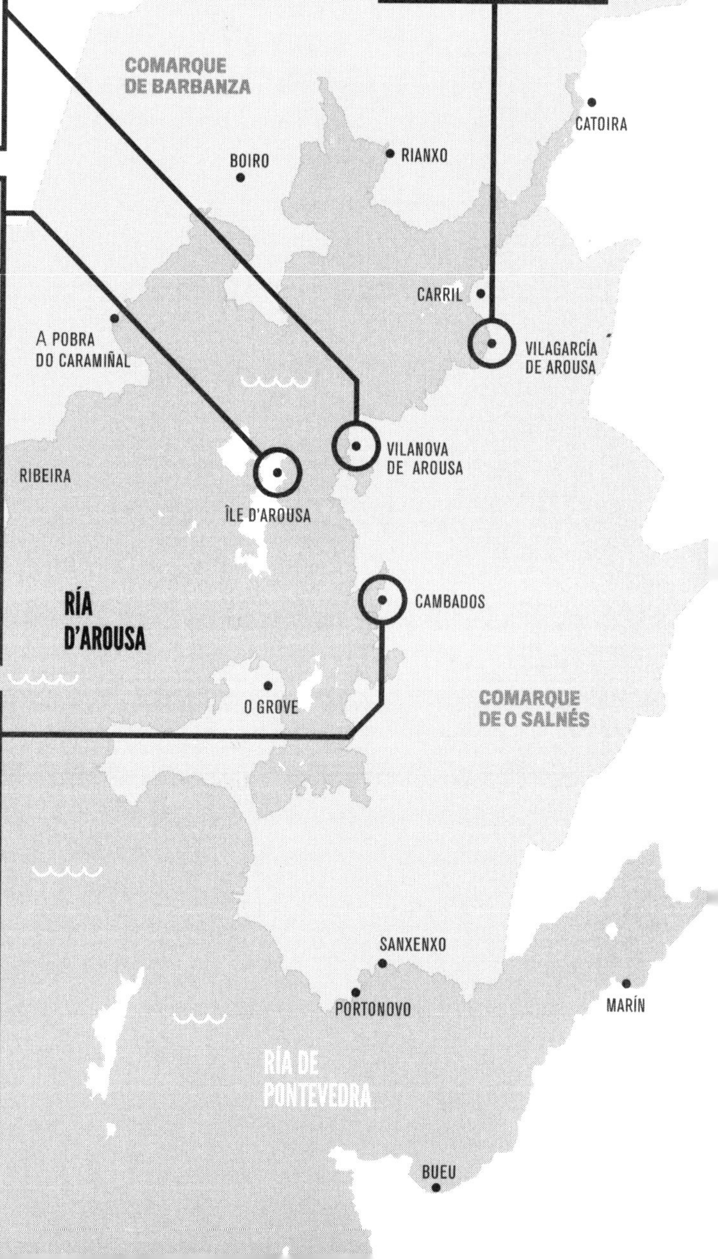

# « Sito Miñanco, prisonnier politique »

*« Heureusement que je ne crois pas à la violence,*
*sinon je vous descendrais tous. »*
Sito Miñanco aux juges de l'opération Nécora

En l'an 2000, le groupe de rock corognais Os Papaqueixos offrait au monde son plus gros succès : « Teknotrafikante ». Le morceau, mêlant accords de *ska* et mélodie *folk*, n'est pas une démonstration de virtuosité technique, mais ses paroles font désormais partie du patrimoine *underground* galicien. Avec des refrains tels que *« Sito Miñanco, preso político. ¡Aurrerá, aurrerá, aurrerá ! »*, ou encore *« Moito Sintasol, moito Sintasol. ¿Cantas raias son ?*[1] *»*, il ne cherchait pas à encenser l'image du baron, mais plutôt à le tourner en dérision. Néanmoins, le capo galicien le plus puissant

1. « Sito Miñanco, prisonnier politique. En avant [en langue basque] ! Trop de lino, c'est combien de rails ? » Paroles fantasques à souhait mêlant galicien, basque et italien et qui rendent compte de l'absurdité de la culture narco de l'époque. (N.d.T.)

qu'aient connu les Rías Baixas était respecté, à n'en pas douter. Et même vénéré.

José Ramón Prado Bugallo, alias Sito Miñanco, est né en 1955 dans le quartier de Santo Tomé, à Cambados. Issu d'une famille de marins qu'on appelait les « Miñanco », il souffrit les rigueurs du dénuement et grandit en séchant l'école le plus clair du temps. Jeune garçon, il accompagnait son père à la pêche aux coquillages, quoique sans permis. Ils étaient furtifs et sournois : Sito employait la technique du *can*, une pêche à la drague, dévastatrice pour l'écosystème de la ria et accessoirement interdite par la loi. C'est ainsi que débuta son rapport houleux avec la capitainerie. Très vite, lassé des paniers et des amendes, il se trouva un job de coursier à bord d'une embarcation rapide, acceptant des missions ponctuelles dans un premier temps. Puis, les clans du tabac ayant repéré son étonnante habileté à manœuvrer finirent par le recruter et le promurent pilote dans l'organisation de Vicente Otero « Terito ». Il entrait ainsi dans la légende, aux commandes de son hors-bord *Rayon de Lune*, slalomant entre les parcs à moules et glissant sur la grève à fond les manettes. Ayant décidé de constituer sa propre bande, la célèbre ROS, il se fit construire un nouveau hors-bord, plus puissant et plus léger, qu'il nomma *Spira II*, un nom qu'il allait aussi donner à l'une de ses nombreuses sociétés-écrans. La ROS connut un succès fulgurant, ce qui lui valut d'être, dès le début des années 1980, l'une des organisations spécialisées dans la contrebande de cigarettes parmi les plus puissantes d'Europe.

Miñanco s'est toujours attiré le – plus grand – respect

des autres narcos, ayant commencé au plus bas de l'échelle, obtenant ses galons dans les eaux de la ria. C'est pourquoi, il a toujours pu compter sur la loyauté de ses hommes. Il connaissait la mer, savait ce qu'était piloter un go fast et risquer sa vie lors de courses-poursuites avec la police. « Le salaud se pointait sur le port avec le visage brûlé par le soleil, se souvient un agent de la Police nationale, et nous lui disions : "Alors, Sito ? On a fait un déchargement ?" Et lui répondait : "J'ai rien fait, voyons". » Miñanco connaissait la ria comme sa poche et avait beaucoup d'entregent : il était courtois et respectueux, et n'était pas d'un naturel violent. Il sut s'entourer de gens sérieux, professionnels et qui l'admiraient. Les proches de ses collaborateurs n'ont jamais manqué de rien : lorsqu'ils comparaissaient devant le juge, Sito prenait en charge les frais et leur trouvait des avocats. Si l'un de ses hommes périssait ou finissait en cabane, Sito versait une pension à sa famille et finançait les études de ses enfants. Il prenait soin des siens. C'était la clef de son immense succès.

Rosa Pouso fut sa première épouse et il eut deux filles avec elle. Le mariage ne tarda pas à vaciller. S'il y avait bien une chose à laquelle le capo de Cambados ne savait résister, c'étaient les femmes. Alejandrina – que nous avons déjà croisée, « un beau morceau », comme m'expliqua un policier – fut l'une de ses plus retentissantes conquêtes. Il avait une autre maîtresse, à Arousa, d'à peine 19 ans, et une troisième copine à Barcelone. On alla jusqu'à lui prêter une quatrième idylle simultanée avec la fille d'un leader socialiste d'Arousa, chef de file de la contestation et de la dénonciation du narcotrafic qui reçut même des menaces de mort.

C'est depuis le Panama qu'il se lança dans le trafic de stupéfiants, travaillant pour le compte du cartel de Cali. Son surnom outre-Atlantique était « le Galicien millionnaire ». Là-bas, il récupérait sa valise dans le salon diplomatique de l'aéroport et se rendait au casino du Marriott où il s'installait pour de longues soirées. Dans les rues de la capitale, on le voyait circuler au volant de sa Mercedes qu'il faisait venir depuis Cambados. Il finit par se payer un appartement de luxe dans le quartier cossu de Punta Paitilla, qu'il allait bientôt partager avec Odalys Rivera, nièce d'un ministre du général Noriega, et qui, soit dit en passant, travaillait dans ce même salon diplomatique de l'aéroport où patientait Sito. Il épousa Odalys et eut avec elle une troisième fille. Elle dirigea même les opérations de son narcoépoux lorsque celui-ci se fit coffrer.

Vers la fin des années 1980, Sito était à la fois partout et nulle part. Il était résident anversois et panaméen et se montrait de temps à autre à Cambados, où il était propriétaire d'un manoir. Au cas où, deux suites étaient constamment à sa disposition à l'hôtel Rías Bajas de Pontevedra, où l'on garde encore le souvenir de ses soirées animées. Il possédait plusieurs appartements à Madrid et une villa, dite « de refuge », à Pozuelo de Alarcón dont seuls en connaissaient l'existence une poignée d'hommes de son organisation. La police parvint à démontrer qu'entre 1989 et 1990 il s'était rendu au moins deux fois aux États-Unis, au Venezuela, au Costa Rica, au Pérou, en République dominicaine et au Chili, et bien plus souvent au Panama, en Colombie, en Belgique et aux Pays-Bas. Son ubiquité se démultiplia lorsque, au milieu des années 1990, le juge Garzón émit un mandat d'arrêt à son encontre : la DEA et Interpol l'inclurent alors sur leurs listes et la moitié des effectifs de la Police nationale aiguisa ses couteaux. Sito apparaissait épisodiquement dans Cambados pour rendre visite à l'une de ses maîtresses, avant de mettre le cap, dès le lendemain, sur le Panama, la Colombie, où qui sait sur quelle autre destination. À Arousa, on croyait ferme qu'il était intouchable.

Les voitures étaient son autre passion : en plus des Chevrolet, le baron conduisait une Ferrari Testarossa, une Toyota Supra, deux Mercedes et une BMW. Santiago García Pasín, un membre de son organisation, lui bricolait des compartiments dans chacun de ses véhicules pour y dissimuler de l'argent ou des petits ballots.

Sito vivait à fond, se sachant à la tête d'un empire. L'organisation du natif de Cambados, sans doute le plus puissant narco qu'ait jamais enfanté la Galice, comptait dans ses rangs, outre des pilotes et des coursiers, une constellation d'avocats, de fonctionnaires, de journalistes, de faussaires, de politiciens, de gardes civils, de policiers, de douaniers, et un accablant etc. percevant tous un fixe émanant du patron. Ses « taupes » en uniforme, d'ailleurs, étaient dénoncées par presse interposée dès qu'on abusait de sa confiance ou qu'on essayait de la lui faire. Ainsi, le 31 décembre 1989, au large de l'Île d'Arousa, étant lui-même aux commandes de son hors-bord, Sito vit un patrouilleur de l'armée, dirigé par le sergent Marcos Corral, lui intimer l'ordre de couper le moteur. L'officier et ses hommes s'approchèrent de l'embarcation et constatèrent qu'elle était pleine à craquer de cartons de cigarettes. Le baron raconterait plus tard comment le sergent Marcos se contenta d'en confisquer quelques-uns avant de s'éclipser. Las des « abus » de pouvoir, Sito adressa à la station Radio Arousa une lettre signée de son nom et dont la lecture sur les ondes provoqua un esclandre qui eut raison du sergent. « [...] Vous n'ignorez pas que Monsieur Marcos a ses propres clients et que ce n'est évidemment pas la première fois qu'il se livre à cette manœuvre. [...] En vérité, ces gens sont bien plus délinquants que nous. Et puisque la justice est la même pour tous, j'espère qu'elle ne manquera pas de punir ces ordures de bas étage. »

L'organisation avait infiltré le central téléphonique de Pontevedra, en la personne de José Manuel Rodríguez Núñez qui les rencardait sur les écoutes de la police. Il arrivait que Sito, sachant qu'il était sur écoute, inventât des tuyaux et des opérations.

L'organisation possédait cinq hors-bord et autant de camions et de remorqueurs et jusqu'à deux navires de commerce, en plus de deux yachts. Autour du groupe gravitait une nébuleuse de sociétés opaques, dont cinq enregistrées au Panama. L'une d'elles s'appelait – un brin cyniquement – Investissements Pontevedra-Panama SARL, dont le président était son cousin Manuel López Bugallo. Une autre était un chantier naval où il réparait ses navires et dont se servirent finalement les cartels pour mettre au point les go fast qu'ils envoyaient en Floride. En Espagne, il gérait, toujours grâce à des intermédiaires, une infinité d'entreprises dans tous les secteurs : construction navale, immobilier, BTP, marine marchande, etc.

Orbitant autour de l'organisation de Sito, différents clans galiciens associés collaboraient avec lui lors des opérations et des prises de contact. L'un d'eux était le clan des « Peixeiros » (Poissonniers), dirigé par José Manuel Chaves Corbacho, qui finirait assassiné en 1991 par Manuel Ozores Parracho, dit « Pincheiro », à l'issue d'une réunion à Caldas de Reis portant sur les termes d'une dette. Des années plus tard, en 2006, le fils de l'assassiné encastra sa voiture dans celle de « Pincheiro » tout juste sorti de prison, à un carrefour de Vilanova. La police n'a jamais cru à l'accident de la circulation, bien que ni l'un ni l'autre n'ait déposé plainte.

Un autre clan qui travaillait en étroite collaboration avec la bande de Sito était « o grupo da Illa » (le groupe de l'île), mené par Juan Manuel Fernández Costas, alias « Karateka » et qui, lors d'un procès pour blanchiment d'argent en 2012, assura que ses revenus provenaient de la location de pédalos sur la plage de Nigrán. Les « Panarros » étaient un autre clan orbitant dans la galaxie Miñanco. Son leader, José Agra Agra, serait identifié puis arrêté dans un café de Pontevedra en 2010 malgré les lunettes de soleil, la barbe et la casquette. Il fut condamné pour avoir introduit à Arousa 4 000 kilos de cocaïne en 2003, lors d'un déchargement impliquant non pas un, mais deux bateaux.

« Os Pulgos », un clan familial de Boiro, dirigé par trois frères, était une autre organisation associée. Ils ne furent jamais jugés pour trafic de drogue, uniquement pour contrebande de cigarettes. Des gens très habiles, alors que les enquêteurs connaissaient parfaitement la nature de leur activité. En 2000, Sito lui-même se rendit à Padrón pour le mariage d'un des frères. Nous reviendrons plus tard sur tous ces « deuxièmes lignes », puisque ce sont eux et quelques autres clans qui, ayant grandi à l'ombre des grandes organisations, prendront le contrôle du trafic de drogue en Galice au tournant du siècle.

Parmi les piliers de l'organisation de Sito il y avait les susnommés Manolo le Catalan et Danielito Carballo, qui se prendrait une balle dans la tête en 1993. Aux côtés de Carballo, dans les cercles rapprochés se trouvait José Alberto Aguín Magdalena, alias « o Rubio » (Le Roux), que la police estimait être le véritable numéro deux de l'organisation. O Rubio était l'associé d'un cadre du PP de Cambados dont l'entreprise servit à Sito Miñanco pour réaliser quantité d'investissements. Un coup du hasard, sans doute. José Garrido González « Fico » et Juan Fernández Sineiro « Machucho » étaient deux autres leaders du groupe. Ce dernier a comparu pour la disparition du narco José Antonio Pouso « Pelopincho » (Cheveux raides), dont on n'a toujours pas retrouvé la trace. Le clan avait même son conseiller en communication, le journaliste Pedro Galindo Guerra, un ancien de la Televisión Española (l'audiovisuel public) qui fut traduit devant la justice pour son appartenance à l'organisation. Au moment de son interpellation, il dirigeait la revue *Casinos de España.*

Le clan de Sito était une machine parfaitement huilée,

sans la moindre faille. Et qui pouvait se prévaloir d'un carburant essentiel à sa bonne marche : l'acceptation sociale. Il soignait d'ailleurs les apparences. Malgré les années passées dans le trafic de drogue, Sito continuait de rentrer des cartons de cigarettes dans la ria. Une activité pour la galerie qui lui permettait de passer pour un seigneur du *fume* sans liens avec les narcos. Ce qui arrangeait tout le monde.

Et comment donc. Sito finança plusieurs opérations chirurgicales et traitements cliniques inaccessibles à nombre de ses compatriotes. Il tenta même de faire breveter une de ses idées délirantes, comme ce soi-disant vaccin contre le cancer. La police enregistra plusieurs conversations avec un chercheur en Hongrie avec lequel il négociait les termes du brevet. Sito envisageait la recherche médicale comme une porte de sortie.

Le grand baron allait parachever son image grâce au football. Le Club Juventud Cambados ne serait jamais devenu l'une des équipes les plus célèbres de Galice sans le concours de Miñanco. Il devint président du club en 1986, alors que celui-ci vivotait en Régional (cinquième division). Trois ans plus tard, il l'avait hissé jusqu'en National, échouant aux portes des barrages de la deuxième division à la quatrième place du championnat. Au début de chaque saison, Sito mettait 30 millions de pesetas (180 000 euros) sur la table, grâce à quoi le Cambados avançait des salaires supérieurs à ceux du Deportivo La Corogne ou du Celta de Vigo. Le stade était comble à chaque rencontre et Sito s'offrait parfois un bain de foule. Lorsque le « président » se trouvait à Cambados, l'équipe entrait sur le terrain à bord de son yacht. Avec ses treize mètres de long et ses trois moteurs inboard de plus de 2 200 CV, le *Night Mare*, battant pavillon britannique, accueillait tout le monde. Les habitants de A Pobra do Caramiñal, de l'autre côté de la ria, assurent que lorsque Sito démarrait son bateau, tout le monde était au courant.

Il payait tout de sa poche. À l'intersaison, Miñanco emmenait l'équipe en tournée au Panama – où il contribua à la campagne du général Noriega à hauteur de 12 000 dollars – et au Costa Rica. Pour les fêtes de Cambados, il faisait venir les meilleurs orchestres bulgares. La municipalité ne dépensait pas un seul centme. La ville lui était à ce point reconnaissante que le 7 mai 1989, son maire, Santiago Tirado (PP), nomma le capo « enfant illustre de Cambados » et lui remit une plaque honorifique. Ce jour-là, Tirado joua des coudes pour apparaître sur la photo. Un an plus tard, en juin 1990, alors que Miñanco avait la DEA aux trousses, Tirado se rendit à O Grove à une manifestation contre les drogues à l'appel des mères de la génération perdue. Cette fois, le défi consista à s'extraire du cortège sous une pluie d'insultes.

Lorsque le CJ Cambados obtint son ascension en National, Sito concéda une interview à Radio Arousa où il ne serait question que de sport. Face à lui, le journaliste Felipe Suárez connaissait tout des activités de son invité. À la fin de l'entretien, Felipe prit le narco en aparté et lui adressa quelques questions délicates. « Je te jure sur la tête de mes filles, qui sont ce que j'ai de plus précieux en ce monde, que je n'ai jamais touché à la drogue. D'ailleurs, cette main que tu vois ici, sans laquelle je ne suis rien, qu'on me la coupe si je te mens. » Les scènes de cet acabit, parfois assorties de larmes de crocodile, se répétaient dès qu'on l'interrogeait sur le sujet. Sito se mura dans cette posture, y compris lorsque le juge Garzón, en juin 1990, émit un mandat d'arrêt international à son encontre. Avec la DEA et Interpol dans le rétroviseur, l'enfant illustre de Cambados rejoignit en seulement 24 heures le cercle des narcotrafiquants les plus recherchés au monde. Sa légende enfla : le 24 juin 1990, avec un mandat d'arrêt aux fesses, il organisa une rencontre avec le colonel de la Guardia Civil, Arsenio Ayuso[2]. Ils se donnèrent rendez-vous à l'hôtel Péntax de Lisbonne, où Sito se rendit entouré de gardes du corps. Puis, les yeux rougis par l'émotion – d'après le récit qu'en ferait plus tard le colonel Ayuso –, il lui servit la même rengaine : « Je reconnais que ça fait des années que j'introduis des cartons de cigarettes, tout le monde le sait, mais jamais de ma vie je n'ai touché le moindre gramme de haschich ou de cocaïne. » Ils se quittèrent peu après et Sito disparut à nouveau dans la nature. La Guardia Civil apprendrait des années plus tard qu'en ce même mois de juin, il avait débarqué 2,5 tonnes de cocaïne sur les côtes arousanes.

Le capo tomba le 19 janvier 1991 – un an et demi après être passé entre les mailles de l'Opération Nécora –, à l'issue de l'Opération Andrés (nom de code pour Sito au sein de la

2. Le colonel Ayuso déclara que cette rencontre avait reçu l'approbation du juge Garzón, ce que celui-ci a toujours réfuté.

police), dirigée par le même Baltasar Garzón. Couronnant un an d'enquête acharnée et de surveillance étroite des membres de l'organisation, la section quatre de la centrale des stups, dirigée par Rodríguez Simons, donnait l'assaut à la villa de Pozuelo en pleine opération de déchargement. Les hommes du GEO (Groupe spécial d'opérations, équivalent de notre RAID) racontent qu'ils surprirent Sito penché sur des cartes nautiques avec un téléphone satellite collé à l'oreille. « Merde, cette fois vous m'avez bien eu ! », aurait-il dit en voyant débarquer les agents.

Sito était furieux, et pas qu'un peu. Il avait compris où se trouvait la faille. Si l'on était parvenu à le coincer, c'est parce que les Colombiens l'avaient vendu. Quelques semaines avant sa capture, les agents de Madrid avaient arrêté Cristina Osorio et Jorge Isaac Vélez, membres du cartel de Cali, en possession de 200 kilos de cocaïne dans le coffre de leur voiture. Ils trouvèrent un accord avec les enquêteurs et c'est le nom du Galicien qui éclata au grand jour. Le 18 janvier, deux jours avant son arrestation, Sito avait passé un coup de fil à Fabio Ochoa, l'un des chefs du cartel. L'échange fut intercepté par la police :

— Tes copains m'ont foutu dans la merde, ils ne sont pas à la hauteur.

— Qu'est-ce qui s'est passé ?

— Je te dis qu'ils ne sont pas à la hauteur. Mon camion pourrit sur place depuis trois mois, ils se moquent de moi.

Le dernier coup de poignard lui fut donné par un narco libanais qui participait à l'opération. En réalité un informateur de la DEA qui leur dévoila le lieu, l'heure et les détails de la livraison. Miñanco, explique un agent de police, « ne peut s'empêcher de diriger lui-même ses opérations. Il est incapable de déléguer. C'est comme s'il voulait se souvenir du temps où il était pilote de go fast ».

En même temps que Sito, ce sont treize personnes de son organisation qui furent arrêtées, dont José María Díaz Lavilla, fils d'un magistrat du Tribunal constitutionnel, et Eugenio Díaz, parent de « Terito ». Dans la villa, aux côtés de Sito, se trouvaient García Pasín, celui qui customisait ses voitures, « Machuco », et trois prostituées caribéennes.

L'histoire de Sito, bien entendu, ne s'arrête pas là. Trois ans après sa capture, le juge Garzón allait le condamner pour trafic de drogue. Mais le baron de Cambados allait continuer d'écrire sa légende dès sa sortie de prison. De fait, en 2018, alors qu'il était officiellement employé dans un parking d'Algésiras, il se fit appréhender dans une affaire de distribution de cocaïne dans plusieurs pays d'Europe… ainsi qu'une vingtaine de personnes soupçonnées de travailler pour lui. Lors de la perquisition, les agents retrouvèrent chez lui une pochette avec le scénario de la série en dix épisodes inspirée du livre que vous tenez entre vos mains. Plus tard, il tenta d'introduire 6 000 euros dans la prison qui l'héberge, preuve s'il en est qu'il n'a pas fini de nous surprendre.

Pour nombre d'agents qui le connaissent, il ne fait aucun doute qu'il écrit en ce moment même une nouvelle page.

# Laureano Oubiña et ses gros sabots

*« Votre Honneur, je vous jure que je ne suis pas un trafiquant.*
*Et quand bien même je le serais, je ne fais pas de porte à porte. »*
Laureano Oubiña

Lors de la première audience du méga procès qui suivit l'Opération Nécora, organisé dans l'enceinte de la Casa de Campo, à Madrid, Laureano Oubiña s'est présenté sabots aux pieds. Le seigneur du haschich avait poussé à fond sa stratégie consistant à se faire passer pour un villageois analphabète incapable de diriger une bande de narcotrafiquants. Nul besoin d'en faire autant. À la troisième question du juge, il s'emporta et lança : « Je n'ai jamais investi dans la drogue, ni dans des maisons, ni dans des domaines, ni dans rien, merde ! »

C'était un « sanguin. Une brute épaisse. Un rustre », nous dit un journaliste. « Une grande gueule, couplée à un caractère de cochon. Un hâbleur », complète un autre. « Un rentre-dedans », d'après un garde civil. « Un concentré de mauvaise humeur. Un ignare, un âne bâté », ajoute un policier. Les sabots, on l'aura compris, n'étaient pas indispensables. Oubiña n'abandonna jamais, devant les juges, son personnage de paysan arriéré victime d'une situation qui lui a échappé des mains. Dans un entretien accordé au magazine *Vanity Fair*, réalisé par David López en 2011, Don Laureano soutient sans ciller : « J'espère que l'État va me réhabiliter comme il le fait avec les toxicomanes, car le trafic de drogue, ce n'est qu'une addiction comme une autre. »

Oubiña naquit à Cambados en 1946 et s'initia à l'art de la contrebande pratiquement en même temps qu'il apprit à marcher. À 15 ans, il prenait le volant de la camionnette de l'épicerie de ses parents et faisait sa distribution. À 17 ans, sachant à peine lire et écrire, il monta sa propre bande de trafiquants. Il troqua rapidement la fourgonnette pour le camion et le café pour les Winston de chantier. À 18 ans, il devenait l'un des contrebandiers les plus réputés des rias. C'est alors qu'il épousa Rosa María Carro, avec laquelle il n'eut pas moins de huit enfants. Mais en 1983, il tombait amoureux de sa secrétaire, Esther Lago, qui allait devenir sa deuxième épouse et le cerveau véritable de l'organisation à venir.

Les démêlés de cet homme avec la justice méritent d'être contés. Ou plutôt, énumérés. Car rares sont les années où il n'eut pas maille à partir avec les autorités. Ceux qui le connaissent établissent un diagnostic sans appel : c'est son caractère qui l'a perdu. Il s'est signalé pour la première fois auprès du juge en 1967, en infligeant une correction à un homme de Cangas, L'année d'après, il montait les marches du tribunal de Pontevedra ne s'étant pas acquitté de l'amende correspondante. En 1977, la Guardia Civil portait plainte après qu'il eut tourné en ridicule deux de ses agents dans la rue. Nous ne connaissons pas les circonstances dudit persiflage. La même année, sans rougir, il tenta de soudoyer le commandant de la compagnie de O Grove. L'officier ne goûta pas la tentative et le fit arrêter. En 1978, un an seulement après sa bévue, on fouillait l'ensemble de ses propriétés. L'ordre avait été émis suite à un déchargement de cigarettes dans lequel les autorités soupçonnaient son implication. L'année suivante, il fut jugé pour la prétendue tentative de corruption du commandant intègre, mais fut relaxé faute de preuves. En 1981, l'affaire était rejugée et il réintégrait les murs de sa cellule jusqu'en 1982. Quatre jours après sa remise en liberté, le juge l'accusa d'appartenir à la bande des « Servandos », passeurs de tabac. Puis il s'accorda une trêve avant de revenir en force en 1987, lorsqu'il se fit arrêter à Gérone pour avoir essayé d'introduire 700 paquets de cigarettes. Un an plus tard, lors d'une fouille à son domicile, il envoya un coup de pied inopiné à l'un des agents. Il atterrit en prison, où il infligea une dérouillée à Ricardo Portabales, l'un des repentis de l'Opération Nécora. Il recouvra la liberté en 1990, quelques semaines avant que le juge Garzón lui remette la main dessus. Nous reprendrons la liste plus avant, les années 1990 étant, à n'en pas douter, ses plus belles années.

Esther Lago lui donna deux filles, Lara et Esther. En 1984, ils s'installèrent tous les quatre dans une villa de Laxe, dans les hauteurs de Vilagarcía. Quatre ans plus tard, en 1988, le seigneur du haschich réalisait enfin son grand rêve : l'acquisition du domaine de Baión, une opération qui allait provoquer sa chute. Le vignoble, totalisant non moins de 286 hectares de pieds d'albariño de premier choix, fut acheté à travers une société qui s'endetta à hauteur de 138 millions de pesetas (soit 830 000 euros). Mais quelque chose ne tournait pas rond dans cet emprunt. Le prêt avait été accordé par une certaine Luisa Castela Fernández, veuve d'un cheminot de la RENFE, vivant dans une maisonnette de Cáceres dont le loyer s'élevait à 200 pesetas (soit un peu plus d'un euro par mois). Le fait est que cette dame était la tante de Pablo Vioque, l'ancien avocat d'Oubiña, fondateur de l'antenne de l'Alliance populaire de Vilagarcía, président de la Chambre de commerce d'Arousa, et narcotrafiquant.

Le domaine fut acheté à des gestionnaires de la compagnie de Jésus et Oubiña en fit sa société-écran la plus flagrante. Le domaine constituait alors la plus grande plantation d'albariño du sud de la Galice. Don Laureano se réinventa en éminent viticulteur qui fournissait les meilleures tables en albariños du Pazo de Baión. Une telle esbroufe finirait par lui coûter cher. La propriété allait devenir – et ce jusqu'à ce jour – le symbole de l'âge d'or du trafic de stupéfiants. C'est l'endroit que les mères des jeunes ravagés par la drogue choisiraient pour crier toute leur colère, et le juge Garzón pour y faire atterrir son hélicoptère, trench claquant au vent, lors du grand coup de filet de l'Opération Nécora. La justice, enfin, allait définitivement confisquer son rêve en 1995.

Oubiña est le seul narco des Rías Baixas – d'après ce

qu'on en sait – à n'avoir jamais trempé dans la cocaïne. Don Laureano ne faisait que dans le haschich. Il l'a bien assez dit, d'ailleurs. Et même si certains dans la police émettent des doutes, la vérité c'est qu'on n'a jamais pu prouver qu'il mentait.

Son premier déchargement, il le réalisa en 1989, en introduisant 23 carafes de haschich à Baio. Il avait sur son livre de paie pas moins de 16 types qui travaillaient exclusivement pour lui. Il disposait, en outre, de sa propre flotte de chalutiers qui lui permettait de ramener le haschich depuis le Maroc. Le responsable du transport depuis l'Afrique était le Marocain Moustapha Boulaich, alias « Gustavo ». *Victoria A*, *Estimada*, *Thais*, *Honey Moon*, *Verónica*, *Turia*, *American* et *Katie* étaient les noms des navires propriétés du baron. Il possédait également un hors-bord du nom de *Seagull* battant pavillon libérien.

Le clan acheminait la marchandise par transport routier jusqu'en Allemagne, aux Pays-Bas et en Angleterre. Il se servait pour cela des poids lourds des entreprises de transport Penedo et Transgalicia, appartenant à Oubiña, bien entendu. Vital Núñez Carvalho, dit « Vital », avait pour mission de livrer sans encombre le haschich dans le nord de l'Europe, et Manuel López Mozo, de coordonner la flotte des camions. Dans un entretien accordé en 2011, Oubiña soutenait : « J'aimerais souligner le fait, et qu'on se le dise une bonne fois pour toutes, que je n'ai jamais acheté ou vendu le moindre gramme de haschich. Tout au plus, lors de l'une des trois opérations frustrées pour lesquelles j'ai été condamné, je l'ai simplement transporté par voies maritime et terrestre. »

Gravitant autour de sa bande, comme c'était le cas avec Miñanco, une poignée de clans satellites collaboraient avec la structure d'Oubiña lors d'opérations ponctuelles. Parmi ses partenaires privilégiés se trouvait le clan de Manuel González Crujeiras, mieux connu comme « O Carallán » (La Déconne), un baron historique de Ribeira et probablement le plus gros narco qu'ait connu la comarque de Barbanza, sur la rive opposée de la ria[1].

L'organisation s'était blindée grâce à un prodigieux montage financier, sans doute le plus inextricable que le fisc espagnol ait jamais vu en Galice. Un bijou d'ingénierie fiscale réalisé par la fine fleur des avocats panaméens rétribués à prix d'or. « Ils l'ont saigné à blanc », raconte un officier de la Guardia Civil. « Ils lui facturaient des sommes scandaleuses, mais comme il était à moitié illettré, il acceptait le marché. » Ses trois entreprises principales étaient Ranger Corporation, Fashion Earrings et Norwich Cresti Panama. En Galice, on retiendra Oula SA, une entreprise de BTP et de promotion immobilière grâce à laquelle il possédait 16 domaines et plusieurs appartements. Pas une

1. « O Carallán » était le responsable des déchargements dans la ria. Il ramenait lui-même les bateaux et pilotait les go fast. Il allait devenir, au fil du temps, un narcotransporteur expert, propulsé en première ligne après le démantèlement de l'organisation d'Oubiña. Il fut capturé en 2001, lorsque le GEO aborda en haute mer le chalutier qu'il gouvernait avec 1 800 kilos de cocaïne à son bord. En 2011, au cours de la première permission qui lui fut accordée après dix ans de prison, il s'enfuit en Colombie sans demander son reste.

seule de ces sociétés n'était enregistrée à son nom, elles appartenaient toutes à des hommes de paille. La farce était telle, qu'aux yeux de l'État, Oubiña était pauvre comme un rat d'église, sans patrimoine ni revenus. Il endossa tellement bien son rôle qu'en 1989 il se présenta au guichet de l'INEM (Institut national pour l'emploi) de Cambados afin d'y réclamer une indemnité de chômage, assurant s'être fait licencier de son poste de gérant de Oula SA. Comme on la lui refusa, il alla porter plainte. L'audience fut fixée au 11 juin de l'année suivante, la veille de l'Opération Nécora. Oubiña ne se présenta jamais dans l'enceinte du tribunal.

Le type qui gérait toutes ces disputes légales et fiscales était Pablo Vioque lui-même, le célèbre narcoavocat, secondé par un confrère qui ne s'éloignait jamais trop du narcotrafic galicien, Francisco Velasco Nieto. Quant à Antolín Ríos Janeiro, « Tolín », il était en charge, une fois le haschich arrivé à bon port, de ramener l'argent à la maison. Il avait toute la confiance d'Oubiña.

À la tête de tout ce beau monde se trouvait sa femme, Esther Lago, véritable cerveau de l'organisation. « Enfin quelqu'un d'intelligent », de l'avis d'un policier à la retraite. « Diablement intelligente ». Esther se tua en 2001 au volant de sa voiture, qu'elle encastra dans une maison de Corvillon, à l'entrée de Cambados. Il était deux heures et demie du matin, elle était partie chercher sa fille à la sortie d'une boîte de nuit. D'après l'enquête, Esther s'était endormie au volant. Elle était toujours en vie lorsqu'elle monta dans l'ambulance, mais mourut d'un arrêt cardiorespiratoire sur le chemin de l'hôpital. Oubiña, qui purgeait alors une peine de prison, eut la permission d'assister à l'enterrement. « Un accident effroyable », se souvient un agent. « Un choc frontal contre l'angle de la maison. » Maison qui d'ailleurs, comble de l'ironie, était le centre des écoutes téléphoniques de la Brigade de Stupéfiants de la Police nationale. La boss de l'une des plus grandes organisations de trafiquants de drogue vint s'échouer à leurs pieds.

Oubiña fut appréhendé par le juge Garzón au cours de l'Opération Nécora, déployée au mois de juin 1990. On alla d'abord le chercher dans son domaine de Baión, mais ne l'y ayant pas trouvé, on se dirigea ensuite vers sa villa de Laxe. Les agents frappèrent à la porte et cueillirent le baron en pyjama.

Il s'en tirerait à bon compte et continuerait ses affaires tout au long de la décennie, jusqu'à sa chute, jusqu'ici définitive, en l'an 2000. Son beau-fils, David Pérez, a pris la relève. Les Oubiña n'ont pas dit leur dernier mot.

# Les « Charlines », un clan à la sicilienne

*« Est-ce que j'ai des propriétés ? Voyons, votre Honneur, sachez qu'en Galice, on appelle la moindre bicoque une propriété. »*
Manuel Charlín Gama

L'agent jeta un coup d'œil dans la maison et vit « le Vieux » en pyjama de flanelle dans sa cuisine. Il donna alors le signal et ses collègues frappèrent à la porte. C'est Josefa Pomares, son épouse, qui ouvrit. « Non, Manolo n'est pas là. »

La scène se déroula le 3 novembre 1995. La veille, le juge Baltasar Garzón avait prononcé une peine de prison ferme pour le capo à la tête des « Charlines », mis en liberté sans caution à la suite de l'Opération Nécora. Disposant de nouvelles preuves dans le cadre d'une autre affaire, il dépêcha ses agents sur place.

Les policiers ne s'en tinrent pas à la déclaration de Josefa, évidemment, et s'engouffrèrent dans la maison. À l'intérieur, pas l'ombre du vieux Charlín. Ils fouillèrent la villa avec frénésie, tout en goûtant au luxe qu'offrait la propriété, comme cette immense salle de sport au sous-sol. Passé un temps, un officier remarqua une trace sur le mur : c'était une porte dérobée menant à une chambre forte de dix mètres carrés. Ils tentèrent d'en forcer l'accès, sans y parvenir. En criant à travers la cloison, ils lui expliquèrent qu'il n'avait aucune chance de s'en tirer jusqu'à ce que le patriarche leur ouvre enfin et se rende, dans son pyjama de flanelle.

Manuel Charlín Gama vit le jour à Vilanova de Arousa il y a 90 ans. C'est un homme avare de paroles. Il les garde jalousement pour lui et lorsqu'il vous en fait l'offrande, il les enrobe souvent de sarcasme, comme autant de coups de lancette venant de son naturel soupçonneux. Enfant, il assistait ses parents dans l'élevage de moules qui faisait vivre sa famille. Mais les fins de mois difficiles, très peu pour lui, et c'est pour cette raison qu'encore adolescent il monta sa propre entreprise de revente de fruits de mer, crevettes et étrilles, les fameuses *nécoras*. À l'époque déjà, on devinait ses manières : il fut arrêté à l'âge de 26 ans pour pêche à la dynamite. Malgré tout, il réussit plutôt bien et alla jusqu'à mettre sur pied une petite affaire de production conchylicole. Son entreprise commença à absorber l'argent qu'il tirait de la contrebande portugaise : pénicilline, cuivre, alcool… Très vite, sous la tutelle de Vicente Otero « Terito » – toujours lui –, il se lança dans le *fume*. C'est à cette époque qu'il se mit à fréquenter les commissariats. En 1960, il fit son entrée au tribunal, lorsqu'on l'arrêta à bord d'une fourgonnette chargée de cartons de Winston.

« Le parrain », comme on l'appela un temps à Vilanova, est le seul baron de la drogue parmi les historiques à ne pas croupir, à ce jour, en prison. C'est aussi le premier à s'être impliqué dans les stupéfiants. Ce sont ses propres fils qui lui dévoilèrent le potentiel que représentait le haschich, et il ne traîna pas. Il trafiquait déjà cette substance alors que la Guardia Civil en était encore à chercher des cartouches de cigarettes.

À l'image d'un Sito à Carabanchel, Charlín se lança dans la coke à la faveur des contacts qu'il établit pendant son séjour à la prison Modelo de Barcelone pour le tabassage de Celestino Suances, ce contrebandier de Valladolid qui finit dans une chambre froide pour une dette. C'est ainsi qu'il entama une carrière de narcotrafiquant à grande échelle, périple dans lequel il entraîna toute sa famille. Le clan des « Charlines » est un clan véritable, où pratiquement tous les membres sont liés par le sang. Ou plus exactement, il s'agit d'une famille dont pratiquement tous les membres sont devenus narcotrafiquants. « Encouragés par le patriarche, qui plus est », d'après un journaliste. « Manuel Charlín donnait l'impression de n'avoir rien à faire du bien-être de ses enfants ou de ses neveux. Il impliqua tout le monde dans ses affaires (ses deux frères, ses six enfants, ses deux petits-enfants, ses gendres et ses neveux) mettant sans scrupule leurs vies en danger. Lorsque l'un de ses proches devint accro, "le Vieux" décida de lui confier une opération qui avait toutes les probabilités d'échouer. Si elle ratait, il perdrait le maillon le plus faible de son organisation. Seul le business comptait. » Du reste, il s'agissait, et de loin, du clan le plus violent. Ils réglaient leurs comptes sans se poser de questions, laissant derrière eux plus d'un cadavre.

José Benito était le plus discret des frères du patriarche. Il parvint à garder son casier judiciaire vierge, sans la moindre condamnation, pas même une convocation, jusqu'en 2000, lorsque le service des douanes (SVA) d'Algésiras intercepta 3 000 kilos de haschich dissimulés dans un camion-citerne en provenance du port de Tanger. Le camion transportait de l'huile de poisson. Rendons ici hommage au chien renifleur et à son flair exceptionnel[1].

L'autre frère du « Vieux », José Luis Charlín Gama, détient quant à lui le record de la plus longue condamnation pour trafic de drogue en Espagne : 36 ans pour avoir tenté de faire passer 1 000 kilos de cocaïne en 1991 à bord du *Rand*[2]. José Luis demanda la semi-liberté en 2002. Il fit valoir une offre d'emploi dans un magasin de chaussures du centre commercial Las Rozas, à Madrid. La cour n'y fut

---

1. En même temps que José Benito, sa femme, María Pilar Paz Santórum fut appréhendée. Son fils allait suivre des années plus tard. Benito ne vit jamais la couleur de son procès : il mourut en 2007 d'une crise cardiaque à bord de sa voiture, non loin de Vilanova.

2. Le navire voguait dans les eaux caribéennes lorsqu'une avionnette colombienne largua à la mer des dizaines de briques de *fariña*. L'équipage les repêcha et les prit à son bord. Dans son sillage, un deuxième navire, le *Del Sur*, loué par les « Charlines », montait la garde et lui fournissait carburant et vivres. Un mois plus tard, alors qu'ils approchaient des côtes portugaises, le SVA les intercepta, sans pavillon. La sentence allait aussi frapper la compagne de José Luis, Carmen Oubiña Rodríguez, accusée de coordonner la réception sur terre, et sa fille, Rosa María Charlín Martínez, qui vit sa peine réduite, le juge ayant estimé que son père l'avait forcée à prendre part à l'opération. Elle purgea neuf ans malgré tout. Voilà le bois dont sont faits les « Charlines ».

pas insensible : « Son comportement en prison plaide pour lui et à 56 ans, après plus de dix ans consécutifs en régime de privation de liberté, il a eu le temps de réfléchir à la solidité de l'État de Droit. » Sauf que José Luis n'y avait pas réfléchi une seule seconde. Peu après, la cour constaterait que l'offre du magasin de chaussures était bidon.

Un autre enfant de José Luis, sa fille Yolanda Charlín, allait aussi se retrouver en prison dans l'affaire du *Rand.* Et des années plus tard, en 2013, elle serait de nouveau appréhendée pour sa complicité avec un laboratoire de transformation d'héroïne de Valladolid, dirigé par des Turcs.

Quant aux enfants du patriarche, la liste est aussi longue qu'exquise. L'aînée, Josefa Charlín Pomares, qui recouvra la liberté en 2012 après avoir purgé 11 ans de prison pour trafic de stups et blanchiment, était considérée comme le bras droit de son père. D'ailleurs, c'est bien elle qui prit les rênes de l'organisation lorsque celui-ci se fit coffrer. Elle opérait quasi exclusivement à distance : en 1994, Garzón lança un mandat d'arrêt à son encontre, entraînant sa disparition des radars. Sa cavale de sept ans prit fin lorsque les autorités portuaires retrouvèrent sa trace à Porto, à 170 kilomètres d'Arousa.

Manuel Charlín « Manolito » et Melchor Charlín arrivaient tout de suite après dans l'organigramme. Melchor réussit à introduire 4 000 kilos de haschich *via* le port de Baiona en 1989. Eux aussi s'évanouirent dans la nature lorsque Garzón se lança à leur poursuite. Melchor monta dans un avion, direction le Chili, se soustrayant cinq ans durant à la justice, jusqu'à son arrestation à Rabat.

« Manolito » opta également pour l'Amérique latine, « le temps de », mais en 1993 il accumulait trois mandats d'arrêts internationaux qu'Interpol se faisait fort d'honorer. C'est dans ces circonstances que par une fraîche journée de novembre, un habitant de l'Île d'Arousa qui vendait sa maison, tomba nez à nez sur lui. « Manolito » avait pris un avion, s'était approché d'Arousa, avait demandé le prix du bien et s'en était retourné en Amérique du Sud. Le voisin, d'ailleurs, lui avait répondu que la maison n'était pas à vendre.

Adelaida Charlín était la sœur réservée et timide. Mais qu'on ne s'y trompe pas : en 1991 elle coordonna le déchargement de 800 kilos de cocaïne, et organisa la même année le transport par voie terrestre de quelque 1 000 autres kilos. Elle comparut pour répondre des deux chefs d'inculpation et, contre toute attente, entraîna avec elle sa famille. Dans la première affaire, c'est son mari Antonio Acuña Rial qui trinqua, et dans la seconde, son amoureux, l'Italien Pasquale Imperator.

Lorsque les aînés se retrouvèrent en prison, les cadets prirent la relève. Côté financier, Óscar et Teresa assumèrent la coordination et écoperaient d'une condamnation en 2007 pour blanchiment et fraude fiscale à l'issue de l'opération dite « Repêche ». Lors de ce procès, la petite-fille du patriarche fut également condamnée, la fille de Josefa, Noemí Outón, laquelle s'épargna sept ans ferme en déboursant immédiatement les 30 000 euros de caution. Natalia Somoza, cousine de cette dernière, fut à son tour jugée pour blanchiment d'argent. La police lui mit la main dessus lorsque l'État vendit aux enchères les biens du clan et qu'elle eut la bonne idée de faire une offre à 800 000 euros.

Les « Charlines » travaillaient régulièrement avec le clan des « Caneos » à la tête duquel, Manuel Baúlo Trigo, un homme très vaillant ou très inconscient, se retrouva impliqué dans nombre d'opérations, immanquablement accompagné de sa famille : ses trois enfants (Daniel, Anselmo et Ramón) et sa femme Carmen Carballo Jueguen (sœur du capo Manuel Carballo) à la comptabilité.

Pendant toutes ces années, les deux groupes firent preuve d'une grande compénétration, allant jusqu'à créer des liens sentimentaux : Daniel Baúlo, fils de Manuel, vivait une histoire avec Yolanda Charlín, fille de José Luis et nièce du patriarche. La relation d'amour-haine au sein du couple allait donner le ton de la collaboration entre les deux clans. Et comme toute histoire d'amour digne de ce nom, elle s'acheva en tragédie.

En octobre 1989, les « Caneos » et les « Charlines » n'avaient pas encore fini de fêter l'introduction de 600 kilos de cocaïne du côté de Muxía quand on leur proposa un nouveau coup. À l'époque, le patriarche se trouvait derrière les barreaux et il fallut attendre son autorisation avant de se lancer dans la nouvelle manœuvre. « Le Vieux » donna son feu vert et le jour de Noël 1989, le bateau de pêche *Halcón II* partit de Santa Cruz de Tenerife en mettant le cap sur la Colombie, où l'attendait le cartel de Bogotá, partenaire habituel du clan. Au large de la Guajira, les Galiciens se rapprochèrent d'une embarcation colombienne qui leur remit 535 kilos de cocaïne et embarqua Daniel Baúlo à titre de caution. Puis ils entreprirent le voyage du retour avec les ballots collés à l'ancre, au plus près de l'eau au cas où il faudrait s'en défaire. Et il fallut s'en défaire. À peine repartis, les membres de l'expédition aperçurent une patrouille américaine et s'empressèrent de jeter la coke par-dessus bord avec la célérité que commande une grenade dégoupillée. Les Colombiens n'en crurent pas un mot et leur adressèrent un ultimatum. S'ils ne s'acquittaient pas des 60 millions de pesetas (360 000 euros) partis dans leurs cales, ils leur renverraient Daniel Baúlo dans une boîte. « Le Vieux » refusa de débourser l'intégralité de la rançon. La mère de l'otage alla voir son neveu, Danielito Carballo – alors associé de Sito Miñanco –, dans l'espoir que le boss de Cambados accepte de décaisser le reste. Au bout du compte, on parvint à réunir l'argent et à ramener Baúlo en un seul morceau. C'est alors que les mauvaises langues s'en donnèrent à cœur joie, remettant en cause la présence de la patrouille, la quantité de ballots remis par les Colombiens, ou ceux qu'on ne jeta peut-être pas finalement… Une nouvelle pierre à l'édifice du soupçon qui s'érigeait entre les deux clans. La méfiance remontait loin : les « Charlines » devaient beaucoup d'argent aux « Caneos ». Un cocktail explosif auquel il fallait ajouter les histoires de jupons qui envenimaient la relation entre Daniel et Yolanda et qui échauffaient les esprits de tous les autres. Une poudrière dans un shaker qui en 1992 débou-cha sur un Daniel menaçant de tout déballer à la justice.

Annonce qu'il fit le jour où sa chérie, Yolanda, vint le voir en prison accompagnée d'un ex-amant.

La collaboration avec la justice ne déboucha sur rien cette fois-là, contrairement à ce qui survint en 1994, lorsque les deux clans se retrouvèrent sur le banc des accusés dans les affaires du *Rand* et de l'*Halcón II.* Excédés par les impayés, les coups tordus et les trahisons amoureuses, les « Caneos » se jetèrent sur l'offre de remise de peine qu'on leur tendait, et se vengèrent des « Charlines » par la même occasion. Manuel et Daniel – père et fils – annoncèrent au juge Garzón qu'ils souhaitaient collaborer. Ce faisant, ils rejoignaient Ricardo Portabales et Manuel Fernández Padín, les autres repentis. Ce dernier croisa un jour les Baúlo dans les couloirs de l'Audience nationale. « Je me souviens qu'ils m'ont demandé : "Tu ne serais pas Padín par hasard ?" J'ai répondu par l'affirmative. "Et vous ?" De Cambados, m'ont-ils dit. Puis je leur ai demandé "Ça ne vous fait pas peur ?" Et là je me rappelle que Manuel m'a dit : "Peur de qui ? Pas le moins du monde ! *Si eles teñen mans, nós temos mans !*[3]" » Qu'il fût très vaillant ou très inconscient, le fait est que quatre jours plus tard, on retrouvait Manuel Baúlo mort chez lui.

Cela eut lieu le 12 septembre 1994, à Cambados. Baúlo lisait la presse devant la table de la salle à manger. Il était dix heures et quart lorsque trois jeunes Colombiens, Luis Aldemir, 20 ans, John Salcedo, 24 ans, et Abel de Jesús Vázquez, 25 ans, foulèrent la pelouse du jardin des Baúlo.

3. « S'ils se servent de leurs mains, nous nous servirons des nôtres. »

L'un d'eux frappa à la porte se faisant passer pour un policier avec un mandat de perquisition. Carmen ouvrit et tomba nez à nez avec le jeune armé. Elle essaya en vain de se retrancher dans la maison. Manuel se rua sur le téléphone pour donner l'alerte et ce fut là son dernier geste. Ils lui tirèrent dessus sans sommation. Et sur Carmen aussi, pour la faire taire. Puis ils se lancèrent à la recherche du fils, Daniel, qui n'était pas présent sur les lieux, contrairement à deux de ses frères, lesquels ripostèrent et blessèrent l'un des Colombiens, raison pour laquelle le commando ne parvint pas à s'exfiltrer immédiatement, laissant le temps à la police de l'arrêter.

Manuel Baúlo décéda sur-le-champ. Carmen, atteinte à la moelle épinière, passa le restant de ses jours dans un fauteuil roulant. Le plus jeune des *sicarios* finirait par avouer l'attaque, mais les deux autres ont toujours clamé leur innocence.

D'après ce que la police est parvenue à déterminer, les tueurs à gages avaient été dépêchés par le cartel de Bogotá à la demande des « Charlines ». Ils n'avaient aucunement l'intention de laisser la trahison impunie. Quelques mois plus tard démarrait le procès de l'affaire des déchargements du *Rand* et de l'*Halcón II*. En l'absence du principal témoin à charge, les cadres du clan des « Charlines » furent tous acquittés. Et plus encore : le clan fit porter le chapeau à Manuel Baúlo et « le Vieux » assura qu'il n'avait aucun grief à son égard. La condamnation retomba finalement sur le défunt. Les absents ont toujours tort.

On apprendrait plus tard, de la bouche d'une Carmen

définitivement clouée à son fauteuil, que son mari et son fils Daniel s'étaient fait menacer quelques jours auparavant sur le port de Cambados par un Colombien venu leur demander de renoncer à leurs déclarations. Même Danielito Carballo, le neveu associé de Sito, leur avait demandé de ne pas collaborer avec la justice ou ils auraient des problèmes. Mais les « Caneos » ne se démontèrent pas, précipitant la tragédie. Le plus étonnant dans tout cela est que, quelques années plus tard, Daniel Baúlo, qui avait échappé aux balles car il avait quitté la maison de bonne heure, fut arrêté au cours de l'Opération Destello[4], aux côtés, ni plus ni moins, de José Benito Charlín Paz, neveu du patriarche. Les « Charlines » et les « Caneos » travaillaient à nouveau main dans la main. L'amour avait une fois encore triomphé sur la haine.

Un autre narco qui gravitait aux abords du clan était Antonio Castellano Plasencia, complice dans l'affaire du *Rand*. En 1995, il fut condamné à de la prison ferme pour ces mêmes faits, mais s'évada avant d'entamer sa peine, atterrissant en Colombie où il se soumit à une opération de chirurgie esthétique pour changer de visage. Puis il gagna la Suède où il convola en justes noces et changea radicalement de vie. En 2011, quinze ans plus tard, la Guardia Civil allait l'identifier et l'arrêter à Barcelone où, d'après lui, il était venu rendre visite à un ami. Un excès de confiance qui lui coûta cher, trois mois seulement avant que ne soit prescrite son ancienne vie.

4. « Éclat » en français. (N.d.T.)

Les « Charlines » lavaient leur argent grâce à un réseau fabuleux d'entreprises. La principale étant la conserverie Charpo, située à Vilanova et le susmentionné comptoir de fruits de mer La Baselle. À cela venaient s'ajouter une station d'épuration, plusieurs chantiers à moules, une entreprise piscicole, un élevage de turbots, une société de construction, une société viticole et une dernière société agricole. Le joyau de la couronne, néanmoins, était le domaine de Vista Real, que les « Charlines » s'offrirent après avoir échoué à mettre la main sur le domaine de Baión. Ajoutons, à l'époque, 29 propriétés, une colline, et des dizaines d'appartements. Ils possédaient leur propre flotte, composée de quatre bateaux de pêche et de six hors-bord. Une magnificence qui n'allait pas exclure la chance : les « Charlines » remportèrent 18 fois la loterie. « Une aubaine qui tombait souvent à la veille d'une grosse opération financière », nous explique l'avocat Luis Rubí qui s'est penché sur le patrimoine du clan. « D'ailleurs, c'est la loterie qui nous a permis de démêler le montage mis en place. Nous avions remarqué que deux ou trois billets provenaient d'un supermarché des environs de Córdoba, à plus de huit cents bornes. Évidemment, il y avait un loup. »

À ce jour, c'est la troisième génération de « Charlines » qui continue d'occuper les gros titres et les salles d'audience. Le clan survit et son combat continue. « Le Vieux » veille sur les affaires depuis sa retraite à Vilanova où l'on peut le voir en train de prendre son café tous les matins avec le journal. Grave, soupçonneux. Avare de paroles.

# Marcial Dorado, le yacht et le président

*« J'ignore à quoi ressemble la coke ou le shit, de ma vie je n'en ai vu. Et je ne compte pas en voir. »*
Marcial Dorado, au journaliste Felipe Suárez

« C'est arrivé en 2006, on tient ça d'un indic. Un narco présent ce jour-là. Mais nous n'avons jamais réussi à les pincer, ni la justice à prouver les faits. » L'agent qui parle souhaite rester anonyme. « Sur la plage de Foz, dans la région de Lugo. Deux hors-bord, l'un rempli de cocaïne, l'autre de carburant. Ils déchargèrent la marchandise et en remplirent deux 4 × 4 prévus à cet effet. Il n'y avait pas moins de 2 000 kilos. Les voitures roulèrent jusqu'à un hangar proche où ils planquèrent la cargaison en se servant d'une pelleteuse rouge. Puis on vint la récupérer. Tout alla comme sur des roulettes. On s'est pointé trop tard, on les a manqués de peu, les traces des barques étaient toujours visibles sur le sable. » Ce que l'agent décrit est sans doute l'une des centaines d'opérations de déchargement qui se sont déroulées en Galice et dont nous n'avons jamais entendu parler, car seuls les ratés parviennent jusqu'à nous. Le go fast en question était dirigé par José Antonio Creo Fernández, un narco à la petite semaine qui, peu de temps après, s'évanouit dans la nature. « Sans doute un problème avec la cargaison ou une histoire de dettes. Mais il a dû se passer quelque chose pour qu'il se tire au Portugal. » Un exil que seules venaient rompre les visites que lui rendait sa femme, jusqu'à ce qu'on le déclare mort il y a quelques années maintenant. Une histoire auréolée de mystère, d'autant plus que l'informateur assura avoir vu, codirigeant l'opération, un certain Marcial Dorado Baúlde. « Il était là, mon indic est catégorique. Et, croyez-moi, il n'est pas du genre à mentir. »

Le témoignage est proprement romanesque, car en Galice le débat sur l'implication ou non de Marcial Dorado dans le trafic de drogue refait régulièrement surface, quand bien même il jure s'être limité à la contrebande de cigarettes. La justice n'est parvenue à le mettre en cause que dans une seule affaire, en 2003, lorsqu'elle le condamna pour la vente du bateau *South Sea*, ayant servi lors d'un déchargement de cocaïne. Il purge actuellement cette peine. « Il s'est planté et il a pris cher. On lui fait payer comme le narcotrafiquant qu'il n'a jamais été. » C'est un ancien garde civil qui nous l'explique, convaincu que Marcial n'a jamais été qu'un « seigneur du *fume* ». « Je pense sincèrement que cet homme n'a jamais baigné dans le trafic de drogue, il n'en avait pas besoin », poursuit-il. Un journaliste très au fait de la trajectoire du personnage le seconde dans son opinion : « Je ne pense pas qu'il soit un jour devenu narcotrafiquant. Il a commis une erreur en 2003 et il a servi de bouc émissaire. Mais toute sa fortune, il la doit uniquement à la cigarette. » D'autres, en revanche, sont persuadés que le capo collabora avec les cartels, mais qu'il fut plus adroit que ses compagnons de route. En février 2015, l'Audience nationale prononça une peine de six ans à son encontre pour blanchiment d'argent, après s'être penchée pendant des mois sur ses avoirs abyssaux. Lors de sa condamnation, le tribunal argumenta : « Il est avéré que Marcial Dorado s'est adonné à la contrebande de cigarettes, mais cela ne veut pas dire pour autant qu'il ne s'est jamais impliqué dans le trafic de drogue ». Les juges ont considéré comme irréfutable sa responsabilité dans le transfert de 106 millions de francs suisses (69 millions d'euros) dans les années 1990, dont la moitié ou presque fut déposée en liquide sur des comptes helvètes (rappelez-vous Joseph Arrieta emportant l'argent des capos dans le coffre de sa voiture). Le tribunal jugea « impossible que le volume des mouvements bancaires puisse provenir uniquement de la vente de cigarettes » et reçut pour preuve de sa qualité de narcotrafiquant l'envoi d'une cargaison de bois depuis le Togo en 2000, dont l'un des containers transportait de la cocaïne. L'expédition était liée à deux entreprises de Marcial.

« Marcial est un type qui possède une intelligence innée », soutient un agent de la Police nationale. « Il n'a pas fait d'études, mais il est très très malin. » Le journaliste Julio Fariñas partage l'analyse : « Extrêmement doué en affaires, quelles qu'elles soient. » Le débat n'est pas clos.

D'autant que les révélations de l'Audience nationale et de l'indic continuent de l'alimenter.

Bien que né à Cambados en 1950, Marcial est en réalité un enfant de l'Île d'Arousa, où il débarqua très jeune. À l'époque, sa mère travaillait comme femme de ménage dans la demeure du capo cigarettier Vicente Otero « Terito » (y a-t-il un seul capo qui n'ait pas croisé la route de « Terito » ?) qui, pour des raisons pratiques, envoya Marcial et ses deux frères vivre dans la maison de Narciso Suárez, un millionnaire phalangiste propriétaire des embarcations qui faisaient la navette entre l'île et le continent. Et qui constituaient le seul moyen de relier ces deux rives jusqu'en 1989 et la construction du pont que l'on connaît aujourd'hui. Marcial commença très tôt à piloter les embarcations de monsieur Narciso, s'illustrant comme l'un des plus rapides de la ria. « Terito » le prit alors sous son aile et au bout de quelques années Marcial faisait entrer des blondes américaines à Arousa. À la fin des années 1980 – dès lors surnommé « Marcial de la Isla » – il était devenu le maître absolu du tabac dans les Rías Baixas, à la tête d'un empire qui résista aux assauts de l'enquête sur la blanchisserie suisse. Il épousa María del Carmen Fariña et eut deux filles, qu'il envoya faire des études en Angleterre. Ainsi, il leur offrit la meilleure éducation possible et fit de son mieux pour les tenir à distance de ses activités. Ce qui ne devait pas lui réussir tout à fait : en février 2015, María Dorado, avocate, était condamnée pour blanchiment. Elle avait pris part à la gestion des affaires de la famille. Avec elle tombait Otilia Ramos, la compagne actuelle du capo.

Quoique devenu multimillionnaire grâce à la cigarette de contrebande, contrairement à ses contemporains il ne se complaisait pas dans l'étalage de sa fortune. Sur son île, il se fit construire un palace qui incarne assez bien sa personne. De l'extérieur, on dirait une maison cossue mais sans plus, que l'on admire sans forcément s'arrêter. À l'intérieur, elle disposait d'une piscine fermée à fond transparent, d'une cave bien achalandée, d'une salle de jeu, d'un court de tennis avec éclairage. Il ne fallait pas prendre sa relative discrétion pour de l'austérité. Marcial était un habitué des restaurants les plus côtés des rias, et n'hésitait pas à régaler son monde avec les meilleurs produits de la mer et les vins les plus affriolants de la carte.

Déjà archiconnu en Galice, Marcial vit sa célébrité atteindre la capitale en mars 2013. La publication de quelques clichés dans les pages du journal *El País* en compagnie de l'actuel président de la Xunta, Alberto Núñez Feijóo, suffit à ressusciter le spectre de la narco-politique galicienne. Le choc fut terrible : le chef du gouvernement galicien découvert à bord du yacht de l'un des plus grands barons des rias. Des photos qui remontent à 1995, lorsque Feijóo et Marcial, comme il est précisé dans le texte qui accompagne les images, firent connaissance, à une époque où l'actuel chef du Parti populaire était déjà le numéro deux du Conseil régional de santé. Depuis, l'amitié entre les deux hommes se renforça et l'étoile montante des conservateurs commença à fréquenter assidûment la villa du capo de l'Île d'Arousa, où étaient organisés des banquets et autres réceptions lors desquels, d'après le quotidien, les hommes de Marcial buvaient et s'entretenaient avec des commandants des forces de l'ordre. « Marcial aimait énormément rencontrer des gens », nous dit Julio Fariñas. « Ça l'obsédait. Il avait des amis partout et en politique plus qu'ailleurs. »

Le politicien et le passeur faisaient également des voyages ensemble. Ils se rendirent à Cascais, en Andorre et à Ibiza où Marcial mouillait son yacht *Oratus*. Ils allaient également dans sa maison de Baiona, où, faut-il le préciser, le capo avait un autre yacht.

Quant à Feijóo, suite à la publication des photos qui scandalisèrent la Galice tout entière, il lui fallut s'expliquer. Il assura que sa relation avec Marcial était uniquement privée ; il reconnut avoir été sur son bateau ainsi que chez lui, et avoir réalisé au moins un voyage avec lui. « Mais toujours en compagnie d'autres amis ». Le président nia catégoriquement tout lien d'argent avec le capo et affirma ne rien savoir de ses activités. Une déclaration qui fit grincer des dents étant donné qu'en 1995 Marcial n'était plus un inconnu en Galice et qu'il avait déjà comparu deux fois devant le juge : en 1984, dans l'affaire du méga procès du 11/84 pour trafic de cigarettes et en 1990, lors de son acquittement suite à l'Opération Nécora. Feijóo s'excusa, plaidant qu'il s'en était remis à la parole d'amis communs selon lesquels Dorado avait définitivement abandonné la contrebande. En 1997, le leader galicien mit soi-disant un terme à leur relation suite à l'ouverture d'une enquête de justice à l'encontre du trafiquant. Mais des années plus tard, l'existence d'un enregistrement de la police contraignit le président à avouer qu'il avait continué à communiquer ponctuellement avec le capo jusqu'en 2003. Puis il déclara l'affaire close. Actuellement à la tête de la délégation régionale du PP, il fut même un temps pressenti pour succéder à Mariano Rajoy à la présidence du parti.

En réalité, Feijóo était au courant de l'existence de ces photos dès 2004, lorsque la police les saisit au domicile de Marcial. L'histoire voudrait qu'on les ait filtrées aux instances du PSOE local, lequel aurait menacé de les diffuser si le PP ne ménageait pas ses attaques à son encontre. Tout cela dans un esprit très *fair play.*

Il faut dire que Marcial ne contribua pas à redorer l'image du président en déclarant, depuis sa cellule : « C'est un brave garçon, travailleur. J'ai toujours eu la conviction qu'il irait loin, il transpirait l'honnêteté et le goût de l'effort. » Avant d'enfoncer le clou : « Je suis certain qu'il sait que je ne suis pas, n'ai jamais été, et ne serai jamais un narcotrafiquant. »

Marcial n'en démord pas. Il saisit la moindre occasion qui lui est offerte pour clamer haut et fort qu'il n'a jamais trempé dans le trafic de drogue. Il y a quelques années maintenant, la femme de Dorado contacta un policier d'Arousa pour lui demander de témoigner en faveur du capo et de déclarer lors de l'audience qu'il ne s'occupait que de cigarettes. La réponse, c'est le policier lui-même qui nous la rapporte : « Je lui ai dit : "J'en sais rien si Marcial n'a trafiqué qu'avec des cigarettes. Et puis, vous vous rendez compte de ce que vous me demandez ? Que j'aille à l'Audience nationale témoigner en faveur de votre mari.

Mais, madame, j'ai ma dignité, moi. Faites-moi le plaisir d'aller voir ailleurs". »

Contrebandiers ou narcos, toujours est-il que la bande de Marcial était des plus puissantes, pouvant se prévaloir d'infrastructures et de travailleurs n'ayant rien à envier aux clans qui trafiquaient avec la drogue. L'un de ses hommes de confiance était José Luis Hermida Paz, alias « Calabrote », lequel conjuguait son appartenance à l'organisation de Marcial avec des missions pour les « Charlines ». « Calabrote » fut l'un des associés ayant pris part à l'opération du *Rand*, participation qui lui valut 14 années de prison.

Parmi les hommes de Marcial, il y avait aussi un certain Manuel Prado López, lequel s'engagea à son tour dans le trafic de stupéfiants suite au démantèlement de la bande en 2003. Et de quelle manière ! Ayant eu la bonne idée de se rapprocher à nouveau du clan familial, il finirait par s'imposer comme l'un des intermédiaires entre les « Charlines » et le cartel de Bogotá. On le coinça fin 2006 au cours de l'Opération Destello, lorsque la marchandise se retrouva à l'eau puis vint s'échouer sur les côtes.

Sans surprise, Marcial avait également mis sur pied un empire financier et entrepreneurial. Le contrebandier gérait l'une des plus grandes fortunes de toute la Galice et gardait son argent en Suisse, au Portugal et aux Bahamas. Il possédait plusieurs agences immobilières et stations-service. Au Portugal, il était propriétaire d'une importante exploitation viticole, et les ceps qui vont avec, et au Maroc c'est dans une fabrique d'huile d'olive qu'il plaçait ses capitaux. Il se retrouva à la tête d'un trust comptant jusqu'à 28 sociétés espagnoles ou étrangères. Avant que la main du Fisc ne se referme sur lui en 2009, Marcial Dorado possédait quatre domaines au Portugal, six appartements en Galice, dix locaux commerciaux à Saint-Jacques-de-Compostelle et une usine à Vilanova. Il détenait aussi d'autres logements à Avila, Madrid, León, Sevilla et Málaga. En y ajoutant l'ensemble de son conglomérat, ce sont 208 autres propriétés qui tombaient sous sa coupe. Et comme si cela ne suffisait pas – mais c'est sans doute un hasard –, il gagna à la loterie en 1998.

Le fait que l'on s'interroge encore sur son implication dans le trafic de stupéfiants montre bien que le trafic de cigarettes, bien que discret, prospéra en Galice jusqu'à très récemment. Tapis dans l'ombre médiatique des narcos, des dizaines de seigneurs du *fume*[1] ont continué de mener grand train grâce aux Winston de chantier.

1. Autre seigneur du *fume*, José Ramón « Nené » Barral, maire de Ribadumia, mena son commerce de cigarettes jusqu'en 2003, au moins, et attend aujourd'hui d'être jugé pour fraude fiscale. Lui et ses trois filles, pour lesquels le procureur requit huit ans de prison. Tout aussi accro au tabac, Manuel Suárez « Manolito », fils du phalangiste de l'Île d'Arousa chez qui vécut Marcial, fit entrer des blondes américaines jusqu'en 2002, lorsqu'il se fit coincer avec sa femme pendant une opération qui vit également chuter celui que l'on considère comme le dernier seigneur du *fume* de Galice, Juan Manuel Lorenzo Lorenzo, alias « Ferrazo ». Ce dernier mit fin à sa carrière de contrebandier en signant un accord avec le parquet anticorruption : l'État recouvra un million d'euros en amendes et lui, ainsi que 30 autres membres de sa bande, échappèrent à la prison. L'accord allait mettre hors circuit les derniers grands seigneurs du *fume* des rias. Il scella la fin d'une ère.

# MARÉE BLANCHE

« Comment en sommes-nous arrivés là ? »

# Laissez-nous vivre

Il fallut les convaincre, mais l'équipe finit par voir le jour. Aucun des « fumeurs de joints » de Vilanova n'était très enthousiaste à l'idée de jouer au foot. En réalité, rien ne les enthousiasmait si ce n'était d'aller se poser dans un coin du *xardín* (comme on appelle le parc de Vilanova) pour y fumer des pétards et avaler des amphétamines. À la limite, ils pouvaient se déplacer à Cambados ou à Vilagarcía pour se caler dans un bar et se péter la ruche avec ce qui leur passerait sous la main. Toute autre activité n'était qu'une perte d'énergie. C'est pourquoi, en cet été 1982, il ne fut pas facile de les convaincre de monter une équipe de foot.

L'histoire de l'équipe *Dejadnos Vivir*, « laissez-nous vivre », est celle des ravages du trafic de drogue sur la jeunesse des Rías Baixas. Quelles conséquences y a-t-il pour une petite comarque qui abrite le plus grand trafic de cocaïne d'Europe ? Une question que s'est posée le narrateur du film « Marée blanche », un travail d'une très grande rigueur, récompensé en 2001 par le Prix Reina Sofía contre les drogues. Le documentaire donne à voir les répercussions qu'a engendrées la concentration des plus gros barons de la drogue du continent sur une poignée de kilomètres carrés. C'est toute une génération, celle qui est née dans la ria d'Arousa dans les années 1960, qui fut emportée. Mais contrairement aux pionniers du Vilagarcía des années 1970 – tous ces Chis, Chema, Tati et Dámaso qui ouvrirent les yeux aux « Charlines » –, cette nouvelle génération ne se contenta pas de fumer du hasch. Née au mauvais endroit, au mauvais moment, elle se retrouva coincée entre les cartels et les clans galiciens, et elle le paya au prix fort. En Galice, on l'appelle la génération perdue : des centaines de gamins qui périrent ou qui furent marqués à vie parce qu'exposés à l'onde de choc des ballots, des go fast, des déchargements, des villas et des décapotables.

L'idée de créer une équipe de foot revient à Manuel Fernández Padín, l'un des repentis de Garzón. En 1982, âgé de vingt ans seulement, il faisait partie de l'association culturelle Onuba, laquelle organisait les fêtes patronales de Vilanova. Celles-ci incluaient toutes sortes d'activités sportives, dont un tournoi de football réunissant des dizaines d'équipes et qui n'avait jamais intéressé le moins du monde les gamins débraillés du *xardín.* Padín se livra à un travail de lobbying acharné pour réussir à sortir ses copains du bar et leur faire enfiler des chaussures de sport. Il en parla à Nito « Sopitas » et à « Gelucho », les aînés de la bande. Le premier accepta avant de se désister en faveur d'une autre équipe à quelques jours seulement du début du tournoi. Le second endossa le rôle d'entraîneur, bien qu'ignorant tout du football. Jusqu'alors, ces deux-là fournissaient la bande en haschich, amphétamines puis héroïne. Ces deux-là sont aujourd'hui décédés.

« Mon premier souvenir associé aux drogues remonte à l'enfance », s'exclame Verónica, une habitante de Vilagarcía. « Un jour en rentrant de l'école j'ai aperçu deux garçons qui discutaient dans la rue, l'un tendait à l'autre des petits sachets que je croyais être du sucre. En plein centre-ville, pas dans une sombre impasse, non. La semaine suivante, il est revenu. Parfois ils étaient plus nombreux, quatre ou cinq garçons, et ils distribuaient beaucoup de sucre. Un jour j'ai demandé à mes parents, "qu'est-ce qu'ils s'échangent dans la rue ? Du sucre ?" Non, bien entendu. » Verónica et ses parents habitaient alors non loin de la rue Baldosa, dans le centre de Vilagarcía, à proximité du port. « C'était terrible. On les voyait tous vautrés par terre, ils étaient très nombreux. » María, une autre habitante du quartier, se souvient aussi de cette rue. « C'était l'illustration parfaite de ce qui était en train de se produire en coulisses. Tous ces gamins transformés en zombies en plein centre-ville. » Le port aussi, à quelque 100 mètres de la Baldosa, était peuplé de jeunes gens en quête d'un fix. Durant ces années-là, Arousa vivait dans un état de *craving* permanent.

Ce problème toucha pratiquement tout le territoire espagnol : avec l'entrée incontrôlée de l'héroïne dans les années 1980, ce sont des centaines de quartiers et de villages qui déplorèrent la disparition de dizaines de jeunes. Un phénomène qui n'épargna pas la ria d'Arousa, mais contrairement à ce que l'on croit communément, l'héroïne n'entrait pas par la Galice, même si l'addiction à cette substance fut plus prononcée à Vilagarcía. Sans doute parce que la cocaïne y circulait déjà abondamment et que les drogues jouissaient d'une grande acceptation sociale. On y développa des usages qui allaient dérouler le tapis rouge à n'importe quelle substance qui débarquerait dans la région. N'oublions pas que beaucoup de jeunes déchargeurs ou messagers étaient payés en nature.

L'incidence du sida en Espagne entre 1984 et 1986 – lorsque la plupart des contagions se produisaient entre toxicomanes – était de 105 cas pour 100 000 habitants. En Galice, la moyenne était de 72 cas, mais dans certaines comarques, comme à O Salnés, elle montait à 147[1]. En 1995, un tiers des écoles galiciennes signalait la présence de points de vente aux abords de l'établissement. En cette seule année, 53 personnes moururent d'overdose dans la province. La consommation de cocaïne à O Salnés était la plus élevée d'Espagne[2].

*

1. D'après les données du Servizo Galego de Saúde (l'agence galicienne de santé).

2. D'après l'enquête nationale sur l'alcool et les drogues de 1995, menée par le Plan national sur les drogues. À la question : « Avez-vous consommé de la cocaïne durant les six derniers mois ? », 1,4 % répondait « oui » au niveau national. À O Salnés, le taux était de 3,3 %, le plus élevé du pays. Concernant l'héroïne, le « oui » dans la ria atteignait les 2,3 %, suivi d'Ourense pour ce qui est de la Galice, avec 1 % de réponses affirmatives.

Ayant convaincu Gelucho, Padín parvint à intéresser quelques autres. Grâce à son frère notamment, Rafael Padín, qui jouait pour le club de Vilanova et alla jusqu'à disputer des matchs de troisième division. Dès le premier instant, celui-ci assuma le rôle de star de l'équipe. Rafael est parmi les rares survivants de cette époque, après une greffe de foie néanmoins.

Le reste de l'équipe plombait le niveau footballistique. Manolo « Panadero » (boulanger), défoncé au hasch sur pratiquement la totalité de son temps de jeu, portait le brassard de capitaine. Il mourut d'une overdose d'héroïne des années plus tard. Manolo « Macuta » jouait en défense et l'héroïne eut raison de lui aussi. Dans les cages, il y avait « Pacheco », lequel trouverait la mort dans un incendie provoqué par sa propre cigarette, ayant sombré dans un alcoolisme prolongé et solitaire. José Lorenzo jouait en attaque. Lui aussi est décédé : victime d'une crise d'épilepsie dans l'eau, ses amis gardent le souvenir traumatisant de son chien essayant de ramener son corps sur la plage. Adolfo Reigosa et Paulino Bareta furent les derniers à rejoindre l'équipe. Tous deux périrent du sida quelques années plus tard. Padín engagea un dernier renfort avant le début du tournoi, en la personne de Jesús María Carnicero, qui ne faisait pas partie de la bande. Ces trois-là – Carnicero et les frères Padín – sont les seuls membres de *Dejadnos Vivir* qui sont toujours en vie.

Le nom de l'équipe n'a rien à voir avec un quelconque appel à l'aide, proféré depuis les affres de l'addiction. Ils l'ont choisi parce que dans le village tout le monde les détestait et qu'ils détestaient tout le monde. « Laissez-nous Vivre » était une façon de dire « foutez-nous la paix ». Laissez-nous vivre comme bon nous semble, avachis, drogués, à regarder passer les jours. Ce n'est que des années plus tard que ce nom se chargerait d'un sens plus romantique. Ils étaient presque tous fils de marins ou d'ouvriers. Ils étaient presque tous en échec scolaire et leurs familles se démenaient pour joindre les deux bouts, comme tout le monde dans l'Espagne des années 1980. Certains pouvaient toujours sortir en mer avec leur père, mais – là encore – ils avaient mieux à faire. La consigne était de se consacrer exclusivement à la boisson, aux drogues et au punk. Le maillot qui leur servait d'uniforme arborait le A cerclé des anarchistes. Ils confectionnèrent également des fanions avec le même symbole, qu'ils donnaient à l'équipe adverse en début de match. Contre toute attente, et alors que « Gelucho », l'entraîneur, s'enfilait un litron de bière sur la touche, ils remportèrent leur première rencontre.

L'arbitre, cette année-là, était Manolo Fariña, lequel saluait solennellement les capitaines comme dans une finale, puis sifflait la première infraction qu'il pouvait nommer. Certains matchs cumulaient jusqu'à trois expulsions avant même le coup d'envoi. La deuxième rencontre, à la stupeur générale, fut également remportée par l'équipe d'outsiders. Ainsi que la troisième, leur ticket pour une finale de légende. Face à eux se tenaient les favoris, une équipe composée exclusivement des jeunes de Vilanova évoluant dans les circuits amateurs. C'était aussi l'équipe qu'avait rejointe Nito « Sopitas » au dernier moment, et qui alignait Coco, Laureano ou encore Mengoa, tout ce que la ria comptait de mieux en matière de footeux. Ce fut « Sopitas » lui-même qui, dans l'hilarité générale, se vit remettre le fanion orné du A anarchiste avant le coup de sifflet. Sur la photo qui immortalisa cet événement ô combien historique, on devine jusque sur les lèvres de Manolo Fariña, l'arbitre de la rencontre, l'esquisse d'un sourire radieux.

Autour du terrain, un public plus nombreux que d'habitude se pressa pour assister à la rencontre : la présence en finale des « fumeurs de joints » était un événement en soi. Puis, face à l'ampleur de la surprise, on vit les gens prendre fait et cause pour eux. Le temps d'une finale, le public se rangea du côté des faibles.

Débraillés et rachitiques sous leurs maillots libertaires, *Dejadnos Vivir* parvint à préserver le match nul tout au long de la rencontre. On les voyait transpirer sous les nuages de poussière que soulevaient les coups de pied et le trot de leurs frêles cuisses en culottes courtes. Dans la dernière ligne droite, à cinq minutes de la fin, José Lorenzo – le même qui allait s'éteindre dans le clapotis des vagues – marqua le but de la victoire.

Ils s'enlacèrent en une célébration dont ils n'auraient jamais osé rêver. Et le soir même, lors du bal, « Gelucho », l'entraîneur qui ne connaissait rien au foot, brandit la coupe sous les vivats de la foule.

Plus tard, ces gamins rejoindraient la longue liste des disparus de la génération perdue en Galice. Ils retournèrent aux amphétamines, au LSD et à l'héroïne. Et sombrèrent.

Ce furent les premières victimes d'une jeunesse – celle des Rías Baixas, et dans une plus grande mesure, celle de Galice – qui depuis lors, et jusqu'à aujourd'hui, doivent composer avec les stigmates nés de la connivence d'une région avec les drogues.

Signalons, pour la forme, que *Dejadnos Vivir* remporta le tournoi sans avoir encaissé le moindre but.

# Redresse-toi

Un jour de 1994, de bon matin, deux gardes civils en uniforme se présentèrent à bord de leur véhicule devant la porte du domaine de Baión, propriété de Laureano Oubiña. Ils avaient pour mission de surveiller un rassemblement organisé par celles que l'on appelait les « Mères contre la drogue ». Ils n'avaient ni la consigne ni l'intention de disperser la foule. À peine arrivés, les agents découvrirent un attroupement furieux de mères (et de quelques pères aussi) en train d'enfoncer le portail à l'entrée du domaine, dans un vacarme de cris et de rugissements. Dès qu'elle aperçut les gardes civils, la masse se rua sur eux. Le binôme tenta de faire baisser la tension, mais finit par se sauver au pas de course. « Il fallait les voir escalader le talus. Car il y avait un talus à l'époque. Je revois ces pauvres gars en train de détaler. J'ai essayé de calmer les esprits, mais ce jour-là… ce jour-là il n'y avait pas moyen. Et les gens qui s'imaginaient qu'on était venu les réprimer. Mon Dieu, quel bazar ce jour-là. » Ce sont les mots de Carmen

Avendaño, porte-parole et visage de l'association *Érguete* (Redresse-toi), fondée par une poignée de mères de Vigo, et qu'elles animent toujours, afin de combattre ceux qui, en toute impunité, vendaient à prix cassé les substances qui étaient en train d'emporter leurs enfants. « On nous disait : "Prudence, il y a des armes à l'intérieur." Et c'était vrai. Esther Lago se montrait en compagnie de gros malabars armés de mitraillettes, mais ce jour-là tout le monde s'en moquait. »

Luis Rubí, avocat puis administrateur judiciaire du domaine après qu'on eut exproprié Oubiña, se souvient également de cette journée. « Il a fallu intervenir, car les mères étaient sur le point d'envahir la propriété », dit-il. « Elles ont sciemment monté d'un cran car elles ne pouvaient plus supporter la vue de ces messieurs qui se la coulaient douce alors que leurs gamins mourraient dans le caniveau. »

Les rassemblements à l'entrée du Pazo de Baión sont devenus le symbole de la lutte qu'une partie de la société galicienne – s'arrachant enfin aux griffes d'une omerta enracinée et stigmatisante – a entreprise contre le trafic de drogue. Le combat que des mères désespérées engagèrent contre des capos qui entraient et sortaient de leurs domaines entourés d'hommes armés. La Galice était sur le point de devenir un narcosanctuaire, mais une partie de sa population parvint à l'en empêcher. La pression sociale qu'exercèrent des associations comme *Érguete* ou la Fondation galicienne contre le trafic de drogue est la raison qui poussa – ou força – les institutions de police et de justice à entreprendre la lutte contre les seigneurs de la drogue.

Comme souvent, ils n'étaient qu'une poignée au début. « Ils étaient seuls », explique Fernando Alonso, l'actuel président de la Fondation galicienne contre le trafic de drogue. « Il y avait Felipe Suárez, Pastor Alonso et trois autres habitants de Vilagarcía. Les autres ne voulaient pas en entendre parler. » Cinq hommes courageux, cinq insensés sans doute, qui dénoncèrent haut et fort ces organisations qui s'empiffraient sans entrave dans la Galice de la seconde moitié des années 1980. Leur premier acte fut de s'implanter au cœur de Vilagarcía. Le siège de la Fondation s'y trouve toujours, à visage découvert, avec son panneau accroché au balcon d'un immeuble de la Plaza de Galicia. À l'intérieur, dans une petite salle de réunion exposée au doux soleil de la ria, Fernando ne mâche pas ses mots : « Nous sommes là, en plein centre-ville et nous le disons sans détour et à qui veut l'entendre : nous ne voulons ni drogues ni narcos en Galice. Et nous le leur disons en face. »

Au début, le risque c'est qu'en l'ouvrant, on vienne te casser la figure. « Ils n'étaient qu'une poignée, personne ne les soutenait, personne ne disait rien. Personne n'assistait aux manifestations qu'ils convoquaient. » L'une des premières actions du frêle collectif citoyen fut d'organiser un « drapeau blanc », une festivité militante inspirée des mouvements siciliens afin de collecter des signatures à l'encontre des organisations mafieuses sur un gigantesque drapeau vierge. « Et qui le resta au cours des premières années, puisque personne ne voulait y inscrire son nom. »

Seuls, Felipe, Pastor et les autres, embarqués dans cette croisade insensée à laquelle personne ne voulait être mêlé, étant donné que le trafic de drogue, comme nous l'avons vu, était profondément ancré dans la société, que son pouvoir était gigantesque et parce que, d'après ce qu'on en savait, les barons ne faisaient rien de mal. Au contraire, ils donnaient du travail et faisaient entrer beaucoup d'argent dans un territoire délaissé par l'État. Qu'est-ce qui pouvait bien pousser ces messieurs à vouloir démanteler la seule industrie viable des rias ?

« *Anda con ollo* », fais gaffe. Les premières menaces téléphoniques ne se firent pas attendre. « Le problème, nous dit Fernando Alonso, est que l'on dénonça, et que l'on dénonce encore aujourd'hui, des criminels qui sont aussi nos voisins. Ce premier pas, la première fois qu'on osa le faire, fut très violent. Et d'autant plus courageux qu'on était sur place. »

Carmen Avendaño, porte-parole de *Érguete*, fut la cible d'au moins trois tentatives d'assassinat. « J'étais en voiture avec mon père. Je conduisais. C'était du côté d'Arcade, là où il y a une longue ligne droite. Les freins ne répondaient plus. J'ai insisté, mais rien. Mon père a dû sentir quelque chose puisqu'il a demandé si tout était en ordre. J'ai dit que oui. Je suis parvenue à garder mon calme et à rétrograder jusqu'à m'arrêter sur le bas-côté. Le garagiste m'expliqua qu'on avait démonté la roue arrière et vidé le liquide de freins. Depuis ce jour, j'essaye les freins systématiquement. » On sabota deux autres fois la voiture de Carmen. « Mais ils n'ont jamais rien obtenu. Ils ne sont pas très doués. »

L'histoire de Carmen Avendaño est un vrai roman. D'ailleurs, un film lui est consacré, intitulé *Héroïne* et réalisé par Gerardo Herrero en 2005. Le personnage de Carmen – Pilar, dans le film – est incarné par Adriana Ozores, nommée aux Goya, les Oscars espagnols, pour ce rôle. « Elle a passé beaucoup de temps avec moi. On est devenues amies. J'ai participé à l'écriture du scénario. » D'un point de vue cinématographique, le film ne fit pas fureur et la critique ne l'a pas épargné. Mais sa qualité principale est d'avoir su montrer avec beaucoup de justesse la lutte que menèrent ces femmes. « Moi je le trouve bien, mais je t'avoue que je n'arrive pas à le regarder. Il y a un passage où je dis quelque chose au sujet de mon fils qui me brise le cœur. Je l'ai laissé dans le scénario parce que… voilà… mais je refuse de l'entendre à nouveau. Je ne peux pas. » Carmen fait probablement référence au moment où son personnage, Pilar, dit en parlant de son fils accro à l'héroïne : « Parfois je me dis qu'il vaudrait mieux qu'il meure. On souffre un an ou deux et après on peut recommencer à vivre. » Carmen est l'une des très nombreuses mères espagnoles qui, à la fin des années 1980 et au début des années 1990, ont vu les drogues faire irruption dans leur foyer et démolir leurs enfants sans raison, détruisant tout sur leur passage. Bien souvent pour toujours.

Tout commence – s'agissant de *Érguete* et non du film – dans le quartier Lavadores de Vigo, un quartier populaire, défavorisé et durement frappé par la drogue tout au long des années 1980. À cette époque, Carmen, qui se nomme en réalité María del Carmen et que tout le monde appelle

Mari, faisait partie de l'association des voisins de Lavadores. Lors des réunions, le sujet de la drogue, qui commençait à circuler dans le quartier, était parfois abordé. « Mais on la voyait comme une affaire de bandes, de délinquants, et non comme un problème social auquel chacun était exposé et qui avait ses coupables. » L'affaire prit une autre tournure lorsque les enfants de nombre de ces femmes sombrèrent dans la dépendance. Dans le cas de Carmen, ce fut Jaime, le deuxième de ses cinq enfants, lequel allait souffrir deux embolies dont il garde encore les séquelles, et les gardera à jamais. « C'est alors que l'on fit basculer le regard. Ces gosses n'étaient pas des délinquants, mais des malades. Nous avons intégré l'idée, nous nous sommes renseignées, nous avons tout lu sur le sujet… Mais la difficulté était de parvenir à convaincre le reste de la société. Les psychiatres et les psychologues étaient les premiers à refuser de traiter les toxicomanes. Nous sommes parties de rien. » À l'image de ce garde civil qui ne savait pas ce qu'était le hasch que les gamins de Vilagarcía ramenaient du Maroc. À l'image de ces habitants qui ignoraient et ne voulaient pas savoir quelle était cette substance nouvelle que l'on déchargeait dans les rias. À l'image de l'Espagne tout entière, qui mit du temps avant de comprendre ce qui lui arrivait.

En 1986, les mères de *Érguete* convoquèrent les médias et les élus locaux le jour de leur présentation. Cela devait être une conférence de presse comme une autre, mais d'entrée de jeu la réunion s'enflamma lorsque ce vague et inoffensif « effort contre la drogue » emprunta un nouveau chemin. Carmen, Dora et les autres mères sortirent une liste et se mirent à énumérer, à haute et intelligible voix, les noms des 38 bars de Vigo qui facilitaient la vente de drogues dures. « Nous savions que cela pouvait nous causer de gros problèmes, mais c'étaient bien eux qui inondaient les rues de leur drogue. C'étaient eux qui tuaient les gamins. Nos gamins. » Elles n'en restèrent pas là. Lors de la deuxième conférence de presse, elles récitèrent à nouveau les noms de la liste. Mais cette fois il y avait dans l'assistance quelques-uns de ces patrons de bar. « Nous savions qu'il y avait des narcos dans la salle, et des policiers qui étaient de mèche. Nous devions nous montrer très prudentes. D'autant plus qu'en cette occasion nous avons donné les noms des narcos. Y compris leurs noms de famille. »

L'un des noms que Carmen rendit public ce jour-là fut celui d'un légionnaire qui possédait un bar rue de la Herrería, dans la vieille ville. Outre la vente d'héroïne, il faisait du trafic d'armes et s'adonnait au proxénétisme. « Et nous l'avons dit. Nous avons tout dit. Ça a fait l'effet d'une bombe. » Le lendemain, Carmen se rendit au marché en compagnie de son benjamin. Elle se gara et remonta à pied la rue en question. Le type était là, devant son local, en train de fumer. « Je tremblais. Je pensais à mon enfant, qu'ils ne tuent pas mon enfant. Puis je me suis ressaisie, j'ai continué et je l'ai dévisagé. J'ai soutenu son regard jusqu'à me retrouver face à lui. Tu sais ce qu'il a fait ? Il a baissé les yeux. Ce jour-là, j'ai su que nous avions gagné. » Un an et demi plus tard, le légionnaire-trafiquant était tué par balles en sortant d'un bordel au Portugal.

La fondation *Érguete* acquit rapidement un certain

prestige. Leur bravoure fit grand bruit. Ce fut comme une gifle infligée à la conscience sociale de Vigo. La classe politique locale – jusqu'alors, comme pratiquement tous les élus de Galice, complaisants avec le narcotrafic et satisfaits – se rangea immédiatement du côté de ces femmes. La lutte commençait à prendre forme. Et alors qu'elles travaillaient à la création d'antennes pour essaimer ailleurs dans la région, le quatrième fils de Carmen, Abel, sombra dans l'héroïne. « Ça a été très dur. Je me suis effondrée. Je fermais les yeux et je me disais que ça n'était pas vrai. J'ai cru que je n'allais pas pouvoir me relever, je me suis écroulée. » C'est alors que la soif de justice de Carmen faillit s'éteindre. Mais elle parvint à se relever, grâce aux autres mères. « Je me souviens de Dora qui me disait : "Bon, écoute, on laisse tomber. On va laisser tout ça aux mains des responsables, à savoir les juges et les politiques." J'ai alors réagi. On ne pouvait pas laisser tomber. »

« Lorsque nous sommes parties le long de la côte, pour y donner des conférences et rencontrer les gens, nous avons commencé à recevoir des menaces sérieuses. Mes camarades étaient à fond mais moi je restais prudente car je savais qu'on pouvait nous faire beaucoup de mal. » Il n'y avait pratiquement personne lors des premières réunions à Arousa. Elles entraient en terre inconnue, dans une société ankylosée. Comme si l'on ouvrait d'un coup la fenêtre d'un bunker resté sous cloche pendant des décennies. Ceux qui y assistaient se gardaient bien d'intervenir mais ils allaient retrouver Carmen et les autres mères pour leur demander discrètement, accablés de désespoir, ce qu'ils pouvaient faire pour leurs enfants. Au fil du temps, les réunions rassemblèrent de plus en plus de gens. « Elles faisaient salle comble, tout le monde venait. C'est alors que les clans ont commencé à infiltrer les réunions. Au début, il s'agissait d'un travail de sape. On nous laissait parler. On leur disait : "Nous savons qu'ils se servent de vos enfants pour les déchargements. Et vous ne dites rien. Oui, nous savons très bien qu'il n'y a ni emplois, ni argent public, mais il y a un paquet de jeunes qui meurent. Et vous, pas un mot." Tu te rends compte de ce que c'est que de débarquer à Arousa et dire un truc pareil ? C'est alors que les types envoyés par les clans ripostaient en clamant qu'on disait n'importe quoi, qu'il n'y avait que du tabac dans les déchargements, qu'on était folles à lier, qu'on devrait apprendre à mieux élever nos enfants… Une fois ou deux, il a fallu monter au créneau, mais on n'en est jamais venu aux mains. Parce qu'on était des femmes, je pense. Si on avait été des hommes, on se serait fait tabasser. » Le boycott évolua vers d'autres formes d'intimidation, plus scabreuses. Avec le succès des réunions, certains capos s'y rendirent personnellement. « Sito assista une fois, puis Oubiña une autre fois. Accompagnés d'hommes de main. Ils se montraient, ils nous dévisageaient, puis repartaient. »

Très vite, en plus des réunions, elles organisèrent des manifestations et des rassemblements. Elles passèrent à l'attaque. Loin de se laisser intimider, les mères descendirent dans la rue, à Vilagarcía et à Cambados en chantant et en criant : « Tabac oui, drogue non », « Assassins en prison », « Ni folles ni terroristes, nous sommes les mères réalistes ».

Tout un répertoire que vinrent couronner une campagne de harcèlement et une mise au ban des capos. Les mères pratiquaient le *call-out*, bien avant que l'on sache ce que c'était. Luis Falcón, « Falconetti », fut le premier à en faire les frais. Le capo fut transféré à l'ancienne prison de A Parda, à Pontevedra, condamné à 12 ans pour un déchargement de haschich à la fin des années 1980. Les mères le reçurent avec cris, insultes et bousculades… « Falconetti » fut finalement transféré vers une autre prison. Chaque audience, procès, ou garde à vue impliquant un narco était l'objet d'un ciblage virulent de la part de ces femmes. Une bravoure sans précédent, née sans doute de leur souffrance de mères, les poussa à s'en prendre frontalement aux plus puissantes organisations de narcotrafiquants d'Europe. La secousse fut brutale. Elles réveillèrent la Galice, elles lui donnèrent une chance de se redresser.

Fort est à parier que, plutôt que leur condition de femmes, c'est le tapage qu'elles provoquèrent qui tint les narcos à distance. Un tapage qui leur assura très vite des relais politiques et la couverture médiatique qui allait avec. Les « Mères contre la drogue » devinrent une véritable institution le long de la côte et les narcos, même s'ils ne cachaient pas leur mépris, se gardèrent bien de prendre part au vacarme. Ces relais ont fait – et font toujours – lever les sourcils dans certaines rédactions et administrations, où l'on se montre critique envers le rôle de Carmen. « Elle était encartée [Carmen est militante du PSOE]. Et le parti avait tout intérêt à ce que l'on fasse monter la mayonnaise, que l'on provoque un esclandre afin de propulser le narcotrafic dans les médias et ainsi mettre en évidence l'incurie du gouvernement régional en la matière. Elle lutta, oui, mais depuis la politique », soutient un journaliste. Carmen l'entend. « Je sais qu'il y a des gens qui me critiquent, et je respecte leur point de vue, mais si j'y suis parvenue c'est parce que j'ai toujours baigné dans les luttes sociales. Et peu m'importait la gauche ou la droite du moment que j'avais affaire à des gens honnêtes et sensibles à nos problèmes. Écoute, avec Fraga je m'entendais à merveille. Il y avait beaucoup de respect entre nous. Et lui m'adorait. Il m'appelait et me disait : « "Doña Carmen, où est-ce qu'il faut mettre la pression à présent ? Qu'est-ce qu'on peut faire pour vous ?" »

La première rencontre entre Avendaño et Fraga eut lieu en 1998. Ce dernier était encore chef de l'opposition, mais semblait tout désigné pour assumer la présidence de la Xunta. « J'avais préparé 13 points que je voulais développer et qui résumaient assez bien ce qui se passait dans les rias. Je lui ai dit : "Vous voulez les entendre un par un ?" Et lui m'a répondu : "Non, non, énumérez-les d'une traite". Je me suis exécutée. Lui était assis, la main sur le front, tête baissée. Il ne bougeait pas. Quand j'ai fini, il a levé les yeux et j'ai vu qu'il pleurait. "Comment en sommes-nous arrivés là ?" » Carmen soutient que les politiques n'avaient pas idée de ce qui se passait, qu'ils ne disposaient pas d'informations suffisantes. On peut en douter, bien entendu. Nous ne sommes plus sans connaître les liens qui existaient entre la politique et la contrebande. Et tout particulièrement les rapports qui unissaient Fraga lui-même et le *capo di tutti capi* du tabac, Vicente Otero « Terito », ami personnel et affilié au PP. On a du mal à croire que les leaders galiciens n'aient pas eu vent de la métamorphose des barons en narcos. Peut-être ont-ils sous-estimé ce qui était en train de se produire. Peut-être que la puissance des clans était telle qu'ils préféraient ne pas fourrer leur nez dans un business qui, à l'époque, arrosait largement et copieusement. « En Galice, il n'y a pas un seul parti politique qui n'ait pas été financé par les narcos. Pas un seul », nous dit un juge galicien, sans détours, sans l'ombre d'un doute.

« C'est vrai, nous dit Carmen, mais je suis convaincue que ça se faisait à des échelons inférieurs. Les ténors n'étaient pas au courant de la gravité de la situation. S'il y en a bien un qui a tout fait pour contrer les narcos, c'est Mariano Rajoy, lorsqu'il était au gouvernement régional. Il était opposé à ce que Barral, Vioque, "Terito" et les autres intègrent le parti. Cela lui a coûté son poste. Plus tard, devenu ministre de l'Intérieur, on s'est rencontré lors de l'arrestation de Sito Miñanco. Il m'a alors dit : "Le jour où mes travailleurs (c'est ainsi qu'il appelait les policiers) ont capturé Sito a été le plus beau jour de ma vie." » Carmen cite un autre exemple : « Quand Fraga est devenu président de la Xunta, il a mis tous les moyens à notre disposition. On m'a rapporté qu'il s'était réuni avec Romay Beccaría, alors directeur de l'Agence de santé, et lui a dit : "Faites tout ce qu'il faut pour aider cette association." Beccaría lui aurait répondu : "Monsieur le Président, j'ignore si vous êtes au courant, mais cette femme est de gauche...". Fraga aurait alors crié : “Je sais très bien qu’elle est de gauche ! Et je regrette qu’on n’ait pas plus de gens comme elle au parti !” » Carmen sourit.

Un agent de police se montre tout aussi critique à son égard. « Avendaño adorait la célébrité et voulait passer à la télé, et ça a marché. C’est ce qui lui a permis de sauver ses enfants, lesquels traînaient un paquet d’antécédents. Je ne dis pas qu’elles n’ont aucun mérite, mais elles se sont attribué des victoires qui ne sont pas les leurs. On dirait parfois que ce sont elles qui ont réglé la question du trafic de drogue. » Quant à ses enfants et leurs antécédents, Carmen n’aime pas en parler. Elle pose le regard sur l’enregistreur, réfléchit un instant et inspire un grand coup. « Écoute, ça n’a plus d’importance. » Puis elle raconte qu’en 1991 son fils Abel fut condamné à deux ans de prison pour un délit qu’il avait commis en état de manque. Le gamin s’enfuit au Portugal et demanda de l’aide à sa mère, qui prit contact avec un avocat et lui demanda, sans détour, un passeport pour son fils. Elle le paya 150 000 pesetas (900 euros environ). Puis elle continua à remuer ciel et terre et après s’être entretenue avec un certain Luis Felipe, représentant du gouvernement cubain en Espagne, elle obtint un travail pour Abel à La Havane. Celui-ci s’envola alors pour Cuba accompagné de sa copine. C’est elle qui appela Carmen cinq mois plus tard pour lui apprendre qu’Abel avait été arrêté par Interpol. « C’était un coup du père Charlín. Je l’ai su par la suite. Il l’avait dénoncé à la police portugaise. Il a fallu que j’aille jusqu’à La Havane où nous avons finalement obtenu son extradition. Ce jour-là je me suis juré que chaque fois que le père Charlín s'en prendrait à mes enfants, je lui ferais payer le double. » Elle respire. « Je comprends qu'il y ait des gens qui ne nous aiment pas. Mais je pense que la plupart se rendent compte de ce que l'on a fait. »

Après la Galice, c'est à Madrid qu'elles sont allées frapper aux portes. En 1989, les mères furent reçues par Felipe González au palais de la Moncloa[1]. L'année suivante, c'est le chef de l'opposition, José María Aznar[2], qui les recevait. « Nous avons dit à Felipe González qu'il fallait absolument allouer plus de moyens à la lutte. Il s'est dit surpris par l'ampleur de nos connaissances en la matière. » Outre les politiques, elles se réunirent avec des juges et des procureurs, dont Baltasar Garzón et Javier Zaragoza. Avendaño et les autres mères braquèrent les projecteurs sur une région qui avait évolué jusqu'alors loin des regards. L'agenda politique fut contraint d'accorder une place à la Galice et les médias commencèrent à lui consacrer des unes et des ouvertures de JT. « Je crois sincèrement que la police et les juges à eux seuls, sans la mobilisation sociale, n'y seraient pas arrivés. Ce serait devenu la Sicile. Il était fondamental que la société réagisse et qu'elle manifeste son rejet. Et nous l'avons fait. »

---

1. Felipe González Márquez, né en 1942, est un homme d'État espagnol et militant socialiste, président du gouvernement entre 1982 et 1996 dont la résidence officielle, depuis 1977, est le palais madrilène de la Moncloa. (N.d.T.)

2. José María Aznar López, né en 1953, est un homme d'État espagnol, ancien président du Parti populaire et successeur de Felipe González à la tête du gouvernement entre 1996 et 2004. (N.d.T.)

Pour beaucoup de gens, tout ce vacarme, ces cris, ces pleurs, ces affronts et même ces assauts contre les propriétés des barons ont signifié une gifle et un seau d'eau envoyés à la face d'une politique apathique et conformiste qui s'accommodait, entre fatalisme et complicité, du trafic de drogue. Deux ans seulement après les premières réunions et échauffourées, le juge Garzón lancerait l'Opération Nécora, la première grande offensive de l'État contre les clans galiciens. « Jusque-là, les narcos s'étaient moqués de nous. Ils nous appelaient les folles, les putes. Ils ne nous prenaient pas au sérieux. »

Les mères étaient au premier rang lors du méga procès qui se déroula dans les installations de la Casa de Campo à Madrid. Carmen fut citée comme témoin par la défense de Laureano Oubiña. Le jour de sa comparution, elle entra dans la salle, s'assit, et lorsqu'elle leva la tête, son regard buta sur celui de Manuel Charlín. « Le Vieux » planta ses yeux dans les siens et glissa un pouce sur son cou faisant mine de se trancher la gorge.

« Pratiquement tous furent acquittés, mais l'Opération Nécora les avait refroidis. Ils ne se sentaient plus intouchables. Et à nous, ça nous a donné des ailes. » Bien que remontées contre les acquittements, elles surent tirer profit du changement de paradigme. Désormais, les capos se trouvaient dans le viseur de tout un pays et ils le paieraient très cher s'ils venaient à s'en prendre à l'une d'entre elles. Ils le savaient. Ils n'eurent d'autre choix que de se mettre à l'abri. Les rassemblements se multiplièrent.

À la prison de A Parda, où Carmen était bénévole, elle

tomba un jour sur Manuel Charlín, tout juste condamné à la suite de l'Opération Nécora. « Il se pavanait comme un paon, avec une raquette à la main, car il n'était pas si vieux, même s'il faisait semblant lors des audiences. Je l'ai regardé droit dans les yeux et je lui ai dit : "Crève, ordure." Et lui s'en est allé sans rien dire. » Une autre fois, c'est Esther Lago, la femme de Laureano Oubiña, que Carmen croisa à l'aéroport de Vigo. « Elle portait une robe et des chaussures léopard. On aurait dit un mannequin. Elle attendait quelqu'un, alors je me suis approchée et je l'ai traitée de tous les noms : "Fille de pute, assassine. D'où sors-tu l'argent pour des vêtements pareils ?" Elle n'a pas bronché. Ce jour-là, si elle m'avait répondu, je lui aurais décoché une gifle. Je te jure, ce jour-là, ce n'est pas passé loin. »

« Ils ont réalisé que la société avait changé de mentalité. Qu'elle ne les vénérait plus. Et ils se sont dégonflés. Ils savaient qu'on était fortes. Quand ils entraient dans une salle d'audience, ils n'avaient que faire des journalistes et du juge. Tout ce qu'ils disaient c'était "voilà les folles de *Érguete*". »

Carmen se souvient du jour où le vieux Charlín fut contraint de gravir les marches de la prison à quatre pattes. « On était très nombreux à l'attendre à la maison d'arrêt de A Lama, à Pontevedra. À ce point nombreux qu'ils ont fait demi-tour. Et on est partis. Mais on savait qu'ils allaient tôt ou tard le transférer de Carabanchel et comme on avait des contacts, on a tout de suite appris son arrivée à Pontevedra. On y est retournés au pas de course et on a monté un de ces bazars ! On a encerclé le véhicule et on s'est mis à le secouer. On était incontrôlables. La police a formé un cordon de sécurité et on a vu Charlín sortir à quatre pattes et monter les marches en rampant. Comme un reptile. » Elle répète : « Comme un reptile. »

« La satisfaction de les avoir tous vus, un par un, entrer en prison, vaut bien la peur et la souffrance endurées », dit-elle. *Érguete* est toujours active, et conserve ses bureaux dans le même quartier de Lavadores où tout a commencé. De ces mères qui obtinrent l'impossible seules restent en vie Carmen et Dora, bien que cette dernière ne fasse plus partie de la fondation. Les mères continuent de venir en aide aux toxicomanes de la ville et aux autres habitants en situation d'exclusion.

Dans un reportage diffusé par la Televisión de Galicia à la fin des années 1980, un journaliste interroge une mère de Vilagarcía du haut de sa fenêtre. Son fils est toxicomane. Sa voix est brisée. C'est le visage de toute une génération de mères galiciennes qui non seulement voyaient leurs enfants sombrer, mais qui dans la foulée croisaient les narcos dans la rue. *« E que facemos as nais ? Cos brazos cruzados mirando como venden droga e como venden todo. Só unha nai coma eu sabe o que é ter o problema das drogas na casa. Que os leven. E que lles fagan pagar as desgracias que estamos pagando as nais cos nosos fillos*[3]. »

3. « Et nous les mères, qu'est-ce qu'on fait ? On croise les bras et on regarde comment ils vendent la drogue et tout le reste. Seule une mère comme moi sait ce que ça fait lorsque la drogue entre dans une maison. Qu'on les arrête. Et qu'on leur fasse payer les souffrances qu'ils nous font vivre avec nos enfants. »

# L'OPÉRATION NÉCORA

« Coincez-les en pyjama. »

# Le casse-tête

« Nous n'avons pas dormi cette nuit-là. Nous logions à l'Hôtel Compostela de la Plaza de Galicia, à Saint-Jacques-de-Compostelle. Sur le coup de quatre heures, j'ai pris une douche, j'ai enfilé des vêtements propres et nous avons rejoint le commissariat de police. Je n'oublierai jamais le tableau : ça grouillait de partout, il y avait là des centaines de policiers, certains en uniforme, d'autres en civil. Ça débordait dans les halls, dans les couloirs, dans les bureaux… Debout, dans l'attente, en silence. Serrés les uns contre les autres. Lorsque nous sommes arrivés, tous les regards se sont tournés vers nous. La tension était palpable. Ils étaient impatients de savoir ce qu'on allait leur dire. Garzón m'a donné un coup de coude et m'a regardé droit dans les yeux : "On a mis un de ces boxons." »

C'était le 12 juin 1990. L'Opération Nécora était lancée.

*

Un matin de janvier 1988, le gouverneur civil de Pontevedra, Jorge Parada Mejuto, se présenta à Madrid muni d'un rapport explosif. Éperonné et pressé par les mouvements de contestation sociale portés par *Érguete* et d'autres associations, il pénétra dans le bureau du secrétaire d'État à la Sécurité, Rafael Vera, et lui révéla ce que Carmen Avendaño allait exposer quelques mois plus tard à Felipe González, et ce sur quoi la DEA et Interpol alertaient depuis un certain temps : de la cocaïne colombienne circulait en Galice, des dizaines de clans extrêmement puissants en organisaient les déchargements, et l'infrastructure comme les contacts étaient un héritage de la contrebande de cigarettes restée impunie jusque-là.

Le lendemain, Vera saisit la Commission nationale de lutte contre les drogues, réunissant les huiles des corps de Police, de la Guardia Civil, des délégations du gouvernement, des douanes et du ministère public. Ils étaient tous là et ils jetèrent ensemble les bases d'une enquête à grande échelle qu'ils nommèrent Opération Pontevedra, laquelle générerait à son tour plusieurs nouvelles opérations. L'une d'elles, d'ailleurs, reçut le nom d'Opération Depende, « Ça dépend », et d'après un ancien garde civil de Madrid elle n'aurait pas pu s'appeler autrement : chaque fois que ses collègues et lui se rendaient en Galice pour les besoins de l'enquête et qu'ils interrogeaient les habitants, les réponses de ces derniers étaient immanquablement équivoques. Avec des centaines de « ça dépend » dans leurs notes, le nom de l'opération apparut comme une évidence.

Ces premières mobilisations débouchèrent sur une

poignée d'arrestations au début de l'année 1989, dont celles de Laureano Oubiña et de « Manolito » Charlín. Mais la justice savait qu'elle n'avait rien de solide susceptible de faire tomber les capos. Oubiña, par exemple, se retrouva à la maison d'arrêt de A Parda pour avoir donné un coup de pied à un agent lors d'une perquisition. Quelques semaines plus tard, il opérait de nouveau en toute liberté. Cette même année, après son passage en prison, « Manolito » Charlín dirigea le déchargement de 4 000 kilos de haschich à Baiona.

Les fuites, qui plus est, étaient monnaie courante. Il n'y avait pas une seule décision prise à Madrid qui ne ruisselât jusqu'en Galice avant l'arrivée des agents. L'État avait un train de retard. La seule façon de rompre cette dynamique était de prévoir un coup de filet grandiose et coordonné comme on n'en avait jamais vu. Et qui n'eut été possible sans le témoignage de deux repentis : Ricardo Portabales et Manuel Fernández Padín.

*

Portabales travaillait pour José Paz Carballo, un puissant deuxième ligne de Rubiáns (commune de Vilagarcía) qui débuta comme marchand de bestiaux et finit dans la cocaïne après un passage par le haschich. En 1988, il introduisit 80 tonnes de cannabis dans Arousa et un an plus tard il amassait un paquet d'argent en déchargeant 100 kilos de cocaïne à Marín. Portabales – d'après son propre témoignage – devint son bras droit, une sorte d'apprenti-protégé qui gagna sa confiance.

Dans ses mémoires, recueillis par son fils dans le livre *El diario de mi padre* (le journal de mon père), le repenti raconte la première fois que Paz Carballo l'emmena assister au comptage de billets après un déchargement. Ils se rendirent en voiture jusqu'à une colline proche de la ria où ils pénétrèrent dans une remise, précédés par une femme qui montait la garde. Le sol était recouvert de paille. Ils la repoussèrent à un endroit et la femme frappa deux fois du pied. Une trappe donnant sur une cave se souleva alors. Albino Paz Diz, cousin de Paz Carballo, ainsi que deux autres membres du clan s'y trouvaient en train de compter l'argent tels des employés de banque empressés. « J'étais sidéré à la vue de tout cet argent réuni, raconte Portabales. Il y avait des dollars, des pesetas, des deutsche marks, des francs, des livres sterling… Le tout dans des boîtes en carton et des sacs à gravats. Il y avait des liasses de billets partout sur la table. » Portabales réalisa que l'un de ces hommes était « Manolo le Catalan », de l'organisation de Sito. L'autre était le directeur d'une agence bancaire d'Arousa. Dehors, un type faisait le guet avec un talkie-walkie dans une main et un fusil dans l'autre. Paz Carballo et Portabales rejoignirent les autres et comptèrent des billets pendant 46 heures d'affilée, s'absentant uniquement pour avaler quelque chose et enchaînant les rails de coke afin de rester éveillés. Il leur fallut recommencer trois ou quatre fois à cause d'erreurs qui escamotaient 10 ou 15 millions. Quand ils eurent terminé, il y avait sur la table 1,8 milliard de pesetas, soit 10 millions d'euros.

En quelques mois seulement, Portabales se rendit – selon

sa propre version – indispensable au sein du clan. Il alla en Colombie avec la délicate mission de rencontrer les membres du cartel de Cali pour se plaindre de la mauvaise qualité des dernières livraisons de cocaïne. Parti de Bogotá, il s'enfonça dans la jungle : il parcourut 200 kilomètres à bord d'une camionnette, puis il poursuivit à dos de mulet, et après avoir passé la nuit dans une moiteur suffocante, il boucla son périple en hélicoptère. Il arriva enfin devant une hacienda perdue au milieu de la forêt où le reçut un certain M. Gacha, leader du cartel. Ricardo Portabales lui exposa son problème et Gacha lui répondit :

« Ma came est tellement bonne que je me battrais pour elle sans hésitation... Et là tu viens me parler de reconnaissance et me dire que je ferais mieux de te virer. Eh bien, je vais te dire une chose : tu ne me quittes pas plus que moi je te vire. Je vois bien que tu ne cherches pas à me baiser. N'est-ce pas, Ricardo ? [...] Écoute, Ricardo, je sais que la concurrence essaye de me piquer des clients et je sais qu'ils t'ont proposé de la came qui ne vient pas des champs de Colombie, mais du Pérou et de Bolivie. Et qu'avec eux la marchandise est moins chère et ta commission de transporteur plus élevée. Mais c'est la dernière fois que ces enfoirés essaient de s'immiscer dans mes affaires. [...] Demain, chers amis, vous assisterez à un petit spectacle en l'honneur de tous mes hommes et qui ne manquera pas de vous plaire. »

Le spectacle se déroula dans un autre secteur de la forêt, dans un laboratoire de transformation de cocaïne base. « Mes amis, vous verrez maintenant ce que je réserve à tous ceux qui ne comprennent pas que nous sommes une famille et non un nid de traîtres prêts à collaborer avec l'ennemi. » Au bord de la rivière, attaché les bras en croix à un arbre, il aperçut un indic présumé. Il était dans un sale état. « C'est ce qui arrive quand on joue avec la vie de ses camarades. Cette ordure allait nous balancer aux gringos de la DEA contre de belles promesses, mais ici tout finit par se savoir… Je jure sur la tombe de mes ancêtres que si quelqu'un s'imagine pouvoir s'en tirer en nous vendant, nous le traquerons sans relâche où qu'il aille. » Ils ligotèrent l'homme à plat ventre sur une porte en bambou percée et passèrent son sexe dans l'orifice en y pratiquant une légère entaille. Puis ils glissèrent la porte à la surface de l'eau. Les piranhas firent le reste. Le type, d'après Portabales, suppliait qu'on l'achevât. La scène permet de garder à l'esprit qui étaient véritablement les associés des clans galiciens.

Portabales fut capturé lors de l'une des premières opérations qu'entreprit Rafael Vera. Le 4 février 1989, la police l'arrêta au volant de sa voiture. Il transportait 38 grammes de cocaïne, 230 grammes de haschich, 64 000 pesetas et un revolver Taurus calibre .38. Il atterrit directement dans la prison de A Parda, où, après six mois, il prit la décision de collaborer avec la justice. Il clama toujours l'avoir fait par acquit de conscience, en voyant des détenus péter les plombs en plein sevrage, s'arrachant les cheveux ou mangeant la chaux des murs. Sans pour autant remettre en question la sincérité de ses regrets, le fait est qu'on lui joua un sale tour pendant sa détention. Son associé et mentor Paz Carballo lui devait sept millions de pesetas

(42 000 euros) et Portabales les lui réclama depuis sa cellule. Mais Carballo ne déboursa que 800 000 pesetas (moins de 6 000 euros) en lui assurant que le reste s'était perdu. Rien de tel qu'un désenchantement pécuniaire pour délier les langues : le 22 août 1989, il appela le juge d'instruction numéro 3 de Pontevedra, Luciano Varela, et vida son sac. L'acte d'aveu parvint jusqu'à l'Audience nationale, sur le bureau d'un jeune juge propulsé quelques mois auparavant sur le devant de la scène grâce à son enquête sur les GAL[1]. Son nom était Baltasar Garzón.

Portabales dira des années plus tard que les autorités lui forcèrent la main en lui faisant miroiter de meilleures conditions de détention, sans jamais les lui accorder, et en le menaçant de lui coller de longues peines de prison s'il refusait de collaborer. Ses réclamations à ce sujet ne tarissent pas, s'exprimant dans de nombreux entretiens, un blog personnel et jusque sur une page Facebook tenue par son fils. Nous ne connaîtrons jamais toutes les clauses de cet accord. Ce que nous savons, en revanche, c'est que Portabales se livra à ces accusations après que l'État lui eut retiré sa protection en 2011, considérant qu'il n'était plus sous le coup d'une menace. Dans le doute, il préféra s'expatrier au Portugal, et fit profil bas. Avec le temps, son témoignage a perdu en crédibilité, érodé par ses sorties de route à répétition. Certains voient même en lui un

1. Les Groupes antiterroristes de libération, créés clandestinement par des membres du gouvernement de Felipe González pour traquer et éliminer les membres de l'ETA réfugiés en France, commirent une trentaine d'assassinats entre 1983 et 1987, année de leur dissolution. (N.d.T.)

menteur pathologique qui aurait monté ces histoires de toutes pièces. Mais à l'époque, autant Garzón que Javier Zaragoza constatèrent que les propos du narco repenti collaient aux révélations de l'enquête.

Sa collaboration ne fut pas du goût des capos avec qui il partageait la captivité. Avec lui se trouvaient, entre autres, Laureano Oubiña et « Manolito » Charlín. Un matin, alors qu'il se trouvait à l'infirmerie, Portabales entendit la porte se refermer derrière lui. Alors qu'il se retournait, il sentit une serviette lui envelopper la tête et une pluie de coups s'abattit sur lui. Ils le frappèrent à n'en plus finir, lui provoquant des lésions à deux vertèbres et une fracture du nez. Avant de partir, ils menacèrent de le tuer. Bien que recroquevillé sur le sol, il reconnut la voix de « Manolito » Charlín et les bottines blanches à lacets noirs de Laureano Oubiña.

« Il m'écrit la peur au ventre. Je suis envahi par le doute. J'appréhende grandement la fragilité d'une enquête fondée sur le témoignage d'un coaccusé, aussi repenti fût-il. À mesure que Portabales nous livre l'information, la police procède à sa vérification : une maison, un sous-sol, une planque, une cabane où l'on cacherait des documents, des armes, de l'argent et des pains de cocaïne ; un parc à moules, un bateau qui réalise des manœuvres inhabituelles, un bar... Tout se tient », raconte le juge dans le livre de Pilar Urbano *Garzón : el hombre que veía amanecer* (L'homme qui voyait le jour se lever). L'interrogatoire dura huit mois. Le témoignage de Portabales, ténu au premier abord, s'épaissit au fil du temps. Et se consolida lorsqu'un deuxième repenti entra en scène, le susnommé Manuel Fernández Padín.

*

Padín vit aujourd'hui caché dans la banlieue de Madrid, bien qu'à la vue de tous.

« J'ai peur, oui. Depuis toujours », dit-il assis à la terrasse d'un café. Tendu, le regard figé, le corps penché sur la table. Cela fait des années que l'État lui a retiré sa protection policière. « J'ignore s'ils [les "Charlines"] ont toujours leur idée en tête. J'y pense tout le temps. Aujourd'hui c'est encore "El Viejo" qui garde la main, mais lorsque ses neveux et petits-enfants auront pris le contrôle de l'organisation, il se peut qu'ils viennent me chercher. Eux n'oublient rien. »

Padín vivait jour et nuit en compagnie de trois policiers nationaux. « Lorsque je me rendais en Galice, j'avais droit au double. Et on ne me laissait pas sortir la nuit. Lors de mes premiers interrogatoires, un matin j'ai retrouvé ma voiture calcinée. Et il y avait constamment des inscriptions sur la maison de mes parents. J'y retourne de temps en temps, mais ce n'est jamais très agréable. Je me méfie. »

Manuel travailla pour le clan des « Charlines » et participa à deux déchargements au moins. Souvenez-vous : c'était le même type qui, lors de son premier déchargement, se dégonfla et alla s'écraser exténué dans les buissons. Il paya cher ses excès nocturnes à Portonovo par l'apparition d'une psychose maniacodépressive. Las, il décida de tout déballer, quoiqu'il ne le fît pas devant le juge, préférant s'engager dans une voie plus hasardeuse. « Je me suis présenté à l'émission de confessions de la télé galicienne, "Corazonadas". Nous avons enregistré un entretien où j'apparaîtrais dans le noir et ma voix serait modifiée. Le jour de sa diffusion, je suis allé le regarder dans le bar Arco da Vella de Vilanova. Un petit-fils Charlín a fait son apparition avant le début de l'émission et s'est assis à côté de moi. Lorsque celle-ci a commencé, il a éclaté de rire : "C'est toi là, oh." J'ai nié. "Mate les frisettes dans le dos, les jambes. Ta façon d'articuler. C'est bien toi !" Et là je me suis dit : "Merde, il m'a découvert." »

Le clan des « Charlines » décida alors de lui donner une leçon en lui tendant un piège. Le lendemain de l'émission, ils chargèrent Padín du transport à Pontevedra de quatre kilos de cocaïne, cachés dans le moteur. À mi-chemin, une voiture de police lui intima l'ordre de s'arrêter. « Je me suis souvenu de l'émission, j'étais furax », raconte-t-il. L'agent, rencardé par « Le Vieux », ne trouva rien ; Padín avait parfaitement dissimulé la marchandise. Il poussa jusqu'au centre commercial de Pontevedra, où devait se faire le soi-disant échange. Mais il n'y avait personne. Manuel était à bout de nerfs, d'autant plus qu'un vigile ne le quittait pas des yeux. « J'étais en nage et j'ai finalement décidé d'abandonner le paquet dans un tas de palettes. Le vigile s'est mis à fouiller aussitôt, a retrouvé le colis et a alerté la Guardia Civil. Le pire c'est que je connaissais le gars. Il était videur avec mon beau-frère à l'*Espacio Azul*, une boîte de Barrantes. Plus tard il m'a confié qu'il avait cru à une bombe. »

Padín se retrouva dans les geôles du tribunal de Pontevedra. On l'interrogeait « dix fois par jour, et moi je leur racontais des salades. Au bout de quelques jours, on me fit une offre : si je collaborais, on me promettait une remise de peine, protection pour ma famille et un emploi à l'étranger ». Padín se sentit pousser des ailes, mais finit par refuser. « Je savais qu'on me promettait l'impossible. » Il fut envoyé à la prison de Valladolid, où il séjourna trois mois, puis il fut transféré à Carabanchel, où il sollicita une protection, justifiée par la présence de plusieurs membres du clan des « Charlines ». Son temps à Madrid le fit changer d'avis. Et plus encore après la visite de Garzón en personne, accompagné de Ricardo Portabales. « J'ai craché le morceau sans attendre l'arrivée d'un avocat. J'ai dit tout ce que je savais. J'en avais marre, je n'en pouvais plus. »

Les pièces du puzzle concordaient. Avec les aveux de Padín, Garzón avait enfin la confirmation de ce que racontait Portabales.

*

En mai 1990, le juge Garzón réunit autour d'un repas le procureur Javier Zaragoza et plusieurs cadres de la Police nationale, mais pas un seul Galicien. Ils échafaudèrent un plan colossal impliquant l'un des plus grands déploiements de forces de l'ordre de l'histoire de la démocratie, à savoir une grande descente de police coordonnée contre plus d'une cinquantaine de cibles. C'étaient les prémices de l'Opération Nécora, d'abord intitulée Opération Mago

(Mage), rendue possible grâce à des mois d'enquête, d'analyses de données, d'aveux, d'écoutes téléphoniques.

Il s'en est fallu de peu qu'elle ne capote. Alors que tout était en place, Padín reçut la visite inopinée de Jorge Argote, avocat du ministère de l'Intérieur dans l'affaire des GAL, l'autre casse-tête que le juge Garzón tentait de démêler à l'époque[2]. D'après le récit de Padín, Argote vint le voir en prison. « Je ne l'attendais pas. Je ne savais même pas qui c'était. On s'est installés à une table et il m'a glissé un chèque en blanc. Là, sous mon nez », mime-t-il. « Il m'a dit : "Es-tu prêt à collaborer ? Tout ce que tu dois faire, c'est dire la vérité." » En réalité, Argote voulait que Padín se dédise et qu'il déclare avoir menti depuis le début. Il espérait ainsi mettre en pièces le dossier d'enquête et décrédibiliser la figure de Garzón, de façon à entraver la procédure contre les GAL. « "Je te laisse remplir le montant", m'a-t-il dit. J'ai donc écrit 20 milliards de pesetas (120 millions d'euros en 1989). Le type a contemplé le chèque et m'a dit : "Ça va pas bien, non ?" "Bon ben, 200 millions alors", j'ai dit. Et nous avons signé. Padín était prêt à dénoncer Garzón pour irrégularités de l'enquête lorsque les procès d'Amedo et Domínguez[3] lui coupèrent l'herbe sous le pied. « D'un coup je n'étais plus tellement utile. Adieu la belle vie. »

---

2. Maître Argote sera mis en examen pour délit de recel, ayant transmis des informations confidentielles au secrétaire d'État à la Sécurité, Rafael Vera. Le tribunal prononcera la relaxe.

3. Le 20 septembre 1989, les anciens policiers José Amedo et Michel Domínguez furent condamnés à 17 ans de prison pour six tentatives d'assassinat perpétrées par les GAL sur le territoire français. (N.d.T.)

Quelques semaines plus tard, Padín raconta l'épisode à Garzón. Loin de se formaliser, le magistrat lui donna une réponse entre stoïque et déprimante. « Ne t'en fais pas, lui dit-il, il y a toujours des manœuvres de ce genre. C'est comme ça. »

# Le grand coup de filet

Assis dans son fauteuil de l'Audience nationale, jambes croisées et bras sur le dossier, le procureur en chef Javier Zaragoza révèle que cette nuit-là, même les policiers à bord des fourgons ignoraient où ils allaient. Les chauffeurs s'étaient imaginé qu'ils descendraient en Andalousie dans le cadre d'une opération contre le trafic de haschich dans le détroit de Gibraltar. Il y avait pour chacun une enveloppe à côté du volant. Ce n'est qu'en la décachetant qu'ils découvrirent que leur destination était la Galice. Telle était l'exigence de secret que réclamait l'Opération Nécora. Et malgré tout, il y eut des fuites.

En 1988, le gouvernement remania la très innocente loi contre le blanchiment d'argent[1] alors en vigueur en Espagne. De ce jour, et grâce aux réformes successives[2],

1. Suite à la Convention de Vienne de 1988, l'Espagne adopta la loi organique 1/1988, laquelle pénalisait, pour la première fois dans le pays, le blanchiment d'argent en lien avec le trafic de drogue.

2. On procéda en 1995 à une nouvelle révision de la loi qui allait étendre la présomption de blanchiment à davantage d'activités.

les grands capos tombèrent tous comme Al Capone en son temps : rattrapés par le fisc. Un an plus tard, en 1989, l'État créa le Parquet antidrogue de Galice et l'on promulgua un décret réglementant la construction et la possession de bateaux offshores. On sentait poindre la riposte. Et l'Opération Nécora, orchestrée pendant des mois par Garzón et Zaragoza à la lueur des aveux de Portabales et de Padín, en fut le point d'orgue. Ce fut la première grande offensive de l'État contre le trafic de drogue en Galice.

« Ce qui nous a le plus surpris, en entendant Portabales et Padín se mettre à table, ce fut de découvrir qu'il existait une ribambelle de clans très organisés et très puissants qui avaient les coudées franches sur le territoire », explique Javier Zaragoza. « Nous avons passé des mois à mener des interrogatoires. À produire des rapports. À enquêter. Nous avons alors réalisé l'ampleur du problème en Galice. Le narcotrafic était profondément enraciné et accepté. Nous craignions que la région, comme nous l'avons répété à l'envi, suive le même chemin que la Sicile. La comparaison est sans doute un peu forte, mais il est vrai que l'État n'était pas aussi présent qu'il aurait dû l'être. »

Lorsque l'enquête s'avéra suffisamment solide, Garzón prit la décision de mener un gigantesque coup de filet contre les principaux clans galiciens. On retint la date du 12 juin 1990. La première consigne était on ne peut plus claire : pas un mot aux gradés galiciens. Personne en dehors de Madrid ne savait ce qui se tramait. Même parmi les principaux acteurs, seule une minorité connaissait la portée de l'opération.

L'objectif était de mener un assaut simultané contre les demeures des leaders des organisations. Il fallait agir au lever du jour. « Les coincer en pyjama », résume Javier Zaragoza avec le sourire.

« Nous avons atterri la veille à Saint-Jacques-de-Compostelle, ayant pris un vol commercial », raconte Zaragoza. Dans cet avion, en plus du procureur et de Garzón, il y avait le chef de l'Unité centrale des stupéfiants de la Police, Alberto García Parras, et le commissaire général de la Police judiciaire, Pedro Rodríguez Nicolás. Ces quatre-là dînèrent dans un restaurant du quartier historique de la vieille ville. « Nous avions décidé d'établir notre base dans le commissariat de Saint-Jacques-de-Compostelle. Lors du dîner, nous avons bouclé les derniers détails : horaires détaillés, qui, où, comment… Le dîner s'est prolongé jusqu'à l'aube. Nous n'avons pas dormi cette nuit-là. À peine le temps de prendre une douche et de rejoindre le commissariat. » C'est là que Zaragoza découvrit le tableau décrit plus haut : des centaines de policiers fixant un même horizon, dans un nuage de fumée de cigarettes. Au total, 217 agents, dont la plupart n'avaient aucune idée de quoi il en retournait. « On avait fait venir beaucoup de renforts, sans leur dire ce qu'ils faisaient là. Le trouble était lisible sur leurs visages. » Garzón exposa l'opération dans ses grandes lignes, les gradés leur donnèrent les détails, et à cinq heures, c'est une caravane de fourgons qui enfila en direction de Vilagarcía. « On formait un chapelet de véhicules, tous feux et sirènes éteints. » C'est cette chevauchée blindée que croisa sur la route Vicente Otero « Terito ». Le capo de la cigarette devait prendre un vol matinal à Saint-Jacques-de-Compostelle. Plus tard il avouerait qu'en voyant le déploiement de policiers, il avait cru à une descente contre le dragage sauvage. L'improbable raisonnement de « Terito » ne l'empêcha pas de se présenter en personne quelques jours plus tard dans le bureau de Garzón pour lui signifier, haut et fort, que cet Oterito dont parlait Portabales, ce n'était pas lui. Que lui c'était « Terito », sans le « o ». Don Vicente allait bénéficier d'une relaxe pure et simple.

Garzón et Zaragoza prirent possession du commissariat de Vilagarcía d'où ils dirigeraient à présent les opérations. En entrant dans la comarque, les fourgons se dispersèrent. Dans le ciel d'Arousa, le bruit d'un rotor à basse altitude réveilla les habitants de la ria. Il se passait quelque chose. Quelque chose d'important.

Le premier qui tomba fut Laureano Oubiña, dont on enfonça à coups de masse la porte de sa villa de Laxe, à Vilagarcía. On lui passa les menottes comme l'avait souhaité Zaragoza, en pyjama (à rayures, pour l'anecdote), assis au volant de son 4 × 4 ronronnant. Non loin de là, à Rubiáns, c'est José Paz Carballo qui fut appréhendé, et l'on captura à Vilanova « Manolito » et Melchor Charlín, les fils du patriarche, lequel ne serait arrêté que quelques mois plus tard, débusqué jusque dans la cachette de sa salle de sport. En pyjama lui aussi. Arousa commençait à comprendre ce qui se jouait. Quelques habitants descendirent dans la rue et les « Mères contre la drogue », menées par Carmen Avendaño, se pressèrent aux portes du commissariat de Vilagarcía au milieu des bravos et des applaudissements. Les autres, il faut le signaler, restèrent à la maison. En silence.

On alla cueillir Marcial Dorado sur son Île d'Arousa, où il retournerait quelques jours plus tard. Un éminent juge galicien soutient que Marcial était au courant de la descente de police et qu'il décida de se rendre. Peu de temps après, son statut passerait de mis en examen à témoin assisté et il s'en tirerait blanc comme neige. « Marcial est sacrément futé, poursuit le juge, il s'est entretenu avec Garzón dans son bureau. Il a arraché un non-lieu. » Nous n'en saurons pas plus.

L'autre revers, le plus grave, les attendait à Cambados. Ou plutôt, ne les y attendait pas. C'est là qu'ils comptaient trouver Sito Miñanco, mais le capo leur avait glissé entre les doigts. On raconte qu'il se serait échappé le matin même au cours d'une exfiltration rapide. Son associé Danielito Carballo s'y trouvait, lui. Ainsi que « Manolo le Catalan » et Narciso « O Parido », de la bande de Sito.

Au même moment, à Madrid, la police arrêtait les entrepreneurs Carlos Goyanes et Celso Barreiros, cerise sur le gâteau médiatique de l'opération. Sur place, c'est Garzón lui-même qui assura le bouquet final en offrant au public un atterrissage en hélicoptère dans l'enceinte du domaine de Baión. L'État avait frappé un grand coup. Il y eut des pétards et une ovation. Les mères chantèrent en chœur. L'opération s'acheva au milieu de la matinée avec un bilan de 18 arrestations sur 22 cibles. Quoique sans le moindre gramme de drogue. L'opération serait complétée les mois suivants avec d'autres arrestations, portant le total à 48, et l'ouverture d'un procès hors norme dans les installations de la Casa de Campo de Madrid. La plus retentissante de ces arrestations ultérieures fut celle de Sito Miñanco, appréhendé dans sa villa refuge de Pozuelo de Alarcón, mouchardé par les Colombiens du cartel de Cali. Il fut jugé dans une salle à part.

Tous les gros poissons capitulèrent. Mais malgré le succès apparent, cette monumentale opération n'était qu'un premier coup porté à la bête. D'après les chiffres de 1990, les détentions pour trafic de stupéfiants en Galicie concernaient jusque-là, de façon directe ou indirecte, quelque 18 000 personnes. La lutte s'annonçait longue. Tellement longue qu'elle n'est toujours pas finie.

Dans un premier temps, les capos furent écroués séparément dans les geôles de l'ancien commissariat de Vilagarcía. Ce n'est que plus tard qu'on les transféra à Madrid, à la maison d'arrêt d'Alcalá-Meco. « Les jours suivants, poursuit Zaragoza, nous avons à peine fermé l'œil. Une ou deux heures par nuit. Nous prenions des dépositions matin, midi et soir. Et nous veillions à ce que rien ne manquât au dossier, qu'il n'y eût pas de fuites ou de stratégies coordonnées de défense. » Et pourtant, ils ne purent éviter quelques graves erreurs. Lors de ces journées d'interrogatoire, il était essentiel que les capos ne communiquent pas entre eux ; Garzón donna l'ordre de les mettre à l'isolement, sans contact avec l'extérieur ni même accès à la télévision, la radio ou la presse. Ils ne devaient pas non plus savoir quels autres leaders avaient été arrêtés ce même jour. La prison d'Alcalá-Meco reçut des instructions précises à ce sujet. Mais on les négligea sans vergogne.

Une semaine après le coup de filet, le journal *El País* révéla qu'aussitôt les capos admis en prison, les fonctionnaires d'Alcalá-Meco affichèrent sur les portes des cellules le nom des individus qui s'y trouvaient. Dès la première douche, chacun sut qui était tombé. L'article raconte aussi que les capos commencèrent à se parler en criant d'une cellule à l'autre. Et que lorsque celles-ci étaient trop distantes, les messages étaient répétés à la chaîne. On retrouva aussi des notes dans des livres ou sur des vêtements. C'est ainsi qu'ils s'accordèrent sur les points essentiels de leurs dépositions, et qu'ils s'échangeaient des informations après chaque interrogatoire.

Garzón piqua une colère noire. Il demanda des comptes au directeur général des institutions pénitentiaires de l'époque, Antoni Asunción, lequel ordonna l'ouverture d'une enquête afin de faire la lumière sur ces agissements. Les réseaux tentaculaires des capos, leurs bras longs et puissants, prirent les enquêteurs au dépourvu. La prison, pour sa part, démentit les informations du journal et assura que les noms des détenus n'étaient restés affichés que quelques heures et que jamais ceux-ci n'échangèrent entre eux.

Pour Garzón et Zaragoza, le scandale d'Alcalá-Meco fut l'un des nombreux contretemps qui gênèrent la bonne tenue de l'instruction. La défense fit son boulot et parvint à emmêler Portabales dans ses contradictions. Lequel, pour ne rien arranger, enchaîna les apparitions à la télé, dont un passage mémorable dans l'émission de Julián Lago intitulée « Le détecteur de mensonges ». « De façon générale, nous informe Zaragoza, les témoignages étaient assez solides, quoique celui de Padín fût bien plus cohérent et probant. Très concluant. Mais la vérité c'est que nombreux étaient les gens qui avaient tout intérêt à ce que l'on échouât. On nous a beaucoup critiqués et certains politiques en Galice n'appréciaient pas du tout ce qui se passait. Tout le monde s'est vu discrédité, surtout Portabales. Mais il fallait mener l'opération comme on l'a fait, à l'italienne peut-être, si vous voulez. N'empêche que c'était la seule façon de procéder. »

En février 1992, l'instruction fut déclarée close et en juillet démarrèrent les comparutions. « À dire vrai, on s'arrêta car on n'en pouvait plus », explique Javier Zaragoza. « Le dossier était tellement épais que nous avions le choix entre y mettre un point final et entamer le procès, ou passer des années à enquêter. C'était pharaonique. » Quelques mois plus tard s'ouvrait le méga procès à la Casa de Campo.

L'histoire de ce procès, qui s'étala jusqu'en juillet 1994, retiendra certaines déclarations surprenantes des capos galiciens. Mais également des images, comme celle d'un Oubiña en sabots qui répond avec insolence. « Il était ingérable », se souvient Zaragoza. « Il ne répondait poliment à aucune des questions. »

Moins brutales étaient les réponses rocambolesques de « Patoquiño », Manuel Abal Feijóo « Patoco », un pilote à peine pubère qui travaillait pour Sito Miñanco. Il deviendrait par la suite chef de ces narcotransporteurs qui prirent le contrôle du trafic galicien au XXI^e siècle, mais qui à l'époque n'était qu'un gamin d'Arousa qui se présentait au tribunal en survêtement et baskets. Lors de l'une de ses comparutions, Zaragoza montra une photo sur laquelle on voyait « Patoco » à Viana do Castelo (Portugal) aux commandes d'un hors-bord. L'intéressé lui rétorqua que cela « s'expliquait très simplement ». Ainsi, au milieu des sourires qui se transformèrent en franche rigolade, il raconta qu'il avait emmené sa copine faire une balade au Portugal, et que celle-ci lui avait demandé une photo de lui. « Comme d'autres, Votre Honneur, qui se prennent en photo au volant d'une Porsche ou à bord d'un train », ajouta-t-il. « Patoco » serait relaxé.

Les réponses des capos étaient, parfois, surréalistes. Notamment lorsqu'ils niaient l'évidence sans ciller. C'est avec un fantastique sang-froid que José Paz Carballo, le chef de Portabales, justifia un trajet en voiture entre la Galice et Algésiras, pour, dit-il, « aller boire des coups ». Mais il ne s'arrêta pas en si bon chemin. Paz Carballo transportait un scanner de fréquences dans sa voiture. La conversation entre le capo et le procureur Zaragoza se déroula comme suit :

Zaragoza : « Et pourquoi aviez-vous ce scanner ? »

Paz Carballo : « Je ne sais pas ce qu'est un scanner. Moi dans la voiture j'avais un petit appareil qui en roulant faisait des bips, "bip-bip bip-bip", et c'est tout. »

Zaragoza : « Et à quoi ça sert ? »

Paz Carballo : « Ça, je l'ignore. Ce n'est pas moi qui l'ai acheté. C'est mon fils qui l'a installé, parce qu'il aime ça, j'imagine. »

Zaragoza : « Vous aviez également deux talkies-walkies chez vous. Quel usage en aviez-vous ? »

Paz Carballo : « On les prenait avec nous entre Soutelo et A Estrada, pour pouvoir communiquer avec mon beau-père lorsqu'on allait acheter du bétail. »

En septembre 1994, les peines furent prononcées. Le vieux Charlín avait été relaxé des mois plus tôt. Le résultat, après un tel labeur, fut pour le moins décevant. Sur les 48 accusés, seuls 33 furent condamnés à de la prison. Les 15 autres, parmi lesquels se trouvaient les grands capos, comme Oubiña, Paz Carballo, Alfredo Cordero ou Charlín, furent relaxés. Dans la foulée, le mythe du narco inatteignable refit violemment surface. Mais il fut de courte durée. Durant les années suivantes, tous les capos allaient tomber au cours d'interventions découlant de l'Opération Nécora, laquelle ne serait définitivement close qu'en 2004, et qui dans son ensemble ne laisse pas place au doute : pratiquement tous les grands barons galiciens furent envoyés en prison. Mis à part le vieux Charlín, ils se trouvent tous derrière les barreaux à l'heure qu'il est.

Au-delà de ses répercussions légales, l'Opération Nécora a démontré pour la première fois que les narcos n'étaient pas intouchables. Elle réveilla la Galice et mit à terre le sentiment d'impunité qui prévalait dans les Rías Baixas. Ce fut une grande bouffée d'oxygène. Félix García, chef de l'UDYCO en Galice, le résume ainsi : « Plutôt qu'une opération, il en eût fallu cent, et des centaines de condamnations. Mais elle signifia un coup de frein malgré tout. Elle leur fit beaucoup de mal. » Le vent avait tourné.

# LE NARCO SÉVIT, LA LUTTE SURVIT

« Tant qu'il y aurait quelqu'un en face, les cartels continueraient d'envoyer la marchandise. Et en face, il y avait toujours quelqu'un. »

# L'après-Nécora

« C'en était fini de la frime. Fini de Laureano Oubiña claquant un million de pesetas en une seule soirée. » C'est ainsi qu'un agent de la Police nationale résume les conséquences de l'Opération Nécora. Les sentences de 1994, avec la remise en liberté des grands capos, ont certes été une déconvenue juridique, mais tonnèrent comme un coup de semonce qui redessina le paysage de la ria. Les nuages qui ne s'étaient jamais montrés à l'horizon couvraient à présent le ciel des barons, restés impunis jusque-là. L'État leur avait adressé une sommation.

Les capos considérèrent qu'ils ne pouvaient plus rouler en décapotable. Ils continuèrent leurs activités, mais firent profil bas. Se voir à la télé – ce jour-là, la TVE ouvrit son journal avec les images de l'opération – et que tout un pays découvre leurs visages et leurs noms, ne jouaient pas en leur faveur. Ils ne s'attendaient pas à un tel écho médiatique. Ils comprirent alors l'ampleur de leurs excès. Ils refluèrent. Ils se firent plus sages et discrets.

Ainsi allaient s'assainir les rivages de la côte galicienne. On atténua le sentiment de paradis mafieux, de territoire abandonné par l'État sous la coupe des barons de la drogue. Dès lors, quiconque voudrait rester dans les affaires devrait se fondre dans le décor, plus question de circuler à visage découvert. Aujourd'hui cela peut nous sembler peu de chose, mais ce fut une véritable conquête. On vit resurgir la ligne de démarcation entre le trafic de drogue et le reste de la société, une ligne jusque-là délavée et qui éclaboussait tout le monde dans la comarque.

Pour le reste, tout demeurait à l'identique. Voire pire. L'autoroute atlantique qui reliait les cartels colombiens à la côte galicienne ne fut jamais aussi empruntée que dans les années 1990. Tant qu'il y aurait quelqu'un en face, les cartels continueraient d'envoyer la marchandise. Et en face, il y avait toujours quelqu'un. Le flot d'argent que la cocaïne et le haschich faisaient couler comme par enchantement ne tarit pas. On ne parvint pas à éradiquer la loi du silence ni la complicité. « Un cancer s'est déclaré ici et des métastases demeurent », témoignait alors à la télévision le maire de Vilanova, José Vázquez. « Je crois même qu'il n'y a plus de rejet social, ajoutait-il. On a perdu le sens de l'éthique. Les gens, qui plus est, oublient facilement. » Ceux qui connaissaient bien le phénomène ne cachaient pas leur pessimisme. Le temps allait leur donner raison.

Le 23 février 1991, un an seulement après la très imposante et médiatique descente de police, le service des douanes (SVA) intercepta le navire *El Bongo*, un bateau de pêche sans pavillon qui transportait dans son réservoir d'eau

35 ballots de cocaïne pesant 1 200 kilos. La plus grande saisie jamais réalisée en haute mer ; un superlatif auquel il faudrait désormais s'habituer, car en matière de records, la course aux déchargements était en train de devenir une compétition acharnée. Les agents du SVA arraisonnèrent le navire à quelque 300 kilomètres au sud des îles Canaries et assistèrent à une scène effroyable : l'équipage, à savoir neuf Colombiens du cartel de Cali et un Péruvien, était dans un état proche de la dénutrition après un mois en rade suite à une panne de moteur. Pour tromper la faim, ils s'étaient servis dans l'un des ballots de cocaïne. Les agents se firent passer pour les intermédiaires galiciens et les Colombiens leur montrèrent alors la marchandise. Ils furent appréhendés et transférés dans un hôpital de Las Palmas[1].

La manœuvre contre *El Bongo* faisait partie de l'Opération Santino, un déploiement des forces de l'ordre qui permit de nombreuses arrestations en même temps qu'étaient jugés les capos récemment appréhendés. Avec Garzón accaparé par le méga procès, c'est le juge Carlos Bueren qui prit les rênes de l'opération, se joignant ainsi à la lutte contre la déferlante de déchargements sur la

1. C'était un certain Abraham Jorge López, dit « Le Nain », un contrebandier de cigarettes qui voulut s'essayer à la cocaïne, qui était censé rejoindre *El Bongo* en haute mer. Tandis que les Colombiens traversaient l'Atlantique, « Le Nain » se démenait pour trouver un bateau afin de récupérer les ballots, mais pour une raison ou une autre tous ses plans tombèrent à l'eau. Il se mit enfin d'accord avec le chalutier *Javier y Capote*, lequel était en réalité un appât du SVA. C'est ainsi que tombèrent Abraham et son épouse colombienne. On retrouva dans leur maison de Lugo des cartes marines et des téléphones satellite. Ils écopèrent de quinze ans.

côte galicienne, indifférente au sort des barons sur le banc des accusés. Bien que nettement moins célèbre que l'Opération Nécora, la Santino se solda par beaucoup plus d'arrestations, saisit plusieurs tonnes de drogue et entraîna tellement d'arraisonnements et de raids qu'il est impossible de tous les décrire sans transformer ce livre en une encyclopédie.

L'Opération Santino permit de déjouer quelques coups spectaculaires, comme cette tentative de déchargement de 1 100 kilos de cocaïne en plein port de La Corogne[2]. Un coup orchestré en avril 1992 par les narcos Jesús Piñeiro et Ildefonso Treus Castelo, deux anciens partenaires de Sito Miñanco qui souhaitaient désormais voler de leurs propres ailes. S'étant déplacés en Colombie pour conclure un marché avec le cartel de Cali, ils furent interceptés par la Marine américaine dans les eaux vénézuéliennes (la DEA et les enquêteurs espagnols collaboraient en matière de

2. La drogue que Piñeiro et Treus voulaient faire entrer *via* La Corogne devait être récupérée par un navire de pêche, le *Brydon-Eider*, qui stationnait dans le port corognais. L'opération était coordonnée par Fernando Vidal Pan et Antonio Rodríguez Caridad, des deuxièmes lignes et vieilles accointances d'Oubiña, décidés à passer à la vitesse supérieure. Le 13 mai, ils voyaient leurs ambitions s'effondrer suite à un vaste coup de filet qui totalisa 56 gardes à vue. Outre Vidal Pan et Antonio Rodríguez, ce sont plusieurs grands patrons galiciens qui tombèrent, dont Juan María Martínez Vidal et Juan Carlos Caeiro Martínez, propriétaires de Pescarosa, une pêcherie de Vilagarcía. Ou encore Jesús María Carro, un poids lourd du transport à Cambados. Il n'y a pas jusqu'à la direction du port de La Corogne qui ne mouilla pas dans l'affaire. Ramón Cores Caldelas – un rescapé de l'Opération Nécora – ou Ramón Bugallo, cousin de Sito Miñanco, vieilles connaissances de la police, furent aussi mis en cause.

renseignement)[3]. Ce même Piñeiro ferait à nouveau la une des journaux en 2014, alors condamné à une peine de quatre ans pour un déchargement de 250 kilos de cocaïne réalisé à Vigo en 2011, en se rendant au commissariat de Boiro pour renouveler sa carte d'identité. Les agents, qui n'en revenaient pas, découvrirent qui était cet homme en entrant ses données dans le système. On l'arrêta sur place, à la grande surprise de ses voisins qui expliqueraient par la suite que Piñeiro vivait et sortait en toute tranquillité dans Boiro depuis des années.

Quelques semaines seulement avant cette opération, un chalutier de Vigo avait capturé par mégarde un ballot de 445 kilos de haschich au large de A Guarda. Quelques mois plus tôt, non loin de là, un autre pêcheur avait remonté 1 000 kilos de haschich. Le jour où la technologie sera capable de scanner avec précision les eaux du littoral galicien, le panorama devrait nous réserver quelques surprises.

En décembre 1994, trois mois après la relaxe des principaux barons capturés lors de l'Opération Nécora, le navire *Alza* fut intercepté alors qu'il tentait d'introduire à Fisterra 10 000 kilos de haschich en provenance du Maroc. Le bateau fut à nouveau identifié par le SVA à 20 kilomètres de l'île d'Ons, dans la ria de Pontevedra. C'est alors que les agents entamèrent une course-poursuite en hélicoptère qui dura près de sept heures, jusqu'à ce que les narcos, tentant le

3. Les capos et huit autres narcos galiciens jetèrent les ballots à la mer, mais ne purent échapper à l'arrestation. Le juge Bueren dépêcha 20 agents de la Police nationale à Porto Rico dans le cadre de leur extradition et mise en examen en Espagne.

tout pour le tout, vinssent s'ensabler face à la plage de O Sardiñeiro, entre Fisterra et Corcubión. Ils regagnèrent le rivage à la hâte et furent secourus par des habitants qui croyaient avoir affaire à des marins en détresse. L'un d'eux emmena même l'un des leaders de l'opération en voiture jusqu'à Muros, Ramón Cores Caldelas – déjà impliqué dans la tentative de déchargement dans le port de La Corogne –, qui parvint à s'échapper. Cores Caldelas devait ensuite s'enfuir au Portugal avec la moitié de la Guardia Civil aux trousses. Il y fut finalement arrêté et incarcéré. Tout en poursuivant son activité derrière les barreaux. Il ne put cependant pas se dérober à son destin tragique : en 1998, le corps de Caldelas fut retrouvé carbonisé et avec trois impacts de balles dans un fossé de Caldas de Reis, dans les environs de Vilagarcía. Il n'y eut aucune condamnation dans cette affaire, même si l'enquête évoquait des dettes contractées en prison.

Impliqué dans le fiasco de l'*Alza*[4], c'est l'autre responsable du déchargement qui tomba, Humberto Rodríguez, capo de Vilanova, proche de l'organisation de Sito Miñanco. D'ailleurs, et bien qu'il ne fût pas poursuivi dans cette affaire, les enquêteurs soupçonnent le capo de Cambados d'avoir dirigé l'opération depuis la prison. Son associé et garde du corps, Hernando Gómez Ayala, avait été surpris en train de communiquer grâce à un téléphone portable depuis sa cellule au moment même où l'on préparait la cargaison. Des

4. L'opération contre le bateau *Alza* fit 18 autres détenus, dont José Luis Torrado, autre ancien garde de la bande de Sito, et l'armateur corognais Rafael Fernández « Lucho ».

années auparavant, Oubiña s'était déjà fait pincer en possession d'un ordinateur portable dans ces mêmes conditions. L'affaire remonta jusqu'au Congrès. La coalition de gauche *Izquierda Unida* dénonça en pleine séance parlementaire la récurrence de cas de capos galiciens incarcérés qui restaient en communication avec l'extérieur.

Le 8 juillet 1997, l'Opération Amanecer (Aube) mit en échec le déchargement de 3 000 kilos de haschich sur la plage de Patos, à Nigrán, dissimulée sur la rive sud de la ria de Vigo. Deux agents du Service de Surveillance Douanière (SVA) repérèrent, à six heures du matin, un go fast qui filait à toute allure vers la grève. Elle transportait trois tonnes de ballots de haschich tout juste récupérés sur le ravitailleur *Wendy*. Les agents interceptèrent la cargaison alors que le hors-bord s'apprêtait à rejoindre le navire pour en reprendre cinq autres.

L'Opération Amanecer est sans doute la preuve ultime que, malgré les retombées de l'Opération Nécora, personne – pas même les capos historiques désormais dans le viseur des médias – n'avait l'intention de se retirer des affaires. La Police nationale observait depuis des mois l'activité d'Oubiña et de certains de ses associés et savait que le déchargement aurait lieu ce jour-là. Don Laureano fut arrêté sur la route de Vigo où il devait recevoir la marchandise et en coordonner la distribution par voie terrestre. Lorsque les agents l'appréhendèrent et lui passèrent les menottes, le capo leur dit : « Ma femme va me tuer. » La police lui attribuerait également une autre cargaison, interceptée en 1994 à Martorell (province de Barcelone), de 15 000 kilos de haschich, dont le déchargement avait été coordonné en partenariat avec le mafieux corse Jacques Canavaggio.

En même temps qu'Oubiña, furent arrêtés José Manuel Vázquez Vázquez « O Piturro », Juan Ramón Fernández Costas « Karateka » et Juan Mouta Tourís. Certains nous sont déjà familiers. D'autres le deviendront par la suite. Ce sont ces deuxièmes lignes, ces clans satellites qui, à mesure que la pression montait pour les capos historiques, s'agrandissaient, se renforçaient et s'aventuraient toujours plus loin. Les quatre détenus furent immédiatement transférés à Madrid où on les obligea à entendre les dix heures d'écoutes interceptées par la police. Des conversations téléphoniques qui tournaient toutes, quoiqu'en langage codé, autour de l'opération. Les avocats de la défense allèrent jusqu'à déclarer qu'il n'y avait pas un seul mot dans ces enregistrements qui fît référence à un quelconque déchargement de drogue.

Dans un geste presque nostalgique, quelques jours plus tard, le parquet mettait en cause Sito Miñanco dans l'affaire. Sito se trouvait alors détenu dans la prison d'Alcalá-Meco, mais les enquêteurs découvrirent qu'il y avait réalisé au moins quatre appels depuis un téléphone portable, et s'était ainsi entretenu avec « O Piturro » au moment même où se produisait le déchargement. Sito serait relaxé et remis en liberté l'année suivante. Mais pour un ancien de la Guardia Civil ayant suivi l'opération, la culpabilité du capo ne fait aucun doute. « Sito était derrière tout ça, c'est évident. Mais il s'en tira pour des questions de procédure. » Le gendarme fait référence à certaines irrégularités commises par Garzón dans le cadre des écoutes. Oubiña ne s'en tira pas aussi facilement et décida de s'enfuir en Grèce en apprenant la peine requise contre lui.

En cette même année 1997, José Pérez Rial « O Cabezón » arrangea avec le cartel de Bogotá l'envoi de 3 000 kilos de cocaïne. La marchandise serait récupérée par le chalutier *Segundo Arrogante*, parti de Vilagarcía au mois de juillet. Fait étrange, le capitaine n'était pas au courant de tout : il était persuadé qu'il allait repêcher des cartons de cigarettes. Le 7 août, lorsqu'il retrouva le ravitailleur colombien en haute mer, le marin refusa d'embarquer les ballots de drogue, mais les Colombiens n'eurent pas trop de mal à le convaincre. Le capitaine avait vu juste : en approchant de Marín, le *Segundo Arrogante* fut intercepté par le SVA qui saisit un peu moins de trois tonnes de cocaïne. Le reste de la cargaison avait été jeté par-dessus bord tant bien que mal. Bien qu'il ne fût jamais jugé dans cette affaire, certains anciens officiers affirment que cette opération était le fait du vieux Charlín. « O Cabezón », l'homme aux commandes de l'opération, était alors le mari de Paula Charlín, la nièce du capo.

Un autre exemple qui prouve que les années 1990, malgré le retentissement médiatique de l'Opération Nécora, furent un âge d'or de la contrebande en Galice, est l'Opération Temple (Trempe), menée en juin 1999, conjointement avec d'autres pays européens. L'objectif était l'interception du *Tammsaare*, un chalutier qui transportait 14 000 kilos de cocaïne, à savoir la deuxième plus grande cargaison jamais saisie dans les eaux internationales. Un peu plus de la moitié de la marchandise devait être introduite dans les rias par le clan des « Bûcherons », ainsi baptisés parce que leur chef, Manuel Lafuente « Nelo », était le président de l'association des forestiers de Silván, à Armenteira, Arousa. Celui-ci alliait ses allées et venues dans la forêt pour y couper du bois à son activité de narco. Le reste serait l'affaire de la Camorra napolitaine et des mafias de l'est, illustres codestinataires de la cargaison.

Le 4 juin à l'aube, les hommes du GEO (Groupe spécial d'opérations) et les agents du SVA arraisonnèrent le *Tammsaare* en haute mer et appréhendèrent l'équipage, de nationalité colombienne. Le cerveau de l'opération était Alfonso León, alias « Antonio », alors leader du cartel de Cali en Espagne. Il y eut des arrestations à Madrid, en Alicante et aux Canaries. À Meis, dans la province de Pontevedra, ce sont 14 membres du clan des « Bûcherons » qui furent arrêtés. Manuel Lafuente « Nelo » écopa de six ans. Son frère, José Lafuente, finirait aussi derrière les barreaux suite à un règlement de comptes, dans une sombre histoire de dette de cocaïne, ayant attaché un autre narco à un arbre de Meis pour lui prouver qu'une scie électrique pouvait aussi bien couper des mains que des bûches.

À côté des « Bûcherons », le déchargement du *Tammsaare* était également dirigé par un certain José Manuel Vila Sieira, alias « Le Président », un narco de Boiro qui chercha également à s'investir davantage durant la décennie 1990. Son surnom lui venait du temps où il avait occupé cette fonction au Sporting Lampón, un club de football de Boiro. À son arrestation, « Le Président » rejoignit les repentis et raconta à Garzón qu'il détenait 5 000 kilos de cocaïne entreposés dans une planque de A Pobra do Caramiñal. En échange de quoi, sa peine fut réduite au minimum. Contre toute attente, il reprendrait du service quelques années plus tard. La justice allait l'arrêter en 2009 pour son implication dans le chargement de cinq tonnes de cocaïne à bord du chalutier *Doña Fortuna*. Comment avait-il réussi à se faire pardonner et à regagner la confiance des cartels après être passé à l'ennemi reste totalement incompréhensible. « Ce n'est pas personnel, c'est uniquement les affaires », comme dirait Michael Corleone. Tout est bon pour maintenir le navire à flot.

Dans les années qui suivirent l'Opération Nécora, il y eut des dizaines d'opérations et des centaines de déchargements dont on n'entendra jamais parler. Lors d'un reportage diffusé en 1992 dans l'émission « Línea 900 » de la TVE, un journaliste interviewait le directeur de la DEA de l'époque, Robert C. Bonner. Sa question portait sur la situation en Galice deux ans après l'Opération Nécora. La réponse de monsieur Bonner allait refroidir les plus optimistes : « Le cartel de Cali recrute des citoyens espagnols qui leur offrent certains services, comme par exemple le déchargement de bateaux transportant de grandes quantités de cocaïne pour l'introduire en Galice ou ailleurs en Espagne. » Le fait que le chef de la DEA nomme explicitement la Galice ne semblait pas très encourageant. Puis il enfonça le clou : « L'an dernier, ce sont près de 14 tonnes de cocaïne qui furent saisies en Europe. La moitié en Galice. D'après mes estimations, ce sont quelque 100 à 200 tonnes qui entrèrent sur le sol européen sans qu'on les détecte. Un tiers de la production de cocaïne du cartel de Cali atterrit en Europe, principalement *via* l'Espagne. »

Les cartels colombiens étaient toujours aussi ravis de l'accueil qu'on leur réservait dans les rias, et pouvaient désormais compter – en plus des capos historiques – sur les autres narcos galiciens, enclins à monter en grade à un moment où tous les projecteurs étaient braqués sur les grands noms. Ils étaient certes moins connus, mais non moins surprenants.

# Les autres (au-delà de Miñanco, Oubiña et les « Charlines »)

## *Les « Lulús »*

« Quelque chose ne tourne pas rond sur la Costa da Morte », constata le directeur du Service de Surveillance Douanière (SVA), Luis Rubí, en 1995. On y voyait les membres d'une jeune fratrie au volant de Porsche rouges, coutumiers des courses de jet-ski et vivant dans des villas « à vous couper la chique » – ce sont les mots de Rubí – sans pour autant justifier de revenus à la hauteur d'un train de vie aussi flamboyant. C'étaient les « Lulús », le clan qui contrôlait, et contrôle toujours, le trafic de drogue sur la Costa da Morte. Rubí décida alors de se rendre à Muxía afin de s'entretenir avec le chef du clan, Fernando García Gesto, qui à l'époque n'avait pas encore 30 ans. « La première fois que j'ai parlé avec lui, il venait d'échanger 600 000 florins néerlandais dans une agence de Muxía. J'ai voulu savoir d'où il tirait tout cet argent et il m'a répondu : "Du *longueirón* de fond." Je n'avais aucune idée de ce qu'était le *longueirón*[1]. Je n'ai rien dit et il a ajouté : "Et du pouce-pied. Souhaitez-vous que je vous en fasse livrer ?" »

« Leurs explications étaient fabuleuses, se souvient-il. C'étaient encore des gamins mais ils convertissaient des florins contre des millions de pesetas, ils possédaient des décapotables… On leur montrait des bordereaux de banque et ils s'en contrefichaient. Ils avaient toujours réponse à tout. »

Les « Lulús » étaient l'un des clans qui durant les années 1990 se sont partagé le business avec les historiques, mais sur qui l'attention médiatique (du moins en dehors de la Galice) ne s'est pas posée avec la même insistance. Pourtant leurs faits d'armes n'avaient rien à envier aux Miñanco, Oubiña, Charlín et consorts.

En janvier 1993, ils introduisirent 3 300 kilos de haschich dans Muxía, à bord du chalutier *Carrumeiro*. Ils furent condamnés à huit ans de prison en première instance, puis relaxés en appel. Ils en hériteraient une réputation de maîtres de la Costa da Morte. « Rien ne se fait sur cette côte sans leur autorisation », résume un ancien de la Guardia Civil. « Ils ont débuté comme auxiliaires logistiques auprès des historiques, mais très vite ils se sont mis à leur compte, avec Fernando à la manœuvre. À mon sens, il s'agit du clan le plus efficace et le plus difficile à combattre. Parfaitement imperméables et compétents. » Les « Lulús » ont toujours tiré profit d'un impressionnant

1. Le *longueirón* est un mollusque très proche du couteau, quoique plus grand et à la coquille plus dure.

réseau tout le long de la Costa da Morte, grâce auquel ils ont pu prospérer dans une omerta quasi parfaite. « Ils ont une armée de gamins travaillant pour eux », poursuit le gendarme. « À chaque déchargement, ils plantent des “pieux” [guetteurs] un peu partout, et nombreux sont les habitants du coin qui les renseignent et mettent à leur disposition des cachettes ou des entrepôts. Dans la région, tout passe par eux. »

En octobre 1998, la Guardia Civil fut rencardée au sujet d'un déchargement imminent sur la plage de Os Muíños, non loin de chez les « Lulús ». En arrivant sur place, ils ne trouvèrent que des traces dans le sable, deux sacs à pain et des cagettes de fruits. Quelques jours plus tard, ils repérèrent Fernando roulant au volant de sa Golf GTI et lui intimèrent l'ordre de s'arrêter. Le capo accéléra au contraire et, filant entre les balles des agents, se lança dans un rallye sur les routes de la Costa da Morte. Il réussit à s'échapper, mais la Guardia Civil allait retrouver la cargaison ce même jour : 526 kilos de haschich dissimulés sous la paille dans une remise à Dumbría. C'est un certain José Manuel Franco Noya, un habitant au-dessus de tout soupçon, qui l'avait cachée pour lui.

Il aura fallu trois ans à la justice pour retrouver la trace du chef de clan. Et c'est d'autant plus étonnant qu'il ne quitta pas Muxía de tout ce temps, où il vécut caché et protégé par ses habitants. « Entre 30 et 40 personnes qui ont agi comme complices, amis, informateurs et fidèles camarades », dirait la Guardia Civil. Les gendarmes quadrillèrent la zone pendant des mois, multipliant les contrôles sur les routes et les pistes forestières, mais García Gesto se dérobait sans cesse, « soutenu par ses fidèles camarades ».

Du reste, il ne perdit pas son temps pendant sa cavale. Cette même année 1998, les « Lulús » déchargèrent près de dix tonnes de haschich sur la plage de Nemiña, dans cette même localité de Muxía. « Ils réalisaient des go fast pratiquement tous les mois. C'était monstrueux », se souvient un officier de la Guardia Civil. Au point qu'une équipe de télévision de la TVE dut prendre la fuite lorsqu'elle descendit au village pour tourner un reportage sur le clan. L'un des frères García Gesto, gourdin à la main, se jeta sur le cadreur et sur le reporter qui se réfugièrent dans le poste de la Guardia Civil. À l'extérieur, les « Lulús » au grand complet les attendaient. Les journalistes se sauvèrent de Muxía cette nuit-là, escortés par les gendarmes.

Fernando se trouve à l'heure actuelle en liberté et son principal lieutenant, son frère donc, demeure derrière les barreaux.

### *Alfredo Cordero*

Alfredo Cordero, alias « Engarellas », était dingue de poker. Sa table était célèbre dans Vilanova et l'on se souvient encore de cette nuit maudite qui le vit dilapider plus de 11 millions de pesetas. Cordero fut un autre de ces capos chevronnés qui, dans les années 1990 et par-delà les frontières de la Galice, vécut dans l'ombre médiatique des Oubiña et des autres. Il travaillait habituellement pour les

« Charlines » et c'est avec eux qu'il tomba dans les filets de l'Opération Nécora. Et comme eux, il obtint la relaxe. Puis il se mit à son compte, jusqu'à ce qu'on le surprenne en train de décharger 5 000 kilos de cocaïne dans une crique de Tapia de Casariego, dans les Asturies. Un habitant comprit ce qui était en train de se tramer et alerta aussitôt la police. Les aléas du travail loin de chez soi.

Cordero parvint néanmoins à déjouer le piège. La justice le rechercha pendant trois ans, alors que le fugitif n'était pas parti bien loin : il s'était terré dans un petit appartement de Vila de Cruces, à une poignée de kilomètres de Saint-Jacques-de-Compostelle. Il fut condamné à 18 ans de prison, mais bénéficia d'une remise de peine. Désormais, il se serait rangé, menant une vie paisible, loin du trafic, reconverti en gérant d'une guinguette de plage familiale dans son Vilanova natal. En mars 2015, on eut la preuve – s'il en fallait encore – que les capos galiciens ne décrochent pas : la police l'arrêta pour le déchargement de dix kilos d'héroïne. Il fut relaxé, mais « Engarellas », à 62 ans, revint en force dans les narcodépêches de presse.

### *« Falconetti »*

La dernière fois que Luis Falcón « Falconetti » se présenta devant le juge, ce fut en 2012. Rattrapé par l'âge, le vieux narco fut contraint de justifier la provenance de sa fortune. Le procureur refusait d'entendre que son patrimoine était le fruit de son activité de restaurateur.

« Falconetti » se défendit lors de son procès : « Mon argent provient d'une paillote de la plage de As Sinas de Vilanova, de deux restaurants et d'un bar américain où j'emploie de jeunes Noires », dit-il au juge. Il fut relaxé et le parquet renonça à faire appel. Aujourd'hui, à 73 ans, il semble bien qu'il se soit définitivement retiré des affaires.

« Falconetti » s'est lui aussi formé dans le trafic de cigarettes (nous l'avons déjà croisé, souvenez-vous, le pistolet posé sur le bureau d'un édile d'Arousa qui lui refusait un permis pour son casino et à qui il a dit : « Faire venir un tueur à gages portugais ne me coûterait pas plus d'un million de pesetas »). Tellement antédiluvien que dans les annales arousanes, il dispute au vieux Charlín l'honneur d'avoir été le premier à faire entrer un chargement de drogue en Galice.

S'il n'atteignit pas la même notoriété que les autres historiques dans les années 1990, c'est parce qu'il se fit coffrer avant l'Opération Nécora : en 1988, à Hondarribia, Guipuscoa, dans le Pays basque, alors qu'il s'apprêtait à décharger 1 200 kilos de haschich sur la plage. En 1991, il fut condamné à une peine de 18 ans, mais n'en effectua que six. « Il continua par la suite », explique un agent de police. « Mais il s'est débrouillé pour ne plus jamais se retrouver sur le banc des accusés. Il a parfaitement rusé. Nous savons qu'il a introduit 8 000 kilos du côté de Lugo peu après sa sortie de prison, mais nous n'avons jamais réussi à le prouver. » Le capo s'activa dans l'ombre des historiques durant les années 1990, une tactique qui, d'après certains agents, lui réussit plutôt bien.

### *« Franky Sanmillán »*

En 1994, Javier Martínez Sanmillán, dit « Franky Sanmillán », modifia ses empreintes digitales et se fit légèrement refaire le visage. Le vieux capo, né à Léon et ayant grandi à Pontevedra, fut jugé dans le cadre de l'Opération Nécora, mais la veille du jugement (il allait prendre 12 ans), il s'évanouit dans la nature. Contrairement à ses confrères galiciens, « Franky » décida de partir loin (mais pas trop non plus). Il s'exila à Dénia, en Alicante, où il s'installa dans une villa de 12 000 m$^2$, se fondit dans une nouvelle identité, grâce à de faux papiers, et poursuivit son activité. « Ce à quoi l'on ne s'attendait pas, dirait un agent de police le jour de son arrestation, c'est qu'il eût modifié ses empreintes digitales, parce qu'on n'avait jamais vu ça en Espagne. On pensait que ça n'arrivait qu'en Colombie et aux États-Unis. » Pendant sa cavale, qui dura 14 ans, la police l'inclut dans sa liste des 15 fugitifs les plus recherchés. Lui, pendant ce temps-là, participait à au moins deux déchargements de cocaïne sans jamais se faire pincer : celui du navire *Tammsaare*, que nous avons déjà évoqué et celui de Tapia de Casariego (Asturies) en 1997, lors duquel les agents pensent qu'il aurait introduit 5 000 kilos en collaboration avec Alfredo Cordero. Il échappa de peu à l'arrestation (dénoncé par un riverain), et il parvint à s'enfuir une nouvelle fois. « Je pense que "Franky" s'est montré très adroit. Il a dû faire entrer 20 ou 30 tonnes de cocaïne au total, sans jamais se faire prendre », raconte un agent de la Police nationale. Il fut capturé en 2006 lorsqu'un garde civil transféré à Alicante crut reconnaître sa façon de parler. Il l'aborda dans la rue et lui demanda s'il était « Franky Sanmillán ». Il nia, mais on l'emmena au poste pour prélever ses empreintes. Le comble de l'histoire, c'est que la Police scientifique, ayant confirmé qu'il s'agissait bien d'empreintes opérées, permit l'identification de l'un des narcos les plus rusés qu'aient produits les rias. Il fut condamné à une peine de 13 ans en 2009.

### *Jacinto Santos Viñas*

Jacinto Santos Viñas transportait la drogue à bord de ses remorqueurs de haute mer. Il en possédait deux, le *Pitea* et le *Clarinda H.* Le premier était amarré dans le port de Vigo, le second dans celui d'Oza, à proximité de La Corogne. Lorsqu'ils ne tractaient pas des cargos, les bateaux de Santos Viñas tractaient de la cocaïne et du haschich à bon port. Il entra dans la légende en 1996, en essayant d'introduire, cachés dans le bateau de pêche *Volga I*, 35 000 kilos de haschich à travers la ria de Pontevedra. Ce qu'il réussit en partie : le navire accosta à quai dans le port de Marín, mais il fut arrêté et passa quatre ans en prison. Dès sa sortie, ses remorqueurs reprirent du service. « Il a fait un paquet de déchargements, raconte un garde civil, surtout à La Corogne et à Ferrol. Puis il a vendu ses remorqueurs en Afrique du Sud et je crois qu'il s'est brouillé avec quelqu'un, puisqu'il a été trahi. » En juillet 2004, le capo marocain pour qui Santos Viñas travaillait le vendit à la police espagnole. Alors que le *Pitea* naviguait au large du Togo, il fut abordé par l'armée française, laquelle trouva un demi-kilo de cocaïne à bord. Un an plus tôt, c'est le *Clarinda H* qui était intercepté au sud du Portugal, plus près de sa destination finale et également en provenance d'Afrique. Le capo galicien écopa d'une peine de 12 ans pour ces deux affaires.

Avec lui tomba son bras droit, Eulogio Pérez Refojo, un narco de Oia, déjà mis en examen au moment de l'Opération Nécora et condamné à huit ans de prison. La récidive allait lui coûter 19 ans. Refojo était en charge de la maintenance et du réglage des remorqueurs. Il débuta sa carrière aux côtés des « Charlines » et aurait – prétendument – participé au règlement de comptes qui coûta la vie à Manuel Baúlo « O Caneo », le baron qui avait parlé à Garzón et qui mourut assassiné en lisant le journal. C'est lui qui loua l'appartement où étaient logés les *sicarios* colombiens.

### *Manuel Carballo*

Lors de cette attaque contre Manuel Baúlo, les balles atteignirent également Carmen Carballo, l'épouse de Baúlo, et la clouèrent dans un fauteuil roulant. Carmen était la sœur de Manuel Carballo « O Gavilán », un vieux trafiquant de cigarettes qui hésita longuement avant de se lancer dans la drogue, sans doute celui qui résista le plus. La vie lui signifierait à coups de feu qu'il avait raison de se méfier. « O Gavilán » (que l'on a vu jeter un garde civil à la mer du temps où il trafiquait avec le tabac), né à Vilanova, en plus de voir sa sœur se faire canarder, perdit un fils, Danielito Carballo (lieutenant de Sito Miñanco, tué, nous y reviendrons, dans un bar de Vilagarcía), avant d'échapper lui-même à une fusillade au terme d'une opération tout sauf digne. Il débuta comme « seigneur du *fume* » et se vanta toujours de n'avoir été que ça. Il était parmi ceux qui s'expatrièrent au Portugal, où il participa à la rencontre clandestine avec le président du gouvernement galicien. On raconte que c'est son fils, Danielito Carballo, qui le pressa de se lancer dans le haschich. Le père avait ses doutes, comme pratiquement tous les vieux contrebandiers, mais il finit par succomber aux millions qu'affichaient les autres capos de la ria. Du haschich à la cocaïne : on le coinça en 1991 pour le déchargement de 2 000 kilos à Cedeira, en intelligence avec Pablo Vioque. Une opération qui tourna en eau de boudin, même si Carballo parvint à échapper à la loi du plomb des Colombiens.

Après six ans d'une investigation poussée, il fut condamné à 17 ans pour cette affaire. Quelques jours avant le verdict, en 2003, il s'enfuit en Amérique latine profitant de sa mise en liberté sous caution. Les habitants de Vilanova prétendent qu'il rentrait souvent au village, où il se montrait sans appréhension particulière. En 2006, épuisé, il appela lui-même la prison de A Lama pour se rendre. Il passa deux ans derrière les barreaux jusqu'à ce que son cœur commence à lâcher. Il mourut chez lui en 2009.

# La chute de l'empire Oubiña

« On les tue, chef ? », demanda le garde civil.

Si la lutte contre le narcotrafic était une guerre, le 8 janvier 1995 en marquerait alors l'une de ses conquêtes les plus mémorables. Ce jour-là la justice saisit le domaine de Baión, le joyau de la couronne de l'empire Oubiña et symbole des excès de frime des capos galiciens.

Le juge Carlos Bueren et l'administrateur judiciaire Luis Rubí Blanc gagnèrent le domaine, escortés par la Guardia Civil. Un rassemblement dense et bruyant de mères de l'association *Érguete* était déjà sur place. Le juge demanda à Esther Lago, épouse de Laureano Oubiña, où était caché l'argent liquide. Non sans avoir longuement traîné la patte, elle finit par répondre : « Dans le chenil. »

« On s'est approchés et on a découvert plusieurs rottweilers dans les cages. Je me suis tourné vers Esther qui m'a dit : "Oui, oui, là-dedans" », se souvient l'avocat Luis Rubí Blanc dans les bureaux de son cabinet madrilène, désormais loin des remous du narcotrafic. « Puis j'ai de nouveau regardé les chiens. » C'est alors qu'un gendarme s'est approché de Rubí et lui a demandé à l'oreille :

« On les tue, chef ?

— Bien sûr que non ! On ne va pas les tuer, voyons ! », répondit Rubí.

Nul besoin de jouer du revolver, puisqu'ils avaient réussi à convaincre Esther de sortir elle-même les chiens de leurs cages. Les agents fouillèrent longuement les lieux, mais il n'y avait rien à cet endroit.

« Écoute, Esther, arrête de nous mener en bateau. Où est l'argent ? », demanda Bueren à nouveau.

Esther Lago ne dit rien. Au loin, à l'entrée du domaine, s'élevaient les cris infatigables des mères de *Érguete*. Esther répondit enfin, signalant un tout autre endroit : « *Na vigha, está na vigha* », dit-elle dans son parler galicien des Rías Baixas, dans lequel « *vigha* » se prononce « vija ». « On ne comprenait rien à ce qu'elle disait, bien sûr. « Navija » ? Qu'est-ce que ça pouvait bien être ? », se souvient-il. « Jusqu'à ce qu'on comprenne qu'elle parlait des poutres du toit. On a grimpé, on a cherché, une vraie tannée. On transpirait. Là encore, rien. »

Esther balança encore deux ou trois endroits : le four, une soi-disant planque sous l'une des chambres et même le réservoir d'eau. Les agents, le juge et l'avocat Rubí en avaient par-dessus la tête. Esther indiqua enfin : « Le pigeonnier. Il est dans le pigeonnier. » Mais devinez quoi, ils ne trouvèrent rien là non plus. La conquête du domaine de Baión ce matin-là s'acheva sans butin. Bueren et Rubí repartirent les mains vides. Il n'y avait pas un seul kopeck dans cette propriété, et s'il s'y en trouvait, ils étaient sacrément bien cachés. Cela n'avait plus d'importance. Pas trop, du moins. L'enquête était ouverte. L'État s'était lancé à l'assaut du Falcon Crest des rias, à l'époque le plus grand vignoble d'albariño de O Salnés. L'expropriation du domaine de Baión fut le fer de lance d'un changement de stratégie dans la lutte contre le trafic de drogue en Galice au milieu des années 1990. La déception découlant des relaxes prononcées à l'issue de l'Opération Nécora apporta un enseignement utile : il était pratiquement impossible de cueillir les grands capos en flagrant délit. C'était un vœu pieux à l'époque, c'est devenu une utopie de nos jours. La lutte fiscale est le véritable champ de bataille. C'est pourquoi on modifia, entre autres, la nouvelle loi sur le blanchiment d'argent. Elle avait été amendée en 1988, mais on approuva en 1995 une révision plus agressive, qui entrerait en vigueur l'année suivante, rendant le combat plus égal. C'est ce que le haut commandant de la Police de Galice, José García Losada, formulerait sans détour dans ces années-là : « Il est fondamental de frapper les organisations là où ça fait mal. Nous allons ainsi nous attaquer tout spécialement au blanchiment d'argent de la drogue. Les grands coups font les richesses statistiques d'aujourd'hui et la misère de demain. » Le message est aujourd'hui plus pertinent que jamais. Dans le commissariat de Lonzas, à La Corogne, le chef de l'UDYCO en Galice, Félix García, ne s'en cache pas. Circulant dans les couloirs du bloc, il pointe sans même regarder une porte sur laquelle on peut lire « Direction des délits fiscaux et blanchiment » tout en marmonnant : « Ce sont eux. Ce sont eux qui les coincent vraiment. »

Outre les unités de police et de la Guardia Civil, la lutte fiscale s'appuie sur sa propre infanterie : le Service de Surveillance Douanière (SVA), rattaché à l'administration fiscale, qui possède des moyens et des agents pour enquêter, surveiller, poursuivre et mener l'assaut. Il s'agit d'un véritable corps de police qui disposa souvent de plus de moyens pour lutter contre le trafic de drogue que la propre Guardia Civil (dont deux bâtiments de guerre, l'un à Cadix et l'autre à La Corogne, pouvant pratiquement atteindre les côtes sud-américaines). Au début, les avocats tentaient de démonter les accusations en arguant que le SVA n'était pas un corps de sécurité étatique. Une faille que vint combler la nouvelle loi, laquelle habilitait le Tribunal Suprême à réguler juridiquement les fonctions du SVA. Du moins sur le papier. Sur le terrain, les choses se passaient, et se passent toujours, autrement. Les heurts entre la Guardia Civil et le SVA sont monnaie courante. Et la querelle portant sur l'étendue de leurs attributions est loin d'être close. Plusieurs altercations éclatèrent entre les agents des deux corps. À Tarifa, ils en vinrent aux mains, échangeant des coups de poing pour une cargaison de tabac saisie.

« Aujourd'hui la relation est apaisée, il n'y a plus de problèmes », explique Luis Rubí, l'administrateur judiciaire du domaine de Baión. Il dirigea le SVA entre 1996 et 1998. « On a fait du très bon travail, on a innové. On a été les premiers à prendre des mesures de ce genre et qui restent à ce jour les plus importantes en la matière. » Rubí était apprécié pour son goût pour l'action. Il relança la lutte fiscale sur le terrain et institua des pratiques policières chez les agents du SVA, jusqu'à ce qu'il se fasse limoger en 1998, à deux doigts de coffrer Marcial Dorado. « Dorado avait le profil du trafiquant de cigarettes fréquentable, puissant et, à mon avis, protégé. Après mon renvoi, j'ai envisagé l'hypothèse politique. Il y avait des intérêts financiers énormes, des affaires d'une immense rentabilité et sans doute a-t-il sollicité de l'aide parce qu'on dérangeait. Je reconnais volontiers avoir été écarté, et je vois désormais les motifs sous une nouvelle perspective. »

Cette suspension – énième démonstration du pouvoir tentaculaire de la contrebande galicienne – restreignit d'une certaine façon la prééminence du SVA dans la lutte contre le narcotrafic et déplaça l'attention sur la Police nationale, qui un an auparavant avait créé l'Unité de lutte contre les drogues et le crime organisé (UDYCO). La collaboration entre les corps fut maintenue, et aujourd'hui, malgré les différends, les résultats sont là.

Le Pazo de Baión est la preuve ultime d'un indispensable travail conjoint. Le domaine appartenait à Oubiña, mais son nom ne figurait nulle part. La propriété, nous le savons, était au nom d'une dame de Cáceres (tante du narcoavocat Pablo Vioque) dont le loyer s'élevait à 200 pesetas par mois. Les actions de l'entreprise viticole associée au domaine appartenaient à un montage de sociétés panaméennes. En tirant sur l'indémêlable fil de cette trame, on tombait sur le nom d'Esther Lago, détentrice de l'une de ces sociétés. L'administration fiscale se mit à éplucher le montage jusqu'à le mettre à nu. En 1995, elle se résolut à intervenir.

Ayant acquis le Pazo de Baión, Oubiña et Lago négligèrent la vigne. L'objectif n'étant pas d'obtenir un cru rentable, mais de blanchir de l'argent, les investissements démesurés dégradèrent les installations. « La cave était monumentale. Elle aurait pu traiter l'ensemble de la production de la comarque. Un équipement de malade. Il y avait tout, en quantité. Bien entendu, ce n'était pas rentable. C'était un passe-temps, une couverture », explique Luis Rubí. Lorsque le domaine fut saisi, il se prononça pour une gestion publique. Jusqu'alors, un patrimoine confisqué était systématiquement liquidé (ce qui mettait les travailleurs sur le carreau : 400 en l'occurrence) ou bradé, ce qui permettait aux narcos de le racheter par le biais d'autres sociétés-écrans. Une pratique qui, nous allons le voir, persiste à ce jour.

Pour la première fois en Espagne, l'État assura la gestion d'un bien confisqué. On désigna un administrateur judiciaire et l'on garantit l'emploi des 400 salariés de l'entreprise. « Les travailleurs sont venus nous voir et on leur a annoncé que l'exploitation ne fermait pas et qu'on allait leur payer les arriérés. Deux ou trois ont déguerpi en nous voyant arriver. Visiblement, ils étaient impliqués et ont préféré prendre le large. »

Rubí, qui n'avait aucune expérience dans le vin, se retrouva d'un coup aux commandes d'un gigantesque vignoble avec pour mission d'assurer la rentabilité de la récolte en cours. « J'étais perdu de chez perdu, mais des années plus tard je me retrouverais à administrer l'Atlético de Madrid et, croyez-moi, ça a été un vrai défi. J'ai reçu des menaces de tout genre, et ma famille aussi. Avec le domaine et les narcos je n'ai eu aucun problème. Si je devais choisir entre les narcos et le football, je garderais les premiers sans hésiter. »

« Le plus difficile était de trouver des fonds. Personne ne voulait investir dans cette affaire. Il fallait verser des salaires, déclarer des ouvriers agricoles à la sécurité sociale, réparer les machines, acheter de l'engrais... Et moi, je devais assurer les vendanges. Malgré tous les obstacles, on a fini par trouver une banque pour nous financer. » Puis il fallut goûter à la première cuvée. « Je n'y connaissais rien, alors j'ai appelé Bueren, se souvient Rubí, qui m'a dit : "Attends, j'appelle Fraga." Il l'a appelé et celui-ci lui a dit : "Je t'amène le meilleur œnologue de Galice." Et il l'a fait. Le spécialiste arriva au bout de quelques heures, goûta le vin et le trouva très bon. » Rubí conçut même un plan marketing. « Sur l'étiquette du premier millésime, on a précisé que le vin provenait d'une exploitation confisquée par l'Audience nationale. Je pense que cela a boosté les ventes », sourit-il.

L'année suivante, en 1996, la société Freixenet loua le domaine. En 2007, Oubiña et ses filles ayant épuisé les recours pour tenter de racheter le domaine (allant jusqu'à saisir la Cour européenne des droits de l'homme, en vain), l'État mit la propriété aux enchères. Afin d'éviter que d'autres narcos ne tentent de la racheter, on institua des critères d'éligibilité. Ainsi, seules pouvaient prendre part aux enchères les entreprises comptabilisant plus de cinq ans d'expérience dans l'industrie viticole. Ce fut Condes de Albarei, l'actuel propriétaire, qui l'emporta. En 2008, la vente fut conclue et l'on organisa une réception dans le domaine afin d'acter son retour à la normalité. Y assistèrent, bien entendu, les mères de *Érguete*, sereines, souriantes et fières. C'étaient les mêmes qui dix ans plus tôt avaient failli enfoncer le portail sous le regard des hommes d'Oubiña, mitraillette au poing.

Le capo et sa femme, Esther Lago, connaîtraient bientôt le même sort. Après avoir purgé une peine minime pour fraude fiscale à l'issue de l'Opération Nécora, Oubiña fut une nouvelle fois appréhendé en 1997, lors de l'Opération Amanecer (Aube). Il déclara aux agents qui lui passaient les menottes : « Ma femme va me tuer. » Il se peut bien que cette phrase soit moins le reflet d'un stéréotype domestique suranné que l'expression sincère d'un regret, Oubiña ayant fait capoter une opération dirigée par Esther Lago. Sa femme, n'importe quel enquêteur vous le dira, était le véritable cerveau derrière l'organisation. C'est elle qui, dans l'ombre, concevait les montages fiscaux et dirigeait les déchargements. Sa carrière prit fin tragiquement en 2001, lorsque sa voiture sortit de la route au cœur de la nuit.

Don Laureano resta pratiquement deux ans en détention provisoire dans l'attente de son jugement et sortit en septembre 1999, un mois avant de connaître sa sentence. Il ne chôma point : deux semaines seulement après avoir été relâché, il tenta d'importer 15 000 kilos de haschich à bord du chalutier *Regina Maris* (qui naviguait sous le nom de *San Andrés* pour tromper son monde), battant pavillon hondurien, parti de Saint-Louis, aux États-Unis, et qui, après une escale au Cap-Vert, se dirigeait vers la Galice. Le navire fut arraisonné par le SVA en eaux internationales et fut remorqué jusqu'au port de Cadix. Non sans génie, cette opération de police portait le nom d'Opération Ocaso (Crépuscule), et complétait l'Opération Amanecer déployée deux ans plus tôt.

Au même moment, la police appréhendait Esther Lago à Vilagarcía et son fils, David Pérez, à Vilanova, pour la première fois. Il deviendrait en quelques années l'héritier de l'empire Oubiña, et le protagoniste de l'un des mélodrames les plus terribles du narcotrafic galicien. Quinze autres personnes furent arrêtées. Mais pas le capo. La police ne le trouvait pas et le juge finit par émettre un mandat d'arrêt. Don Laureano était en cavale. Et il emportait avec lui trois jugements en attente pour trafic de stupéfiants : le premier dans l'affaire de la cargaison interceptée en 1994 à Martorell, aux côtés du mafieux corse Jacques Canavaggio, le deuxième dans l'affaire de l'Opération Amanecer en 1997 et le troisième dans celle de l'Opération Ocaso. Interpol se mit alors en branle.

« Il s'enfuit à l'aveuglette, sachant ce qui l'attendait et sans trop prendre le temps de réfléchir », raconte un journaliste sous couvert d'anonymat. Le capo arousan s'exila d'abord en Andalousie, dans un petit village de l'intérieur. Il ne communiquait qu'avec son beau-fils, David Pérez, ce qui manqua de le faire arrêter par la police. Mais une fois encore il leur fila entre les doigts. C'est alors qu'entra en scène le trafiquant d'armes syrien Monzer Al Kassar, l'une de ces mystérieuses figures qui se meuvent entre réalité et légende, entre illégalité et protection des États en quête d'armement. En théorie, Kassar était poursuivi par les autorités britanniques, françaises et néerlandaises. Mais il entrait dans ces territoires et en sortait sous différentes identités sans être trop inquiété. Sans doute son statut d'informateur pour les services de renseignements occidentaux lui octroyait-il une certaine immunité. Au début des années 1990, le magazine *Tiempo* publia un reportage expliquant que Al Kassar fournissait des armes à l'Iran, au Front de Libération de la Palestine et à la contra antisandiniste au Nicaragua. Très convoité pour ses contacts, son nom était déjà apparu dans l'Opération Nécora associé à celui d'Oubiña, à qui il vendait des armes.

La légende de collaborateur pour les services secrets que se construisait Al Kassar s'accrut lorsque Interpol lui demanda d'organiser une rencontre avec Oubiña en échange de l'abandon des poursuites remontant à l'époque où le trafiquant syrien vivait à Marbella. Al Kassar contacta Oubiña pour lui proposer une vente de ferraille en Russie et celui-ci accepta de le voir le 31 octobre 2000, 13 mois après sa fuite en avant. La rencontre aurait lieu dans la chambre 315 de l'hôtel Pelagos, sur l'île grecque d'Eubée, où le capo vivait sous la fausse identité de monsieur Romeu. Accompagné de son beau-fils David Pérez, au lieu de trouver Al Kassar à leur rendez-vous, le capo tomba nez à nez avec les agents d'Interpol. Après plusieurs jours dans une prison grecque, il fut extradé vers l'Espagne.

« Dans la foulée de son arrestation, explique le journaliste, nous avons été nombreux dans les rédactions à suspecter la participation de Al Kassar. Quelques jours plus tard, Garzón nous contactait pour nous demander de ne pas relayer cette hypothèse. » Le juge confirmait ainsi nos soupçons. Les détails de l'arrestation seraient révélés par le journaliste Julio Fariñas dans *La Voz de Galicia*, suivant son instinct professionnel et faisant fi de la demande de Garzón.

Oubiña passa 11 ans derrière les barreaux. À sa sortie, en juin 2012, il ne goûta à la liberté qu'un bref instant. Trois mois plus tard, en septembre, il était de nouveau condamné dans une vieille affaire de blanchiment d'argent. Il rempila pour quatre ans. « C'est un bouc émissaire, soutient le procureur Javier Zaragoza, se remémorant dans son bureau le caractère mal dégrossi du capo galicien. C'était l'idiot qui allait payer pour tous les autres. Et ils ne l'ont pas épargné. Il s'est montré très maladroit et ses avocats se sont payé sa tête. Au lieu de confondre les peines, on les lui fit faire les unes après les autres. »

En prison, Oubiña se montra exemplaire. Il paya les frais d'avocat à plusieurs détenus sans ressources et contribua à l'entretien des prisons. En 2004, la section trois de la prison d'Alcalá-Meco fut totalement repeinte grâce à son mécénat. Cette même année, il loua une maison pour ses filles à Guadalajara : il voulait ainsi faciliter les visites et leur éviter le trajet depuis la Galice. Le traumatisme provoqué par l'accident de sa femme, Esther Lago, continuait de miner le moral du capo arousan. « J'ai été traité, et je suis toujours traité, pire que n'importe quel terroriste au monde, disait-il dans un entretien avec le journaliste David López. Comme le pire des assassins et des violeurs. Certains terroristes m'ont dit que j'avais été plus mal traité que les membres de l'ETA. Surtout à la prison de Zuera (Saragosse), où j'ai été frappé et où ma plainte a été classée. »

Le capo du domaine de Baión, le symbole de la frime et de l'impunité qui un jour se sont emparés de la Galice, est sorti de prison le 13 mars 2017, lorsque le juge d'application des peines lui accorda la semi-liberté. Il demeure, en revanche, l'un des détenus qui aura passé le plus de temps en prison dans l'Espagne de la démocratie : 26 ans au trou pour 75 ans de vie sur terre.

# COPIER LA MAFIA

« Haut les mains, Le Poulpe, ou on tire.
Tirez donc. »

# Narcopolitique

Le 5 mai 1991 vit se lever l'une de ces aurores galiciennes où les habitants d'un village du bord de mer regardent l'océan et découvrent un paquet de ballots de cocaïne flottant à la surface de l'eau. Ils étaient tombés du zodiac que pilotait Manuel Vázquez Vázquez, alias « O Piturro », pris par une lame de fond au moment de les ramener sur terre.

« O Piturro » et son gendre Juan Carlos Sotelo avaient traversé l'océan depuis la Colombie à bord du *Dobell*, avec 2 000 kilos de cocaïne appartenant au cartel de Cali. Les organisations apposent toujours un cachet sur leur marchandise pour mieux l'identifier, le symbole du dollar en l'occurrence. Il se peut bien, quoiqu'on ne l'ait jamais prouvé, que le *Dobell* ait fait une première escale à Ribeira où Ildefonso Treus Castelo[1] aurait déchargé une partie de la cargaison. Ce que nous savons, en revanche, c'est qu'en atteignant

1. L'année suivante, nous l'avons vu, Treus Castelo serait capturé par la marine américaine au large du Venezuela, puis extradé vers l'Espagne depuis Porto Rico.

sa destination, dans la rade de Cedeira (province de La Corogne), le navire dut faire face à une forte houle qui faillit faire avorter l'opération. Malgré leur réticence, les narcos décidèrent de prendre le risque et transbordèrent les ballots qu'ils arrimèrent à la poupe du zodiac, l'un après l'autre, comme un chapelet d'ail. À mesure qu'elle se rapprochait du rivage, l'embarcation perdait ses ballots à la faveur des vagues. Lorsqu'elle arriva à quai, il ne lui restait plus que 300 kilos sur les 2 000 de départ. Ce que la mer avait prélevé, les habitants allaient le découvrir le lendemain.

Comme il le dirait des années plus tard, « O Piturro » livra les 300 kilos restés à bord à « trois quidams qui n'étaient pas galiciens ». Ils en chargèrent le coffre de leur voiture[2] et se volatilisèrent. Vers où ? Ce n'était plus son affaire ; lui avait coordonné l'opération, il n'était que le transporteur. Les cerveaux derrière la manœuvre étaient Manuel Carballo et Pablo Vioque, l'avocat affilié au PP qui avait mué en narcotrafiquant. Ce dernier se chargea d'expliquer à ses associés du cartel de Cali ce qui s'était passé. Seulement, il ajouta des éléments de son cru et leur assura que c'était l'ensemble de la marchandise qui était tombée dans l'eau, oubliant de mentionner les 300 kilos arrivés à destination. Un début d'embrouille, on s'en doute.

*

2. La voiture, comme il apparaîtrait des années plus tard dans l'enquête, était au nom d'Alfredo Bea Gondar : maire de O Grove, affilié au PP (encore un) et jugé en 2001 pour une cargaison de deux tonnes de cocaïne. Gondar serait relaxé au bout de quelques années par le Tribunal Suprême.

« Pablo Vioque était reçu dans les banques du Paseo de Gracia de Barcelone le soir après la fermeture. Il y débarquait comme chez lui et on lui déroulait le tapis rouge. Pour peu que les capos galiciens aient eu du flair et suivi ses conseils, ils en auraient fait une nouvelle Sicile. Assurément. Il était dans tous les coups : justice, crime, politique… Et il n'avait aucun scrupule. S'il était arrivé 20 ans plus tôt à Vilagarcía, il en serait devenu le boss », soutient sans hésiter le chef de l'UDYCO en Galice, Félix García. Un avis que partage un ancien de la Guardia Civil : « Vioque était le seul qui avait un peu de jugeote. Les autres ne comprenaient rien jusqu'à ce qu'il arrive. »

Pablo Vioque arriva à Arousa en 1975, en provenance de son Cáceres natal. Son beau-frère lui avait promis un travail s'il bouclait ses études de droit, qu'il s'était lui-même payées en jouant au basket semi-pro. Le beau-frère tint parole et le brancha avec la Chambre de commerce de Vilagarcía. Son ascension fut fulgurante et, en quelques années seulement, il en était à partager les albariños et les coquillages avec la crème de l'élite patronale de la région, un euphémisme pour désigner les trafiquants de cigarettes. C'était l'homme providentiel : il les défendait au prétoire et leur montrait comment blanchir leur argent. Neuf ans seulement après son arrivée, Vioque était président de la Chambre de commerce et avait la mainmise sur la fédération locale du Parti populaire, à qui il rapportait un sacré paquet de voix. Bien que n'ayant pas reçu les plus grands honneurs du parti comme « Terito », et qu'il ne fût jamais maire de Vilagarcía, comme « Nené » Barral dans la voisine Ribadumia, il cumula néanmoins plus de pouvoirs et entretint d'excellentes relations avec les cadors du parti. « Il finançait des campagnes et soutenait pécuniairement les partis », raconte un juge qui préfère rester anonyme. « Il les finançait tous : les populaires, les socialistes, les nationalistes… Il les renflouait, il les sponsorisait. » En juillet 1997, alors détenu à Carabanchel, il déclara à une journaliste qu'il voulait tout déballer et raconter comment il avait abreuvé les partis galiciens. Il assura détenir des preuves impliquant de hauts responsables du gouvernement régional, du PP aussi bien que du PSOE. Des preuves qui ne furent jamais dévoilées. Sa menace n'était pas sans rappeler les propos d'Oubiña quelques années auparavant lors d'un entretien : « Quand on est passé à la démocratie qu'on nous dit (sic), j'ai aidé au financement de l'Alliance populaire de monsieur Fraga, et à l'UCD[3] (Union du centre démocratique) de monsieur Suárez. Et comme moi, ce sont beaucoup de patrons impliqués dans la contrebande qui l'ont fait. D'ailleurs, j'en profite pour rappeler à tous ces politiques que moi je suis resté le même qu'à l'époque. »

« En Galice, on n'a jamais vraiment abordé ce sujet. Mais ici des narcos se sont hissés jusqu'aux plus hautes fonctions. Et c'est toujours le cas. Mais on n'en parle pas », appuie le juge.

3. Coalition constituée en 1977 par le liquidateur du franquisme, Adolfo Suárez, et qui joua un rôle déterminant dans la transition démocratique en tant que grand vainqueur à l'élection de l'Assemblée constituante, premier suffrage démocratique depuis 1936. (N.d.T.)

Vioque est ce qu'Arousa compta de plus proche d'un mafioso sicilien. Lors de son mariage, célébré dans le monastère d'Armenteira, à Pontevedra, personne ne manqua à l'appel : des chefs d'entreprises aristocrates aux contrebandiers en passant par les hauts grades de la Guardia Civil et de la Police nationale. Dans un papier consacré au narcoavocat, Elisa Lois raconterait que des années après les noces, ce serait l'un de ses invités en képi qui passerait les menottes au marié.

« Ce qu'a fait Vioque, poursuit le juge, a été de transformer la Chambre de commerce en un bureau de la mafia. C'est là qu'étaient organisés les rencontres, les déchargements, les stratégies de défense des capos… Son objectif était de créer un syndicat du narcotrafic et de tout gérer personnellement : le blanchiment, les pots-de-vin, les livraisons… et de faire de chaque capo à la tête d'une organisation une sorte de membre de plein droit. C'est ce que la Galice a connu de plus mafieux. » Un agent de police se souvient de la Chambre de commerce comme d'une salle des fêtes polyvalente : « Elle a vu défiler Fraga, Feijóo… tout le monde. Je dis bien *tout le monde.* »

Au début des années 1990, Pablo Vioque était le maître incontesté : son cabinet défendait les clans à des prix exorbitants, dominait le circuit patronal d'Arousa, manipulait la politique à sa guise et, au passage, faisait entrer des chalutiers bourrés de cocaïne dans les estuaires galiciens.

*

Le déchargement frustré de Cedeira se produisit alors que Pablo Vioque se trouvait au sommet de sa gloire. Ce qui explique sans doute l'audace (ou la folie) de son mensonge au cartel de Cali. Les Colombiens ne se satisfirent pas vraiment de l'explication de l'avocat et Vioque préféra se délester, le plus vite possible, des 300 kilos de cocaïne qu'ils avaient sauvés du naufrage.

À compter de ce jour, Vioque le fortuné vit tout s'effondrer autour de lui. La Guardia Civil intercepta les 300 kilos à Valence. Mais ce que Vioque n'avait jamais imaginé, c'est qu'elle allait convoquer les médias pour faire étalage de la saisie. Les images de la came, soigneusement empilée telles des briques marron, se retrouvèrent dans tous les JT. Et devinez qui regardait les infos ? Les membres du cartel basés en Espagne, qui n'eurent pas trop de mal à identifier le symbole du dollar dont ils marquaient leurs produits. Ce dollar imprimé sur les pains de cocaïne aperçus à la télé était la preuve que Vioque avait menti.

Les Colombiens exigèrent de Vioque qu'il traverse l'océan sans tarder pour s'expliquer. L'avocat-entrepreneur-politicien-narco parvint à les convaincre de le rencontrer en Espagne, et plus précisément à Benavente, à mi-chemin entre l'officine madrilène du cartel et la ria d'Arousa.

Dans un dernier rebondissement retors (et lâche), Vioque envoya deux de ses collaborateurs, José Manuel Vilas Martínez, trésorier de la Chambre de commerce et bras droit du patron, ainsi que Luis Jueguen Vilas, chef d'entreprise, cousin du premier et – parce que la réalité dépasse souvent la fiction – cousin de Manuel Carballo, lequel, rappelons-le, avait pris part à l'opération. C'est donc à Benavente que ces deux hommes se rendirent le 17 mars 1992, à bord d'une Peugeot 505. Ils arrivèrent un peu avant l'heure du déjeuner et attendirent dans un parc face au Parador de La Mota. Deux Colombiens les accostèrent et ils engagèrent la discussion. Comme il fallait s'y attendre, on ne tomba pas d'accord. L'un des Colombiens brandit un pistolet et visa l'œil de José Manuel Vilas, le trésorier, dont le corps sans vie s'inclina légèrement tout en restant assis. Puis ils s'en prirent à Luis Jueguen, qui entendit siffler les balles alors qu'il traversait en courant le parc. L'une des balles fit un trou à sa veste. Il ne s'arrêta qu'une fois arrivé à la gare routière où il monta dans le premier car en partance pour la Galice. Puis Pablo Vioque vint le récupérer en voiture à Santiago. On imagine celui-ci pousser des cris de surprise. « Mon mari fut envoyé au casse-pipe », déclarerait des années plus tard la veuve de José Manuel Vilas devant le juge.

Le loupé de Cedeira déboucherait sur l'arrestation de Pablo Vioque – et de dix autres personnes – en 1995. Il tomba grâce à l'entêtement des enquêteurs de la Guardia Civil qui porta ses fruits après quatre ans d'enquête. C'est alors, et seulement alors, qu'il fut destitué de son poste à la Chambre de commerce. Le coup de grâce arriva des années plus tard de la main de José Manuel Vázquez Vázquez « O Piturro ». Le narco n'avait rien gagné dans cette affaire et commençait à s'impatienter. Il alla voir Garzón et lui raconta toute l'histoire. Après trois ans de détention provisoire, Vioque fut libéré dans l'attente de son jugement. Et comme tout bon capo des rias digne de ce nom, il tenta une opération à peine sorti du trou. Il fit venir 1 800 kilos de cocaïne de Valencia à Madrid camouflés dans un chargement de bois. On le démasqua et on le condamna en 2003 à une peine de 18 ans. Quelques jours avant le jugement, trois de ses associés, parmi eux Luis Jueguen (le réchappé de la fusillade) et Manuel Carballo, s'enfuirent en Amérique latine. Carballo, nous l'avons vu, rentrerait au bout de deux ans et finirait par se livrer à la justice avant de succomber à des problèmes cardiaques. Jueguen est toujours en cavale à l'heure qu'il est, et la police a de bonnes raisons de croire qu'il se trouve en Argentine où il s'était déjà réfugié après une tentative d'assassinat contre lui.

Mais ce ne fut pas la fin de la très cinématographique carrière de Pablo Vioque. En entrant en prison, et bien que se sachant atteint d'un cancer du côlon, il ne renonça pas à un dernier coup d'éclat de mafioso. Une semaine seulement après son arrivée à Soto del Real, il chargea le Colombien Diego León Cardona (son compagnon de cellule) de s'occuper de lui trouver un tueur à gages pour exécuter Javier Zaragoza, alors au parquet antidrogue, devenu par la suite procureur en chef de l'Audience nationale et désormais procureur du Tribunal Suprême. Cardona se mit en relation avec un complice à l'extérieur, lequel engagea à son tour un Équatorien qui alla jusqu'à recevoir les armes, une avance et des photos de Zaragoza. Mais l'Équatorien était un informateur de la Guardia Civil. Vioque rejeta l'accusation clamant qu'il s'agissait d'un complot contre sa personne. Sa peine explosa.

En 2009, en phase terminale, il demanda l'autorisation de mourir chez lui. Il s'éteignit le samedi 24 janvier, même si de nombreux gardes civils en Galice vous diront, en plaisantant, qu'il n'est pas mort. Ils se méfient, après trois décennies passées à déjouer toutes les attentes. « C'est sûr, il est toujours en vie. Et il prépare son prochain coup. »

# Narcoloi et narcojustice

« Il fut un temps où Madrid avait interdiction d'informer la Galice », explique un ancien garde civil. Pendant longtemps, les unités centrales de lutte contre la drogue de la Police nationale et de la Guardia Civil, tout comme les juges et les procureurs, savaient pertinemment qu'on ne pouvait pas partager l'information avec les autorités galiciennes. Les oreilles de la contrebande, en un premier temps, puis du narcotrafic, par la suite, couvraient le littoral atlantique et s'étaient glissées jusque dans les institutions à Saint-Jacques-de-Compostelle, La Corogne ou Pontevedra. Le trafic de drogue avait éclaboussé les avocats, les maires, les gardes civils et le patronat, et à cause de tout ce beau monde, la Galice avait été mise en quarantaine prolongée : toute information provenant de Madrid se propageait comme une traînée de poudre. Certaines restrictions n'ont jamais été levées. Car même si le trafic de drogue n'a plus le pouvoir ni l'influence d'antan, on découvre encore à l'heure actuelle des agents qui arrondissent leurs fins de mois en monnayant des renseignements.

En juin 1991, un garde civil sollicita le concours d'un maire pour faire entrer 2 000 kilos de cocaïne en Galice avec l'aide de deux narcos surnommés « O Carallán » (La Déconne) et « O Can » (Le Chien). Un tableau tout en réalisme magique, la magie en moins. José Luis Orbaiz Picos troqua sa vocation d'agent de la circulation de la Guardia Civil contre celle de contrebandier dans le courant des années 1980. D'abord comme mouchard occasionnel, puis comme associé des « Charlines ». C'est lui qui, en 1993, alla chercher Celestino Suances à Valladolid et prit une dérouillée (que lui administrèrent des gardes civils), et c'est encore lui qui plus tard, avec « le Vieux », enleva et enferma dans une chambre froide ce même Suances. Il fut par la suite l'associé et le collaborateur de Pablo Vioque, qu'il finirait par trahir auprès du juge Garzón contre une remise de peine.

En ce mois de juin 1991, Orbaiz Picos se porta volontaire pour acheminer 2 000 kilos de cocaïne du cartel de Cali. Il le fit savoir par le biais d'Alfredo Bea Gondar, élu maire de O Grove sous la bannière de l'AP en 1983 et en 1991 (avec la majorité absolue cette fois, malgré une mise en cause pour trafic de drogue, quoiqu'il ne restât que deux jours en poste), qui accepta l'offre et prit contact avec Manuel González Crujeiras « O Carallán », que l'on a déjà croisé du temps de son association avec Sito Miñanco[1]. En 2001, dix ans après les faits, ils furent tous condamnés.

1. Pour l'occasion, « O Carallán » proposa le navire de pêche *Grand Admiral* pour transporter les ballots et l'emmena lui-même du Brésil jusqu'aux rias

L'ancien agent de la Guardia Civil tomberait en 1996, après l'arraisonnement à Vigo par le SVA du chalutier *Anita*, transportant 1 100 kilos de cocaïne en provenance de Colombie. « C'est l'opération la plus importante depuis le démantèlement de l'organisation de Laureano Oubiña », déclarait euphorique Gonzalo Robles, alors délégué général au Plan national sur les drogues. Gageons que Robles ne se doutait pas que l'organisation d'Oubiña, loin d'être démantelée, accomplirait encore plusieurs déchargements. Quand on vous dit de ne pas vendre la peau de l'ours…

L'heure du procès venu, en 2003, Orbaiz Picos ne se fit pas prier et raconta à Garzón l'affaire dans ses moindres détails : il balança « O Can » et assura avoir été contraint par la Police nationale – selon ses dires – de jouer les informateurs. Puis, dit-il, la police l'ayant lâché, il ne pouvait plus faire marche arrière par peur des représailles que les Colombiens ne manqueraient pas d'exercer. Sa stratégie

---

galiciennes. Là, à bord d'une vedette, José Luis Fernández Veiga « O Francés », un narco de Foz qui collaborait avec l'ancien garde civil, récupéra la marchandise. Sur un chantier de la ria d'Arousa attendait José Santorum Viñas, « O Can » (que nous connaissons déjà). « O Can » était un oiseau rare parmi les capos des années 1990. Contrairement aux autres crâneurs, lui se montrait discret et peu disert. Les voisins s'imaginaient alors qu'il était un indic de la police. Moins discret était son frère Ventura, partisan d'étaler son narcosuccès. Un troisième frère les répudia, las de porter son nom comme un boulet. Il finit par changer le nom de son atelier de réparation de pneus. Son père – un homme respecté dans les rias, intègre et travailleur – ne maintenait aucune relation avec les deux moutons noirs. « O Can » et Ventura s'engagèrent sur une voie autre que celle de la tradition familiale. Ce matin-là, au lieu de pneus, « O Can » transporta des ballots. Il les plaça sous le chantier à moules où il attendait l'arrivée de la cargaison. Tout se déroula comme prévu. Ou presque.

fit chou blanc et aussi bien Orbaiz Picos que « O Can » furent condamnés à 20 ans de prison. Une peine à laquelle il conviendrait d'ajouter neuf ans pour avoir tenté d'introduire, en 1996, trois tonnes et demie de haschich à bord du navire de pêche pontevedrien *Estrela do Mar*. Peu avant le déchargement, Orbaiz Picos fit un infarctus, mais trouva rapidement quelqu'un pour le remplacer à la tête de l'opération : son fils José Luis Orbaiz Quintáns, lequel se révéla un digne successeur. En 2008, la police arrêta Orbaiz Junior en possession de 275 kilos de cocaïne à bord du cargo *Armada* parti de Colombie et faisant escale à Marín. Il écopa de six ans, mais le jour de Noël de 2014, au lieu d'intégrer la prison, il disparut dans la nature. Après deux ans de cavale, il vit désormais son deuil derrière les barreaux : son père, le gendarme hors-la-loi, mourut en 2012 des suites de complications cardiaques.

Picos n'est pas le seul transfuge. « C'est une réalité qu'il nous faut affronter. Il y a eu, beaucoup, beaucoup trop de corruption au sein du commandement régional en Galice. Il faut se rendre compte que beaucoup de ces jeunes étaient du coin et que leurs cousins et voisins étaient narcos. Ils n'avaient aucune envie de les dénoncer », explique avec résignation un agent de la Guardia Civil qui connut de première main l'agitation de ces années-là.

En 2002, quatre membres de la Guardia Civil affectés à Sanxenxo furent mis à pied avec suspension de salaire pour avoir participé à cinq réunions (enregistrées par le SVA) avec l'organisation de Sito Miñanco aux abords du cimetière de Meis. Le capo lui-même assista personnellement à l'une de ces rencontres. Les gendarmes arguèrent qu'ils agissaient dans le cadre d'une enquête. Le juge, n'étant pas parvenu à déterminer la nature de ces réunions, se vit obligé d'abaisser la peine à un an. La chambre militaire du Tribunal Suprême qualifia ces réunions d'« atteintes graves à la dignité du corps de gendarmerie de la Guardia Civil ».

De nos jours, le panorama n'est plus aussi scandaleux, mais des irrégularités persistent. En 2012, l'Opération Espartana (Spartiate) permit d'arrêter José Álvarez-Otero Lorenzo, sergent de la Guardia Civil en poste pendant toute une décennie à Corcubión. Il avait tenté, aux côtés des frères Vélez, héritiers du cartel de Cali, d'acheminer en Galice 108 ballots de cocaïne à bord du cargo bulgare *SV Nikolay*, un monstre de 114 mètres de long qui ne transportait rien d'autre : une course à cru, sans même essayer de dissimuler la came au milieu d'autres marchandises. C'est dire l'assurance du sergent Álvarez-Otero qui durant toute son affectation sur la Costa da Morte se vantait d'avoir « tout le monde sous sa coupe », des douanes jusqu'à la Guardia Civil. Parmi les forces de l'ordre la rumeur a toujours fait grand bruit quoiqu'elle n'ait jamais donné lieu à la moindre dénonciation. Celui qui était alors commandant de la brigade de Corcubión possédait plusieurs biens sur la côte, dont un bar à Cee connu pour ses trafics. Nombre de gendarmes étaient persuadés qu'Álvarez-Otero fournissait un service de surveillance aux clans, les informant sur de possibles contretemps et leur laissant la voie libre dans la ria. La nouvelle de la prise du *Nikolay* ne fut une surprise pour personne. Pas plus que l'arrestation quelques mois plus tard de la femme du sergent, Rufina Palacín, pour blanchiment d'argent.

« J'ai l'impression qu'il n'y a pratiquement plus de problèmes de cet ordre de nos jours. C'était de la folie il n'y a pas si longtemps, mais les choses se sont arrangées et la corruption a disparu. Certes, il y aura toujours des brebis galeuses. Mais il y en a partout et nous n'en avons pas plus qu'ailleurs », s'enthousiasme un jeune agent de la Guardia Civil aujourd'hui en poste dans les Rías Baixas.

On appréhenda deux de ces brebis galeuses en août 2013. Diego Fontán, de O Grove, et Javier López, du groupement de Pontevedra, furent accusés de communiquer des renseignements aux clans. Des soupçons émergèrent suite à une opération contre un déchargement subitement interrompu par les narcos sans qu'il y ait eu la moindre alarme ou le moindre soupçon de la part des narcos, du moins aux yeux des agents. López avoua devant le juge qu'ils vendaient l'information au plus offrant, et la Guardia Civil découvrit qu'ils avaient frustré au moins cinq interventions. Quant à Diego Fontán, gérant du célèbre bar Ocean's Summer Club, de San Vicente do Mar, à O Grove, il refusa de collaborer avec le magistrat. En février 2014, la police arrêta deux autres gendarmes pour avoir rencardé les narcos. Tous furent condamnés à deux ou trois ans de prison en 2018.

Le troisième pouvoir succomba à la gangrène des narcos autant que le reste du corps de l'État. En plus des élus et des autorités, les tribunaux furent rattrapés par la narcoculture. Dans les années 1980, le juge José María Rodríguez Hermida était connu de tout le Palais de Justice de Pontevedra pour son manque de fermeté dès qu'un prévenu comparaissait pour contrebande. Les avocats disaient qu'un cas était « Rh+ » lorsque Rodríguez Hermida s'y intéressait, même lorsqu'il n'était pas en charge de l'instruction. Le magistrat fut suspendu en 1984, accusé d'avoir accepté des pots-de-vin précédant la remise en liberté du chef de la Camorra, Antonio Bardellino. En 1982, le boss napolitain était incarcéré à la prison de Carabanchel, lorsque le juge Hermida lui octroya la liberté provisoire contre paiement d'une maigre caution de cinq millions de pesetas. Bardellino paya, sortit de prison et personne ne l'a plus revu depuis.

Francisco Velasco Nieto, de Vilagarcía, travaillait pour le cabinet de Vioque et assura la défense de Laureano Oubiña pendant plusieurs années, ainsi que celle de sa femme Esther Lago. Il mourut d'un arrêt cardiaque en 2004, à l'âge de 52 ans. Si les habitants se souviennent encore de ses chapeaux à larges bords, les juges et ses confrères, en revanche, gardent de lui un souvenir moins pittoresque, celui de l'homme qui torpillait systématiquement les perquisitions et s'invitait à toutes les opérations. Il se contentait, tout compte fait, de faire son travail. Jusqu'à ce qu'il soit condamné en 2001 pour ne pas avoir su fixer les limites entre un client et son avocat, finissant au trou pour avoir blanchi l'argent des Oubiña.

Velasco Nieto était membre d'un groupe que l'on appelait les « narcoavocats », appartenant pour la plupart au cabinet de Pablo Vioque, et pour la plupart aussi accusés de recel de contrebande, et de trafic de drogue. L'image qui les représente le mieux est cette photo prise par le journaliste Perfecto Conde en 1988. On y voit Velasco Nieto sur les marches du tribunal de Corcubión entouré des marins du *Smith Lloyd of Cairo*, un navire intercepté avec une cargaison de cigarettes au large de la Galice. L'avocat distribue à l'équipage l'argent nécessaire pour payer les cautions.

Oubiña était défendu par Gerardo Gayoso Martínez, qui serait condamné pour trafic de haschich, et Ana Soler, qui allait partager le banc des accusés avec le capo arousan lors de sa dernière comparution pour blanchiment.

« En général, explique un journaliste, les avocats leur pompaient un max. Ils facturaient aux capos des sommes indécentes. Oubiña alla jusqu'à payer dix millions de pesetas (60 000 euros) pour une comparution à Madrid où ses avocats ne prirent même pas la parole et rentrèrent le jour même. » L'argent coulait à flots, arrosait, et arrose toujours, une culture narco florissante.

# Narcoviolence

« On faisait la fête à Cambados. Dans un bar du centre où l'on se retrouvait souvent. On est sorties un instant et on a vu deux ou trois filles qui regardaient à l'intérieur d'une voiture. Elles nous ont interpellées, on s'est approchées et alors on l'a vu : un jeune gisait mort sur le siège du conducteur. Son visage était taché de sang, la bouche ouverte, et il y avait un fusil sur l'autre siège. Les gens accouraient. Il y a eu un attroupement autour de la voiture, tout le monde voulait voir le mort. Quelqu'un a dit : "C'est un règlement de comptes." La police est arrivée, a dispersé la foule et on est retournées dans le bar. On a continué à faire la fête. Ce n'était pas courant, mais s'ils veulent s'entre-tuer, qu'ils le fassent. »

Le témoignage est de Véronica, une habitante de Vilagarcía qui préfère ne pas donner son vrai nom. Le cadavre qu'elle contempla ce soir-là était celui d'Antonio Chantada, alias « Tucho Ferreiro », lequel venait d'assassiner

Danielito Carballo[1], fils de Manuel Carballo et bras droit de Sito Miñanco. Danielito buvait un coup en compagnie de Rosalindo Aido dans le bar Museo de Vilagarcía, lieu de réunion plus ou moins habituel des jeunes narcos d'Arousa, lorsque la porte du boui-boui s'ouvrit devant « Tucho Ferreiro » muni d'un fusil de chasse calibre .38 dissimulé dans sa jambe de pantalon. Il sortait tout juste de prison : il était déprimé, il était en manque et Danielito Carballo lui devait de l'argent. Et pire que tout : alors qu'il comptait les jours dans sa cellule, Danielito lui avait piqué sa copine. « Tucho Ferreiro » n'a même pas ouvert la bouche. Au beau milieu des gens qui s'entassaient dans la salle, il se planta devant les deux buveurs et tira une balle dans la gorge du lieutenant de Sito. Alors qu'il rechargeait son arme, dans le tapage des cris et des bousculades, Rosalindo Aido bondit de sa chaise et détala aussitôt. Une balle l'atteignit au bras, mais il parvint à s'enfuir.

« Tucho » quitta à son tour le bar et conduisit jusqu'à Corvillón, dans les environs de Cambados. Il se gara devant la pizzeria Paumar, s'empara à nouveau du fusil et pénétra dans le restaurant. À l'intérieur se trouvait Juan José Agra[2] avec sa fille de trois ans. Il le mit en joue et lui troua la poitrine sous les yeux de l'enfant. À la suite de quoi « Tucho » sortit et se dirigea vers son troisième objectif,

1. Danielito Carballo fut jugé par Garzón suite à l'opération de 1991 et l'arrestation de Sito Miñanco dans un raid dans sa villa de Pozuelo de Alarcón lorsqu'il s'exclama : « Merde, cette fois vous m'avez bien eu ! »

2. Agra était un narco vétéran, déjà condamné en Suisse pour trafic de stupéfiants.

Rafael Bugallo « O Mulo » (La Mule), un narco pour lequel il avait travaillé. Il gagna le bar de Cambados où le capo avait ses habitudes, mais celui-ci ce soir-là, étonnamment, ne s'y trouvait pas. « Tucho » jeta un coup d'œil rapide et, ne voyant personne, s'en alla. « O Mulo » s'en tirerait. « Tucho » décida alors de rejoindre le centre-ville. Il se gara à côté d'un bar animé fréquenté par des jeunes et se tira une balle dans la bouche. Verónica et les autres découvriraient le corps dans les minutes suivantes.

La Galice étant ce qu'elle est, « Tucho Ferreiro » et Danielito, qui avaient grandi pratiquement dans la même rue, furent enterrés le même jour. Les deux cortèges se succédèrent sur le même parcours à une demi-heure d'intervalle. Assassin et assassiné. Les avis de décès s'affichaient côte à côte sur les murs de Vilagarcía.

Le double homicide et le suicide de « Tucho » émurent toute la société galicienne. Plus encore que le meurtre de Benavente, survenu un an plus tôt lorsque des Colombiens avaient tué le trésorier de la Chambre de commerce de Vilagarcía. « Mais compte tenu de toutes les drogues et de tous les clans qui sont passés par ici, il y a eu peu de violence », nuance Enrique León, ancien chef de l'UDYCO en Galice. L'actuel détenteur du poste, Félix García, partage ce point de vue. « La raison qui expliquerait qu'il n'y ait pas eu beaucoup de violence tient sans doute au fait qu'ils ne veulent pas d'histoires. Ils savent que chaque mort représente des millions en pertes parce que nous allons fourrer notre nez dans leurs affaires et qu'ils devront la mettre en veilleuse pendant un temps. C'est une sorte d'accord de principe : pas de morts. Même si bien sûr, il arrive parfois qu'ils n'en tiennent pas compte. » Cette analyse pourrait expliquer également pourquoi ils ne s'en sont jamais pris aux autorités. « Ils n'ont pas osé. Ils savaient et savent toujours que c'est une guerre perdue d'avance. Ici personne n'a jamais assassiné le moindre juge ou policier. C'est pour cela que la comparaison avec la Sicile me paraît tellement exagérée », considère-t-il.

« Signalons d'ailleurs, reprend Enrique Léón, qu'ils se sont montrés violents entre eux, notamment entre les petits clans, avec des règlements de comptes et tout le reste, alors que les plus grands l'ont moins été. Mais ils ne convertirent pas la société à la violence. On n'avait pas la perception d'un environnement violent. Je n'ai jamais entendu personne me dire qu'ici c'était violent. » Verónica, qui a toujours vécu à Vilagarcía, est du même avis : « Ils ne s'en sont jamais pris à nous. Même s'il est vrai qu'on assiste parfois à des scènes déplaisantes. Ce sont des brutes épaisses. Qui réagissent au quart de tour. Je me souviens qu'un été, il y a quelques années, deux voitures avaient failli se rentrer dedans sur le rond-point à l'entrée de l'Île d'Arousa. Ils se sont arrêtés net et ont commencé à s'insulter tout ce qu'ils pouvaient. L'un a sorti une batte de baseball, qu'il a tout de suite rangée, voyant que l'autre avait un pistolet. » Verónica esquisse un sourire, comme une grimace de mépris pour les narcos. « Ça reste entre eux. Évidemment, de l'extérieur tu ne te rends compte de rien. Je ne me suis jamais sentie en danger. »

D'un point de vue strictement statistique, on pourrait dire que les quelque 30 morts attribuables au narcotrafic galicien depuis le début des années 1990[3] sont un minimum, s'agissant d'une activité détenue par des clans hors-la-loi, travaillant pour des cartels colombiens et qui cherchent à maximiser les profits. Et qui en outre, comme nous avons pu le constater, se font des crasses à la première occasion. Mais cela fait tout de même 30 morts. Qui, d'une façon ou d'une autre, ont eu un impact sur la vie dans les rias.

Quelques mois après la chevauchée meurtrière de « Tucho Ferreiro » de 1993, la police découvrit les dépouilles de Luis Otero et Eugenio Simón, deux narcos à la petite semaine de Cangas do Morrazo, écartelés dans une fosse septique de Meis recouverte de chaux vive. Les analyses ADN n'identifièrent que les restes de Luis Otero, raison pour laquelle, officiellement, Eugenio Simón est toujours porté disparu. On imputa le crime à Antonio Silvestro, propriétaire du garage sous lequel se trouvait la fosse septique. Apparemment, le chef d'entreprise devait sept millions de pesetas aux narcos, et plutôt que les rembourser il préféra embaucher deux tueurs pour s'en débarrasser. Faute de preuves, tous les mis en cause furent acquittés, et les crimes de Meis demeurent à ce jour non élucidés.

Deux ans plus tard, en 1995, dans les douches de la plage de A Lanzada, le corps sans vie de Manuel Portas fut retrouvé criblé de chevrotines. C'est Andrés Miniño,

3. À titre d'exemple, rien que pendant la deuxième guerre de la mafia entre 1981 et 1982, ce sont 1 700 personnes qui perdirent la vie en Sicile (d'après les données d'Attilio Bolzoni, journaliste à *La Repubblica*). Dans un entretien pour Jot Down, Bolzoni soutient que « la guerre de la mafia fut une épuration ethnique ».

auquel il devait 12 millions de pesetas, qui les lui planta. L'associé de Portas, Carmelo Baúlo, parvint à s'enfuir de la plage avec deux plombs dans le corps pour mémoire. Quelques jours plus tard, dans une forêt de Vilagarcía, ce sont les pompiers qui devaient trouver le cadavre étranglé d'Ángel García Caeiro en essayant d'éteindre un incendie. Il avait disparu depuis des mois et devait 80 millions de pesetas aux clans.

En 1997, José Manuel Rodríguez Lamas, alias « O Pulpo » (Le Poulpe), fut l'instigateur d'un règlement de comptes. Il pénétra aux aurores dans une auberge de Vilboa (Pontevedra) muni d'un pistolet avec silencieux et assassina trois narcos mineurs qui lui devaient de l'argent. La police l'arrêta deux jours plus tard dans le quartier de Cabral au terme d'une course-poursuite pyrotechnique. « Haut les mains, Le Poulpe, ou on tire », lui intima la police avant de le capturer. « Tirez donc », répondit celui-ci.

Cette même année succombèrent trois autres victimes, criblées de dettes, aux mains de clans subalternes. Deux femmes et un homme retrouvés morts sur une plage de Cabanelas, à Ribadumia. Les jeunes filles, Ángela Barreiro et Dolores Gómez, étaient venues en voyage, aux côtés de Francisco San Miguel, qui avait contracté une dette auprès de Francisco Rey, auteur des tirs au terme d'une discussion houleuse. Les cinq années qui suivirent enregistrèrent un mort chacune. L'un d'eux, Juan Freire, collaborateur des « Lulús », fut retrouvé calciné dans sa voiture à Cee. Tout comme Cores Caldelas, mort carbonisé dans son véhicule dans un fossé à Caldas de Reis.

« Les règlements de comptes n'ont pas vraiment chamboulé la vie au quotidien, mais ont bel et bien contribué à nous bâtir une réputation », déplore Abel, un habitant de Vilagarcía. « Ce n'est pas la violence qui a frappé ici, ce sont les drogues. Mais l'on voit ces images à la télé et les gens s'imaginent tout de suite que c'est l'enfer. » Il y a longtemps de cela, Abel a effectué son service militaire à Madrid. « On est devenus très copains avec un gars d'Albacete. Je lui ai dit de venir passer quelques jours en Galice, il ne connaissait pas et se faisait une joie de découvrir le coin. La veille de notre départ, on a appris à la télé l'assassinat de Danielito Carballo en plein bar. Mon ami m'a regardé et m'a dit : "Attends, c'est quoi cet endroit ? C'est la Sicile. J'y vais pas moi." Et en effet, l'enfoiré n'est pas venu. »

Ces dernières années comptent aussi leur lot de victimes. En 2011, on alluma un petit narco à A Pobra do Caramiñal qui mourut à l'hôpital. Quelques mois plus tard, des habitants de O Grove assistèrent stupéfaits à une fusillade depuis une voiture qui laissa dans un état critique un jeune homme qui passait par là. Et pour clore l'année, on eut droit à la célèbre cascade du coiffeur de Cambados volant à travers une vitre. Un jour de décembre, deux sicaires pénétrèrent dans le salon de coiffure de Martín Castro, lequel, se voyant acculé, se jeta sur la baie vitrée. Résultat des courses : une luxation du poignet et une enquête pour dette présumée.

Les attaques ne se faisaient pas uniquement entre clans ; ceux-ci connurent aussi des assauts ennemis. Au début des années 1990, les narcos galiciens virent naître une farouche opposition extérieure au trafic, celle de l'Exército Guerrilheiro do Povo Galego Ceive (EGPGC), une organisation indépendantiste qui allait commettre quelques actions contre les clans et leurs intérêts. L'EGPGC voyait le narcotrafic comme un cancer mis en travers des objectifs du nationalisme galicien, qu'il fallait, logiquement, extirper. Ils plantèrent ainsi plusieurs bombes au début de la décennie à Cambados, Vilagarcía, Vilanova, Pontevedra et La Corogne qui ne firent pas de morts. L'une visait le concessionnaire Louzao, à La Corogne, grâce auquel le capo colombien Mata Ballesteros comptait blanchir de l'argent du cartel.

Mais qui joue avec le feu finit par se brûler et l'une de ses bombes eut de funestes conséquences. Le 11 octobre 1990, l'organisation plaçait un engin explosif dans la discothèque Clangor à Saint-Jacques-de-Compostelle, selon eux une entreprise appartenant aux réseaux mafieux. Peu importe, compte tenu de ce qui arriva. La bombe ne devait faire aucune victime, mais elle s'activa prématurément, alors que les deux terroristes étaient en train de la poser dans le local bondé : les deux assaillants et un étudiant périrent ce soir-là. 49 jeunes furent blessés. L'EGPGC déclarerait peu après qu'ils avaient commis une « erreur humaine » et qu'ils « comprenaient » la douleur engendrée.

# À TOMBEAU OUVERT

« J'estime qu'entre 2001 et 2003, ce sont 150 000 kilos de cocaïne qui entrèrent par la Galice. »

# 2001-2003 :
# le festin du narcotrafic galicien

« L'avalanche de cocaïne est sans fin. » Ainsi débutait une chronique dans le journal *El País* du 5 juillet 2003. « La Guardia Civil et le Service de Surveillance Douanière ont saisi près de 3 000 kilos de cocaïne avant-hier lors de l'arraisonnement au beau milieu de l'Atlantique d'un bateau de pêche parti du Venezuela et à destination de la ria d'Arousa (Pontevedra). Cette prise, la sixième dans la zone depuis le 31 mars, porte à 20 000 kilos la quantité de cocaïne interceptée par l'Espagne au cours des six derniers mois. En 2002, ce chiffre s'élevait à 17 616 kilos. » Deux ans avant cet article, en 2001, le ministre de l'Intérieur de l'époque, Mariano Rajoy, l'avait déjà qualifiée d'« année noire du trafic de drogue en Galice ».

« C'était insensé », résume à sa façon un agent de la Guardia Civil actif durant le triennat 2001-2003. « Ces années-là ont été les plus tumultueuses du narcotrafic galicien », ajoute une journaliste spécialiste du sujet. En 2001, les autorités saisirent 31 tonnes de cocaïne passées par les mains des clans galiciens. Un volume cinq fois plus important que l'année précédente et un nouveau record historique, d'après les annales du Plan national sur les drogues. « Au total, au cours de ces trois ans, nous avons confisqué 54 000 kilos de cocaïne », soutient le juge José Antonio Vázquez Taín. Avant d'ajouter : « J'estime qu'entre 2001 et 2003, ce sont 150 000 kilos de cocaïne qui entrèrent par la Galice. »

Mais, pourquoi ? Nous pouvons légitimement nous interroger malgré l'absence de réponse scientifique. Il existe néanmoins certains facteurs objectifs qui nous aident à comprendre pourquoi ce triennat fut aussi mouvementé, pourquoi autant de déchargements, de tonnes de came, d'opérations de police. Pourquoi, au bout du compte, ces trois années ressemblent à ce point à une course à tombeau ouvert entre les narcos galiciens et les autorités.

Le premier facteur est lié à l'homme qui s'est hissé à la tête des opérations, le susnommé juge José Antonio Vázquez Taín, bête noire des cartels colombiens. En 2001 il prenait la relève – ou rejoignait la lutte – du juge Garzón, et ce faisant, en modifia la mécanique. Taín élargit son champ de bataille et inaugura une nouvelle façon de combattre le narco dans les rias. Outre les clans, il s'attaqua à leur entourage : leurs associés, avocats, conseillers et jusqu'aux ateliers navals, fournisseurs de pièces, entrepôts et transporteurs.

Taín, né à Allariz (Ourense), atterrit à Vilagarcía pour sa première affectation professionnelle. Au bout de six mois à peine, il avait déjà déployé quatre opérations contre les clans. Plutôt que d'atterrir, Taín déboula dans Arousa.

Malgré des bâtons dans les roues. Sa première décision condamnatoire – qui envoyait en prison six narcos galiciens pour le transport de trois tonnes de haschich à bord du voilier *Chad Band* – fut annulée par l'Audience nationale. Une issue que le procureur antidrogue Javier Zaragoza qualifia d'« insolite ». Finalement, le Tribunal Suprême confirma le jugement de Taín en dernière instance. Le premier d'une longue série.

Parallèlement à sa nouvelle stratégie, le juge scella un accord avec l'armée, qui se joignait ainsi au SVA, à la Guardia Civil et à la police lors des opérations en haute mer. Tout cet appareillage fit naître son pendant contraire. Une locomotive lancée à vive allure à son encontre : entre 2001 et 2003, les rias galiciennes assistèrent à la prolifération de clans la plus importante qu'ait jamais connue la région. La chute des historiques comme Oubiña et la pression qui s'exerçait sur Sito ou Marcial ouvrirent un boulevard à tous ces clans satellites, à ces deuxièmes lignes qui en profitèrent pour se consolider. Ce fut une époque de cohabitation entre les figures historiques et la relève. Tous contre tous, dans une course effrénée à l'introduction de cocaïne en Galice.

Le mélange de ces deux ingrédients, l'arsenal de Taín et les remous dans les eaux des clans, déboucha sur un nombre inédit de descentes de police, arraisonnements, captures et saisies. Le magistrat ordonna le déploiement de 19 opérations au cours de ces trois années. « Taín agaça profondément les cartels », explique un agent de la Guardia Civil. « Ils n'en revenaient pas. Ils croyaient dur comme fer qu'il y avait une taupe. Les Colombiens remuèrent les rias, posèrent des questions. Mais il n'y avait pas d'indic. »

Un autre facteur vint alimenter le festin des trafiquants : la tolérance du gouvernement vénézuélien vis-à-vis des narcos. Quelques années seulement après l'arrivée au pouvoir d'Hugo Chávez, le Venezuela se transforma en sanctuaire pour les cartels colombiens, dont les membres étaient reçus au même titre que les guérilleros réprimés par le gouvernement de Bogotá. Les narcos traversaient la frontière à leur guise et appareillaient sans entraves depuis les côtes vénézuéliennes, cap sur la Galice. Le chavisme, indépendamment de ses marqueurs idéologiques, fut une bénédiction pour le narcotrafic galicien, même si cela ne devait pas durer. En 2014, la police colombienne elle-même fit publiquement l'éloge du gouvernement voisin dans sa collaboration contre le trafic de drogue.

« C'est aussi l'époque, explique le juge Taín, où les cartels ont commencé à opérer en Afrique, dans des pays comme le Togo, le Cap-Vert ou le Sénégal. Ils y faisaient escale avant d'arriver en Galice. » Le circuit Venezuela-Afrique-Galice était connu parmi les forces de l'ordre comme la Nationale 6. Ils s'en lassèrent rapidement. « Les Africains étaient trop corrompus, y compris pour les cartels. Il fallait arroser tout le monde : l'armée, la police, les narcos locaux… Et lorsqu'ils laissaient un appareil, un bateau ou une avionnette, ils ne retrouvaient que la carcasse au bout de quelques semaines. Au contact des Africains, les cartels surent apprécier l'efficacité et le sérieux des Galiciens. »

Une autre cause possible du boom de ces années-là

fut un certain relâchement médiatique. Non pas que l'on cessât de couvrir le narcotrafic, mais on le fit avec moins d'emphase, ce qui engendra – chez le citoyen moyen – le sentiment trompeur que le pire était passé, au moment de l'Opération Nécora et la chute des grands barons. En leur épargnant la vigilance médiatique, on a sans doute favorisé la croissance des clans secondaires.

*

En 2001, le SVA intercepta le vaisseau *Abrente* tandis que sur la terre ferme la police arrêtait « Manolo le Catalan », aux commandes de l'opération[1]. Ce fut là le premier coup

1. L'*Abrente* se consacrait, soi-disant, à la pêche à l'espadon et au requin. Il sillonnait les eaux du sud des Canaries, mais rentrait à Camariñas avec de très faibles prises. Ce qui ne semblait pas préoccuper outre mesure le patron, Manuel Martínez, alias « Pololo », pas plus que ses *mariñeiros*. Non sans raison : si la proposition de « Manolo le Catalan » se déroulait sans anicroche, ils pourraient laisser tomber l'espadon pour le restant de leurs vies. En réalité, ils auraient pu laisser l'*Abrente* à quai jusqu'au jour de l'opération, mais il convenait de faire semblant (pratiquement tous les bateaux impliqués dans le transport de drogue continuaient de sortir avec le reste de la flotte). Le 19 février 2001, l'*Abrente* chargea les ballots en un point de l'océan situé à deux jours de navigation des Canaries. Quelques heures après avoir mis le cap sur la Galice, le *Petrel*, du SVA, donna l'assaut. L'équipage jeta la cargaison par-dessus bord, mais le *Petrel* déploya alors un système de bouées qui la retint à la surface. Les temps avaient changé. Au même moment sur le continent, la police arrêtait « Manolo le Catalan » et « O Panarro », lequel se ferait à nouveau coffrer deux ans plus tard dans l'affaire du *South Sea*. Tous deux obtinrent la relaxe lorsque la juge rejeta comme irrecevables les écoutes téléphoniques qui les compromettaient. On pouvait y entendre, entre autres choses, la femme de « Pololo », le patron, avertir de la sortie du patrouilleur *Petrel* en ces termes codés : « Maruja est sortie de l'hôpital. »

que s'échangeraient Taín et les nombreux clans lors d'un affrontement qui compta trop de rounds pour tous les commenter. Il convient, néanmoins, de repêcher les moments les plus retentissants qui émaillèrent le combat. Cette même année, le yacht *Estrella Océanica*, transportant 2 000 kilos de cocaïne appartenant au cartel de Cali, tomba en panne à cause d'un manque d'entretien et se retrouva avec une voie d'eau et tous les impliqués aux arrêts[2]. Toujours en 2001, Manuel González Crujeiras, alias « O Carallán », passa un nouvel accord avec le cartel de Cali pour tenter d'introduire 1 800 kilos de cocaïne en Galice, lors d'un entretien *de visu*, étant donné que « O Carallán » se trouvait au Venezuela, fuyant la justice. Le plan de 2001 incluait le recrutement de vieux copains, dont l'ancien garde civil

2. Ángel Toirán Maside, un narco de Lugo sans antécédents dans les années 1990, était aux commandes de l'opération aux côtés de Manuel Rey Vila « O Sordo », ancien contrebandier de cigarettes de Vilagarcía devenu caviste. « O Sordo » succomba à la tentation et décida d'investir dans le déchargement, consistant en 2 000 kilos de cocaïne du cartel de Cali à faire entrer *via* Arousa. Le caviste mit sur la table 70 000 euros qui servirent à affréter deux bateaux : le yacht *Estrella Oceánica* et le chalutier *Rapanui*. Le premier ramènerait les ballots depuis le ravitailleur vénézuélien au niveau des Açores. Le second prendrait à son bord du carburant pour ravitailler le yacht. Mais à peine avaient-ils récupéré la marchandise que le yacht tomba en panne et qu'ils furent contraints de transborder les ballots sur le *Rapanui*. Puis ils décidèrent de remorquer le bateau avarié, mais, alors qu'il prenait l'eau, ils optèrent pour le couler. Quelques jours plus tard, alors qu'ils arrivaient enfin en Galice, le *Petrel* du SVA les intercepta, précipitant la chute. Aux commandes du chalutier, les agents pincèrent Joaquín Montañés Porto, le fils du directeur de l'orchestre de Cambados et ancien membre du clan des « Charlines ». Il avait été jugé au moment de l'Opération Nécora, mais ne sembla pas avoir retenu la leçon : en 1999 on lui tira huit balles dans les jambes lors d'une fusillade avec des trafiquants d'héroïne portugais.

Gerardo Núñez, alias « Felipe », qui bénéficiait également d'une ligne directe avec le cartel. L'affaire se solda par un commando du GEO sur le pont[3].

Un autre coup marquant fut celui que l'on porta au navire *Playa de Arbeyal* et qui permit d'introduire en société le fils de « O Piturro », le narco qui avait arrimé sur son zodiac les ballots de Vioque comme des tresses d'ail et qu'il perdrait un à un au milieu de la houle. Juan Carlos Vázquez García, le fils, avait tout juste atteint la vingtaine lorsqu'il se fit capturer en décembre 2003, en train de décharger le *Playa de Arbeyal* et les 3 000 kilos de cocaïne colombienne qui remplissaient ses cales. « O Piturro » Junior écopa de 11 ans, mais les enquêteurs sont persuadés qu'il fut condamné pour l'exemple. « Il était trop jeune pour organiser une opération de cette ampleur », soutient un ancien agent de police.

---

3. L'opération fut sur le point d'être annulée, étant donné que les Galiciens ne trouvaient pas de candidat à la caution. Personne ne voulait partir en Colombie comme garantie humaine. Finalement, c'est Francisco Rodríguez Folgar qui partit et qui resta trois mois à Cali jusqu'à se lasser de la situation. Il appela « O Carallán » et le menaça de s'enfuir et de le dénoncer. Ils envoyèrent alors quelqu'un pour prendre sa place, Belarmino Hermo, alias « Paxariño » (L'Oisillon), de Boiro. Il s'y rendit en février 2002 et lorsque quinze jours plus tard le chalutier *Meniat* récupéra le chargement, on le laissa partir. Avant l'heure, sans doute, puisque le *Meniat* fut intercepté par le GEO naviguant sous pavillon vénézuélien face au Cap-Vert, où il faisait escale.

# Le coup de grâce de Taín : La chute des historiques, Miñanco, Charlín et Marcial Dorado

L'une des opérations phares de cette bouillonnante période 2001-2003 fut la capture et chute – que l'on croyait définitive – de Sito Miñanco, le 16 août 2001. Le dispositif, déployé depuis Madrid par le juge Juan del Olmo, s'avéra, d'un point de vue policier, brillant. Le capo lui-même, au moment de sa capture, n'en revenait pas. « Mais comment m'avez-vous eu ? », demanda-t-il. « Tu n'as pas su te retirer à temps. »

Une fois de plus, le capo de Cambados se faisait prendre les doigts dans le pot de confiture. Lors de sa dernière arrestation, en 1991, le GEO le coinça en train d'étudier des cartes marines dans sa villa de Pozuelo de Alarcón (province de Madrid). Il séjourna à Alcala-Meco jusqu'à sa mise en liberté provisoire en décembre 1998. Tous les agents s'accordent à dire que s'il en était resté là, sans doute s'en serait-il tiré à très bon compte. Mais Sito, comme presque tous les narcos des rias, ne sait pas vivre autrement. Il remit donc le couvert (qu'il n'avait jamais retiré, puisqu'il dirigea depuis la prison un déchargement, intercepté lors de l'Opération Amanecer en 1997) et se retrouva à nouveau sous le coup d'un mandat d'arrêt. Cette fois, sa base de commandement était une villa située dans un lotissement de Villaviciosa de Odón aux abords de Madrid. Une fois encore les hommes du GEO le cueillirent à la manœuvre, muni de cartes marines, d'un équipement de communication satellitaire et de trois téléphones. On raconte qu'en entendant et en voyant les agents faire irruption, il resta ébahi. Alors qu'on l'emmenait, il se retourna et s'adressa à un visage familier : « Eloy, tu vas passer commissaire. » « Je suis déjà commissaire, Sito », lui répondit le policier. « Dans ce cas on va te couvrir de médailles. »

En 2001 Sito dirigeait celle que l'on croyait être sa dernière opération. L'*Argios Constandino* mouillait à 1 000 miles au large de la Guyane en attendant que le chalutier *Titiana* vienne récupérer sa cargaison de 5 000 kilos de cocaïne. Mais au lieu de celui-ci, c'est la DEA qui l'arraisonna, sans trop de difficultés d'ailleurs, alertée par la police espagnole. Au même moment, le GEO pénétrait dans la villa. Tout en simultané, présenté sur un plateau d'argent pour faciliter la tâche du juge. « Je trouverai le responsable », déclara Sito menottes aux poignets. Il faisait référence à une possible trahison. Une délation bien réelle. L'organisation de Sito avait la main sur tout, mais c'est un narco libanais impliqué dans l'opération qui rencarda la police, permettant à celle-ci de localiser et suivre le capo trois jours seulement avant le départ de l'*Argios Constandino*. Le Libanais était un informateur de la DEA. D'où la stupeur de Miñanco. Il ne comprenait pas d'où venait la faille.

Avec lui tombait son bras droit, le Colombien Quique Arango, du cartel de Cali. « Personne ne s'y attendait pour Sito », raconte un agent de la Police nationale. « On était tous persuadés qu'il allait raccrocher. » Les images de cette nouvelle arrestation montrèrent un Sito d'aspect négligé, en surpoids, les cheveux en pagaille. Un sans-abri, à côté du Pablo Escobar de la ria qui promenait sa moustache dans Arousa au volant d'une Ferrari. Le capo fut condamné à 20 ans de prison. En avril 2015, il obtint la permission d'aller travailler hors les murs : il fut autorisé à sortir tous les jours en sa qualité d'employé – week-ends exceptés –, mais devait rentrer le soir à la prison de Valladolid. Un aménagement de peine qui lui fut accordé après qu'il eut signé un CDI auprès d'une entreprise de BTP. Il avait demandé à travailler dans les parcs à moules de la ria comme cueilleur, mais on lui ôta vite l'idée de la tête. À tel point qu'il avait l'interdiction expresse de mettre les pieds en Galice, ou de traverser la frontière. On se doutait bien que le chapitre Sito Miñanco n'était pas tout à fait refermé. Justement. En 2018, le capo de 62 ans en semi-liberté, jusque-là employé dans un parking d'Algésiras, était à nouveau condamné par la justice espagnole – à quatre ans de prison – pour trafic de cocaïne et blanchiment d'argent. Peut-on seulement imaginer que ce serait la dernière fois ?

La capture de Sito constitua en réalité le deuxième coup asséné aux historiques. Sept mois plus tôt, c'était le cerveau des « Charlines » qui était tombé, Josefa Charlín la

« Charlina », fille et héritière du patriarche. En cavale depuis que le juge Garzón avait ordonné son arrestation en 1994 à l'issue de l'Opération Nécora, et avec son père en cabane, ce fut elle qui prit la tête du clan qu'elle dirigeait depuis le Portugal. Elle s'érigea en une sorte de légende durant ces années-là, recherchée sur terre, mer et ciel, tandis qu'elle continuait à coordonner les déchargements d'une main de fer, passant à travers les mailles du filet. Le caractère de la « Charlina » était bien connu dans Arousa. En particulier des employées de la conserverie-couverture familiale, la Charpo, qui devaient supporter sa tyrannie et des conditions de travail infâmes. Josefa alla jusqu'à disperser un rassemblement de ses ouvrières à la lance à eau. Au sein de son organisation, pas un seul homme n'a jamais bronché. La « Charlina » se servit même de l'une de ses filles, mineure, pour blanchir de l'argent : la gamine possédait 400 millions de pesetas (2,4 millions d'euros) dans un compte courant à son nom. Elle fut entendue à l'Audience nationale.

Josefa incarne le mythe de la plus grande tentative d'importation de cocaïne de l'histoire du narcotrafic galicien jusque-là : six tonnes de *fariña* qui firent naufrage au large du Maroc en 1997.

« La Parraine » tomba le 15 décembre 2000. Sur son passeport figurait le nom d'Ángela Acha, et l'on dit qu'elle n'opposa aucune résistance. Durant ses années de cavale à l'étranger, elle avait monté une entreprise vinicole florissante, tout en continuant à diriger le clan. Elle fut immédiatement extradée vers l'Espagne puis jugée. Elle recouvra la liberté en 2012.

L'estocade portée aux historiques eut lieu le 13 octobre 2003 et vint clore en beauté la carrière du juge Vázquez Taín. Lors d'une opération qu'il dirigea, baptisée Retro-Fornos, la Police nationale et le SVA capturèrent le navire-usine *South Sea.* Le bateau transportait 7 000 kilos de cocaïne dissimulés dans sa double coque. Aux commandes de cet ambitieux déchargement se trouvaient Carlos Somoza et Roberto Leiro. Le premier, natif de Vilanova, avait travaillé pour les « Charlines », et fut d'ailleurs marié à l'une des filles du « Vieux ». Au moment de son arrestation, il avait un mandat d'arrêt à son nom et dirigeait son propre clan[1]. Mais la détention la plus retentissante lors de cette opération fut, à n'en pas douter, celle de Marcial Dorado, accusé d'avoir construit et vendu aux clans le *Nautilus*, le bateau qui devait introduire clandestinement la cocaïne du *South Sea.* Marcial Dorado, lui, a toujours soutenu qu'il n'avait jamais sauté le pas du tabac aux stupéfiants. Parmi les forces de l'ordre, il y a ceux qui pensent que l'épisode du *Nautilus* est un cas isolé, et ceux qui considèrent que Marcial baigna dans la drogue autant que les autres, mais avec davantage de discrétion et d'intelligence. Dorado fut condamné à dix ans dans cette affaire, et enchaîna avec une condamnation en 2015 pour blanchiment. Exemplaire derrière les barreaux, il obtint la semi-liberté en 2020.

La capture en 2003 de Marcial, le dernier des historiques,

1. Ce jour-là, José Joaquín Agra, alias « O Panarro », connu de la police et leader du clan des « Panarros », tomba également. Arrêté aux côtés de son fils, Jorge Agra.

mit un léger coup de frein à l'activité. Un temps de réflexion que les clans s'accordèrent pour se réorganiser, pour respirer un grand coup après la rossée qui laissa pantois jusqu'en Colombie. Passé ce délai de carence, les Galiciens retournèrent aux affaires. Mais autrement. Dans un rôle différent. La chute définitive des grandes organisations changea à jamais le panorama du narcotrafic galicien. C'était le début d'une nouvelle ère. La naissance du « narcotransport ». L'âge des pilotes.

# LA RELÈVE

« Le hors-bord le plus dingue qu'on n'ait jamais vu en Galice. »

# LE NARCOTRAFIC GALICIEN AU XXIe SIÈCLE

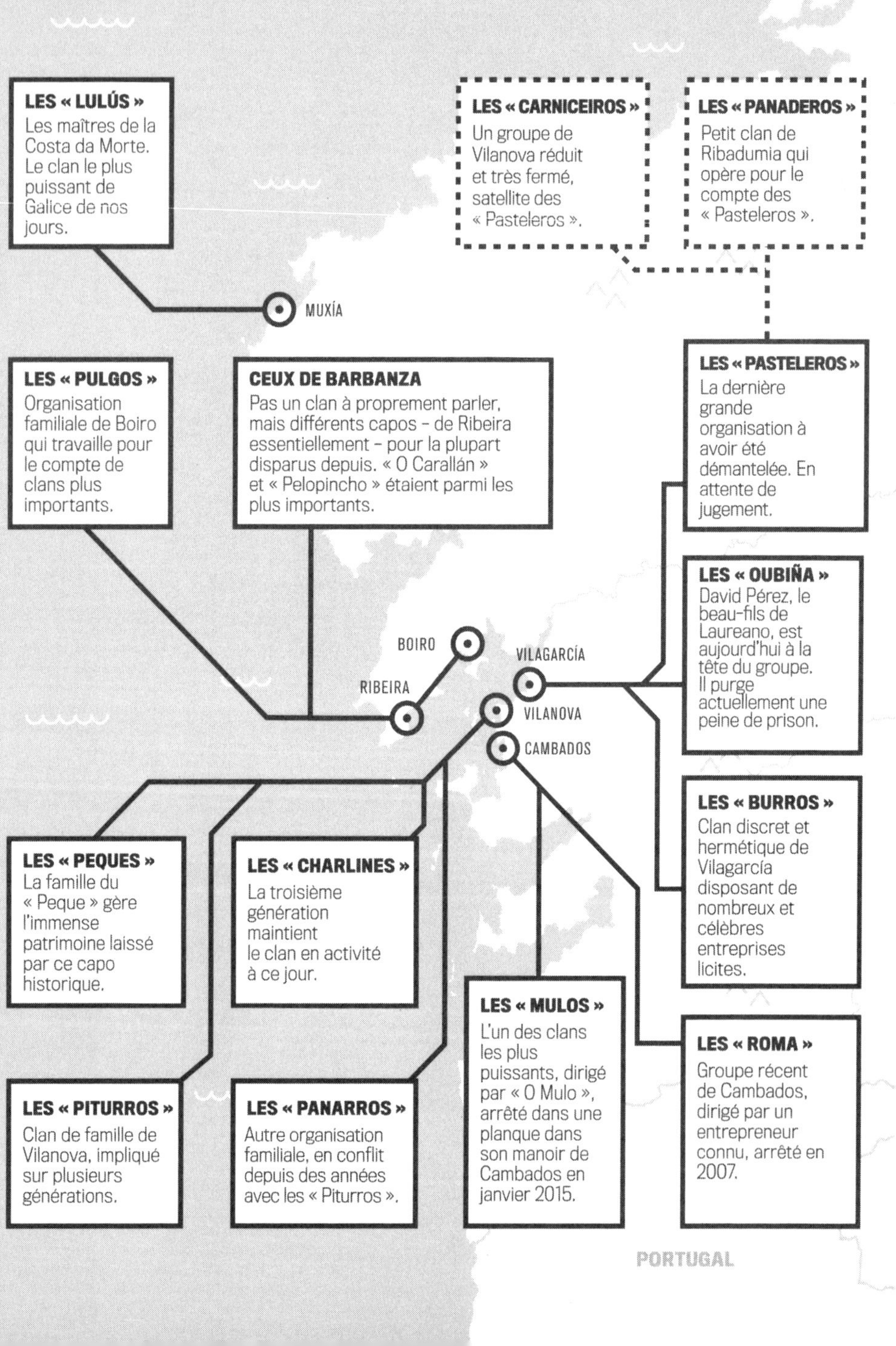

# Narcotransports S.A.R.L

La tempête du triennat 2001-2003 remodela l'ensemble du littoral galicien. Pour la première fois depuis très longtemps s'ouvrait une période de relative accalmie et de basse intensité. Lors de cette parenthèse de deux ans, les cartels colombiens cherchèrent, en vain, de nouveaux associés capables d'introduire leur came en Europe. Comme l'explique un gradé de la Police nationale : « Au vu de la quantité d'opérations qui leur tombaient dessus, ils envisagèrent différentes options de repli. Nous leur avons porté un sacré coup et c'est pourquoi ils se tournèrent vers l'Afrique, la Bulgarie, la Russie, les Pays-Bas… sans être pleinement convaincus. Les Colombiens ont besoin des Galiciens. »

Ce coup d'arrêt fut l'occasion pour les Galiciens de remettre les choses à plat. En bons entrepreneurs qu'ils étaient, ils mirent à profit la crise pour redéfinir leur modèle et changer de stratégie. Le vide laissé par les grandes organisations, comme celles de Miñanco, d'Oubiña ou des « Charlines », serait comblé par de nouveaux groupes, plus petits, qui se spécialiseraient dans le transport, et laisseraient tomber la distribution et le paiement en nature. Les acteurs de la relève sont les enfants, les neveux, les associés, les travailleurs, et plus généralement les deuxièmes et troisièmes lignes des grandes organisations désormais démantelées. Des jeunes – et parfois pas si jeunes – qui avaient retenu la leçon. Plus mesurés et plus professionnels. Gagnant en discrétion ce qu'ils avaient perdu en taille. Ils ne possédaient plus ni bateaux, ni avocats, ni domaines, ni armements, ni entrepôts industriels… Désormais, ils offriraient uniquement des services de transport ponctuels et se feraient payer exclusivement en liquide. « Ils muèrent en une sorte de GME (groupement momentané d'entreprises) où de petites sociétés prêtaient leurs services aux Colombiens, tout en collaborant entre elles », explique Fernando Alonso, administrateur de la Fondation galicienne contre le narcotrafic. « Pour chaque déchargement qu'on leur confiait, c'étaient deux ou trois clans qui s'unissaient. »

Ce nouvel écosystème vit naître deux acteurs distincts : les organisations et les pilotes. Les premiers sont les héritiers des clans et de leurs contacts ; ce sont eux qui acheminent la cocaïne jusqu'en Galice. Les seconds sont le résultat de la spécialisation des pilotes de hors-bord : eux ne font qu'amener la drogue à terre lors de go fast et vont donc vendre leurs services aux clans galiciens les plus offrants. On voit ainsi se redessiner le modèle d'activité ; les capos colombiens font appel aux clans galiciens pour importer la cocaïne en Europe ; ces derniers organisent une entrée sécurisée et embauchent des pilotes pour le déchargement.

De l'autre côté de l'Atlantique la relève aussi a pris le pas : la pression policière à l'encontre du cartel de Cali, l'associé historique des clans galiciens, donna lieu à l'émergence de nouveaux groupes, eux aussi plus petits, comme ceux des frères Vélez ou des frères Saín Salazar. Ce seront les partenaires des Galiciens en cette nouvelle étape.

Ce nouveau mode opératoire adopté par les clans galiciens et colombiens forcera la police à adapter sa stratégie. En 2007 est créé le GRECO (Groupe d'intervention spéciale contre le crime organisé) au sein de la Police nationale, une unité dédiée à la lutte contre les organisations mafieuses, le crime organisé et le trafic de drogue. Le GRECO viendra renforcer les travaux de l'UDYCO, de la Guardia Civil, du SVA et du parquet en charge des délits fiscaux. Attraper les narcos la main dans le sac (de farine) est pratiquement impossible. Tous, ou presque, seront arrêtés pour blanchiment.

# Les pilotes

« Une course-poursuite à bord d'une vedette est une expérience inimaginable. Tu rebondis sur l'eau en pensant que ton bateau va se briser. Tu es trempé, comme sous une cascade, et tu n'entends rien, mis à part le moteur qui rugit et la mer qui se fend. C'est comme si tu étais au milieu d'une tempête. Sans jamais parvenir à rattraper les salauds », raconte, avec un soupçon d'admiration, un agent de la Guardia Civil qui vécut plusieurs courses-poursuites du temps où il enquêtait sur le narcotrafic. « C'est ce qu'il y a de pire dans ce métier. C'est de la folie de nous obliger à risquer ainsi notre peau en mer. » Le gendarme se souvient d'un matin, il y a dix ou onze ans, lorsque lui et son collègue patrouillaient dans les eaux de la ria et virent passer un offshore. Ou ce qui ressemblait à un offshore. « Une fusée plutôt. On l'a prise en chasse. D'habitude on laisse tomber, parce qu'on ne les rattrape jamais. Mais ce jour-là, nous l'avons tenté. » Suivant le tracé de la côte, ils quittèrent la ria d'Arousa et pénétrèrent dans celle de Muros.

Le bateau suspect et ses trois occupants longèrent alors une sorte de petite falaise. « Ils étaient très rapides, très doués, mais je ne comprenais pas ce qu'ils avaient en tête, ils s'engageaient dans une voie sans issue. » Lorsque le bateau de la Guardia Civil les eut acculés, ou presque, le offshore se leva, comme une moto en roue arrière. « Il se mit à monter jusqu'à la verticale pratiquement. Mon collègue et moi on hallucinait. Lorsqu'il s'est trouvé droit, il a tourné sur lui-même, est retombé et a redémarré à fond les gaz dans l'autre sens. On était scotchés. Puis on l'a vu disparaître en haute mer. » Le garde civil laisse échapper un geste de fascination refoulée. « Il n'y avait que "Patoco" pour réussir un truc pareil. »

En réalité, les pilotes existaient déjà du temps de la contrebande de cigarettes. Sito Miñanco lui-même fut l'un des meilleurs aux commandes de ces hors-bord, que l'on appelait « *xurelas* » (chinchards) à l'époque. Aujourd'hui ces embarcations sont beaucoup plus rapides et puissantes, et les pilotes encore plus expérimentés.

La spécialisation dans le seul go fast avait de gros avantages pour les clans galiciens. Ils n'avaient plus à s'occuper de tout le fourbi logistique qu'exige une livraison clandestine : plus besoin de financement ni d'affréter des chalutiers pour remonter jusqu'en Colombie ou au Venezuela. Les pilotes se contentaient de récupérer la cocaïne sur les navires ravitailleurs et de l'amener à terre grâce à des hors-bord avant de la remettre de nouveau aux Colombiens. Il leur arrivait de se déplacer jusqu'aux Açores ou au Cap-Vert.

En revanche, les transporteurs disposaient bien de 4 × 4 pour déplacer les hors-bord sur terre, de grues, de pilotes de réserve, de granges pour stocker des milliers de litres d'essence et de remises empruntées aux habitants ou à des complices pour y ranger les embarcations. Les hors-bord sont des appâts pour les autorités, c'est pourquoi les clans ont toujours veillé à les cacher dans des ateliers ou des hangars, le plus souvent au bord d'un fleuve se jetant dans l'estuaire, à quelques tours d'hélices du large. Les descentes de police visant les pilotes ne saisissaient pas un seul gramme de coke, mais des moteurs, des bateaux et du carburant.

Les clans galiciens commandaient des offshores dernière génération à des constructeurs anglais et italiens qui leur fabriquaient l'équivalent de voitures de rallye pour l'eau. Des embarcations semi-rigides d'une quinzaine de mètres de long et dotés de 1 500 et 2 000 chevaux, toujours plus légères grâce à l'emploi du polyester. Et creuses à l'intérieur pour y charger jusqu'à 20 000 litres d'essence et 10 000 kilos de stupéfiants, recouvertes de caoutchouc pour protéger la cargaison. Elles dépassaient les 100 km/h, avec la possibilité, en plus, de maintenir cette vitesse sur une très longue durée car dotées de cinq ou six moteurs. « Le trajet Arousa – les îles Canaries en 12 heures. Ils les chargeaient à ras bord de bidons d'essence, embarquaient de la nourriture et de l'eau et s'en allaient. Et rentraient le même jour », résume le journaliste Julio Fariñas. Et ce n'est pas une fanfaronnade de fin de soirée.

Tous les clans n'avaient pas les moyens de posséder leurs propres offshores, trop chers et trop difficiles à cacher.

En 1987, un décret royal avait réglementé l'amarrage et la puissance de ces embarcations, alors employées par les contrebandiers de cigarettes. Seules quelques organisations possédaient ces engins, les autres groupes se contentant de les louer pour des transports. « Les Colombiens payaient une avance aux clans galiciens qui, à leur tour, payaient les narcotransporteurs pour qu'ils sortent les hors-bord et ramènent la cargaison. »

Cette très particulière escalade technologique compte ses épisodes insolites, comme une tentative d'acquisition d'un sous-marin. En 2006, lors d'une opération conjointe entre la Guardia Civil et la police, on découvrit un bathyscaphe long de 12 mètres dans la ria de Vigo. Il était vide mais avait les moteurs en marche. Visiblement, deux ou trois clans de la ria en avaient fait la commande à un constructeur naval sévillan et envisageaient de faire entrer de la cocaïne par ce moyen. Sans doute le trouvèrent-ils peu probant et l'abandonnèrent-ils sur place : les écoutilles étaient trop réduites pour des ballots de 30 kilos.

Dans un monde si enclin à ériger des légendes, on fit des pilotes des rois, des idoles populaires sur lesquelles circulaient, et circulent toujours, des histoires comme celle qui ouvre le chapitre. La figure du pilote fit naître une sorte de culture *underground* à laquelle certains adolescents arousans voulaient, et veulent toujours, être associés. Au retour d'un go fast ou d'une course-poursuite, les pilotes faisaient étalage de leurs prouesses et de leurs chronos (à chacun ses obsessions). Dans certaines couches sociales et certains milieux de tradition plus ou moins narcotrafiquante, les pilotes de hors-bord conservent une image de héros au visage buriné par le sel et la vitesse, au volant de belles sportives et attifés de lunettes de soleil de luxe. « Je ne saurais dire si c'est de la bravoure ou de l'inconscience », reprend le garde civil. « Je les ai vus border la vague pour échapper à l'œil du radar. C'est de la pure folie, comme surfer sur de grandes vagues sur un bateau. Tu peux chavirer à tout moment. Et ce à toute vitesse. »

Les cousins Feijóo, mais aussi Ramón Prado (cousin de Sito Miñanco), Ramón Fabeiro, José Vázquez Pereira « Nando », Gregorio García « Yoyo », Juan Carlos Fernández « O Parido », Baltasar Vilar « O Saro » et, surtout, Manuel Abal Feijóo, alias « Patoco », furent – et certains continuent de l'être – quelques-uns des narcotransporteurs les plus célèbres de cette époque.

« Patoco » pilotait déjà des hors-bord pour le compte des « Charlines » avant l'Opération Nécora. À l'époque, c'était encore « Patoquiño », et il expliquait au juge qu'il s'était rendu au Portugal dans l'un de ces hors-bord pour se prendre en photo avec sa copine. Devenu « Patoco » entre-temps, il finira par s'imposer sur les autres bateliers, créant un monopole dans les eaux des rias.

*

Il n'y a pas de paix sans guerre. Aux prémices du règne de « Patoco », des heurts éclatèrent entre les différents groupes (nombreux, jeunes et impulsifs) qui prétendaient combler la vacance de pouvoir. La paix à laquelle avaient toujours aspiré les clans – sans toujours y parvenir – explosa dès l'instant où les affaires reprirent. Il y eut des règlements de comptes.

Ricardo Feijóo, son frère Juan Carlos et leur cousin José Ángel – tous de Cambados – furent les premiers protagonistes malheureux de cet impitoyable engrenage. Les trois collaient au profil du jeune homme convaincu de pouvoir décrocher le jackpot avec deux go fast. Dans les années 1990, ils avaient travaillé comme messagers occasionnels pour les grands clans. Lorsqu'ils décidèrent de se mettre à leur compte, happés par le rêve de devenir narcos, la tragédie allait leur infliger un lourd tribut.

Juan Carlos disparut à la fin de l'année 2004. Il était sorti à bord du offshore aux cinq moteurs de 300 CV que le clan gardait à Catoria, à l'embouchure du fleuve Umia. Sa destination était le sud des Îles Canaries, où il devait récupérer une cargaison auprès des Colombiens. Il arriva quelque chose lors de ce trajet. Juan Carlos et son accompagnateur, un autre jeune de Cambados, ne rentrèrent pas ce soir-là ni même le lendemain. Leurs corps furent repêchés trois mois plus tard par un ferry reliant les îles de Tenerife et de Gran Canaria. Vêtus d'une combinaison en néoprène, ils avaient leurs papiers sur eux.

Ricardo et José Ángel connurent un destin similaire. En 2005, ils acceptèrent d'effectuer un go fast pour le compte du narco José Manuel González Lacunza, actif dans le Pays basque. Les détails ne furent jamais rendus publics mais visiblement les cousins Feijóo subtilisèrent une partie de la cargaison. « En réalité, nous dit une journaliste galicienne, les coups tordus entre pilotes étaient monnaie courante. S'il est vrai que du temps des historiques on passait son temps à se trahir les uns les autres, alors ce que faisaient les nouveaux clans était simplement incroyable. Ils se volaient entre eux constamment. » Puis elle revient sur le jour où l'un des chefs de ces clans, ayant perdu l'un de ses associés, appela jusqu'à quatre de ses partenaires réguliers pour leur demander de payer autant de couronnes mortuaires en hommage. « Il en acheta une et garda le reste de l'argent. »

Quant aux cousins Feijóo, c'est une partie de la cocaïne qu'ils gardèrent pour eux. Ce qui ne fut pas du goût du trafiquant. Après plusieurs mises en garde, Lacunza descendit à Catoira et, profitant de l'absence des cousins partis en voyage, il mit le feu à l'entrepôt où ils garaient leur bateau. La loi du feu – par ailleurs un grand classique entre pilotes – représenta un gros préjudice pour la bande de narcotransporteurs. Mais la pyromanie n'était que le prologue de ce qui allait suivre. Lacunza était accompagné de Patrice Louise Pierre, un Allemand né à Hendaye qui officiait comme tueur à gages. Lorsque les Feijóo rentrèrent en catastrophe, Lacunza se dépêcha de les enlever – allant jusqu'à arracher Ricardo de chez lui en présence de sa femme et de son fils de dix ans – et de les emmener dans le coffre de sa voiture. Derrière lui suivait Patrice. Ils les débarquèrent dans un vieux moulin de Serantellos où le sicaire les exécuta d'une balle dans la tête. Puis Lacunza s'approcha et leur tira un second coup, au cas où. Enfin, ils brûlèrent les corps. Le crime du moulin, comme on l'appelle communément, bouleversa toute la région. Lacunza et Patrice furent condamnés à des peines de 40 ans. Le tueur décéda en mars 2015 dans la prison de Botafuego, à Algésiras.

En mai, l'horreur se renouvelait : Victor González Silva, alias « Gorrión » (Le Moineau), et son associé, Santiago Mondragón Paz, deux petits narcos arousans, furent retrouvés morts sur une piste forestière de Silleda. Quelques jours plus tard, la police découvrirait dans le garage du « Moineau » 1,5 million d'euros qu'il aurait, semble-t-il, volé à un autre clan. Des sicaires colombiens furent dépêchés pour punir le vol. Cette même année 2005 fut la dernière de Ramón Outeda : des tueurs à gages, là encore colombiens, l'abattirent à coups de feu devant la porte de chez lui à Cambados.

Cambados, d'où venait également Javier González, membre présumé, ou collaborateur, du clan qui dézingua les cousins Feijóo. Il disparut au Maroc en 2008 et la police ne garde plus espoir de le retrouver en vie.

*

Manuel Abal Feijóo, « Patoco », né à Cambados, commença à piloter des hors-bord à l'âge de huit ans. Il travailla pour les « Charlines » et fut relaxé suite à l'Opération Nécora alors qu'il n'était encore qu'un gamin. C'est durant ces années-là qu'il écrivit sa saga, réalisant des manœuvres impossibles lors de courses-poursuites spectaculaires comme celle que rapporta le garde civil. Une saga qui devint légendaire lorsque, le 18 juillet 1996, deux embarcations se percutèrent de plein fouet dans la brume de la ria, tuant trois des quatre personnes à bord. « Patoco » fut le seul survivant. Dans cette violente collision mourut Manuel Durán Somoza, alias « Kubala », meilleur pilote du moment et mentor de « Patoquiño ».

Suite à la chute des grands clans, « Patoco » s'employa à monter sa propre flotte d'embarcations rapides, dont le joyau, commandé en 2008 à un chantier naval de Milan, deviendrait l'engin le plus puissant d'Arousa, un offshore à coque noire baptisé « Patoca » qui battait tous les records : sept moteurs hors-bord à démarrage indépendant, 2 100 cv et une vitesse de pointe à 126 km/h. Le favori parmi une flotte qui compta jusqu'à 12 embarcations. « Patoco » déboursa près de 100 000 euros pour l'avoir et l'on dit que son intermédiaire, un entrepreneur des Baléares, lui envoyait des photos à chaque étape de sa construction. Une fois l'embarcation arrivée sur place, le jeune armateur dénicha un atelier capable de lui installer les sept moteurs (qu'il paya 700 000 euros) et un système de navigation. La police intercepta une conversation entre les mécaniciens que la journaliste Elisa Lois transcrivit dans un article pour *El País* : « On a vu les mafieux hier et ils ont comparé les moteurs. Ils se tâtent. Ils repassent dans la journée pour l'achat. Ils ont un sac avec 10 millions de pesetas. Il faudra compter. »

« "Patoco" était un personnage qui valait le détour », d'après Enrique León, l'ancien chef de l'UDYCO en Galice. « Tout jeune encore il a déclaré : "Un jour je serai le roi du transport." Il maîtrisait parfaitement le métier et ne manquait pas d'ambition. » Un autre policier confirme : « Le hors-bord qu'il s'est fait construire était un pied de nez lancé à la figure de la police et de la Guardia Civil. Un monstre. Le hors-bord le plus dingue qu'on n'ait jamais vu en Galice. »

L'organisation parquait son plus précieux diamant au beau milieu d'un élevage de cochons. De l'extérieur, l'exploitation porcine – située à l'embouchure du fleuve Umia – ne payait pas de mine. Mais en y regardant de plus près, on remarquait des dizaines de caméras de surveillance, des portes blindées et d'autres mesures de sécurité un brin excessives pour surveiller des cochons. L'emplacement de cette ferme était un secret digne des mystères de la révélation. Les membres de la bande n'y accédaient qu'après avoir fait cinq fois le tour de tous les ronds-points, s'être arrêtés plusieurs fois sur le bas-côté et les pistes tout en circulant à une vitesse de 20 km/h pour s'assurer qu'on ne les suivait pas. Il paraît que les travailleurs de la ferme étaient déposés et ramassés par les hommes de « Patoco » qui leur bandaient les yeux le temps du trajet.

Autour des bateaux s'activait tout un réseau d'ateliers, entrepôts, grues, camions, remorques, stations-service, mécaniciens et magasiniers travaillant pour lui. Le bras droit de « Patoco » était José Ángel Vázquez Agra, neveu du patriarche des « Piturros ». Et ses deux plus proches associés, Baltasar Vilar Durán, alias « O Saro » et Gregorio García Tuñón, alias « Yoyo », ce dernier étant par ailleurs son beau-frère. Chacun dirigeait une section de l'organisation suivant une hiérarchie et une structure très strictes, comme au temps des vieux clans. « O Saro » avait à sa charge la coordination d'une partie des embarcations et s'appuyait sur ses hommes de confiance qu'étaient Benito Abal, frère de « Patoco », et José Vázquez Pereira « Nando », tandis que « Yoyo » s'appuyait sur ses cousins, les frères Rogelio et Juan Manuel Fabeiro : ces trois-là constituaient le clan des « Conexos » et s'occupaient de l'autre partie de la flotte. Cette distinction interne entre les hommes de « O Saro » et les « Conexos » a son importance, ils finiront par se disputer l'héritage de la flotte à la mort de « Patoco ».

Un tel déploiement transforma le prestataire « Patoco » en dictateur. Cette année-là, son organisation prit le monopole des pilotes, et sa puissance de frappe mit fin aux querelles et aux crimes entre les clans. C'était lui le patron, et il avait pratiquement tous les pilotes sous sa férule. Son organisation offrait ses services aux clans qui en faisaient la demande et « facturait » dans les 100 000 euros chaque déchargement. Il fut même sollicité directement une ou deux fois par les Colombiens. Le SVA repéra même des hors-bord de « Patoco » au milieu de Atlantique, dans des eaux qu'il pouvait atteindre en 20 heures. « De vrais diables », de l'avis d'un agent de la Guardia Civil. « Piloter leurs engins en haute mer, passe encore, mais dans la ria… ils slaloment à toute vitesse entre les chantiers et les rochers. De préférence la nuit ou par temps de brouillard. C'est de la folie. Mais eux, comme ils pilotent depuis qu'ils sont petits, ils connaissent tout ça comme leur poche. »

Le 19 août 2008, « Nando » et « Patoco » sortirent récupérer une cargaison dans l'Atlantique à bord d'un offshore, mais ils ne trouvèrent personne sur les lieux du rendez-vous. De retour dans leur planque, ils furent interceptés par une patrouille de la Guardia Civil. Les gendarmes se contentèrent de mettre sous scellés le bateau et s'en allèrent sans prévoir la moindre surveillance, ce qui donna largement le temps aux narcos de déplacer le bateau. Cette négligence de la Guardia Civil agaça profondément la direction de la Police nationale, qui avait surveillé un an durant la planque de la bande et devait désormais tout reprendre à zéro. Ils ne coincèrent jamais « Patoco », lequel se tua une semaine plus tard dans un accident de la route. Sa moto renversa un vieil homme qui traversait la rue imprudemment et tous deux périrent.

La mort du leader allait déclencher une guerre de succession. Il y avait d'un côté les « Conexos », autrement dit sa belle-famille, et de l'autre « O Saro »[1], son homme de confiance.

Le conflit entre les deux factions marqua le début de la fin. Il favorisa les arrestations de tout ce monde et désagrégea peu à peu l'empire qu'avait érigé « Patoco ». Les coups bas firent leur grand retour. En février 2009, le SVA découvrit un hors-bord abandonné du côté de Muros. Il comptait

1. Très vite, « O Saro » conclut une alliance avec Juan Carlos Fernández Cores, alias « O Parido », neveu de Narciso Fernández Hermida, un historique, également surnommé « O Parido » et qui se retrouva parmi les accusés de l'Opération Nécora. Il suffit de lire le jugement de l'Opération Nécora et d'en dérouler le fil pour s'apercevoir que pratiquement tous les nouveaux clans qui prirent la relève descendaient plus ou moins directement de ces capos. « O Parido » était le chef d'une autre bande de pilotes, opérant dans l'ombre de « Patoco ».

cinq moteurs 300 CV et les hélices étaient recouvertes d'une plaque métallique afin de garantir une meilleure stabilité, signes incontestables de son appartenance à la flotte du défunt « Patoco ». Deux mois plus tard, le 15 avril, un autre hors-bord prenait feu sur la plage de Raeiros, de O Grove. C'est un pêcheur de coquillages qui le découvrit aux premières heures du matin et alerta la Guardia Civil. Deux sacrifices qui se voulaient, sans doute, des règlements de comptes entre les « Conexos » et la bande de « O Saro » et « O Parido ». Autant de conflits stériles. Plutôt que de se disputer entre eux, ils auraient mieux fait de surveiller le front judiciaire qui s'était mis en branle : l'Opération Tabaiba venait d'être déclenchée.

# L'opération Tabaiba

L'Opération Tabaiba (du nom de cet arbuste endémique de l'île de Tenerife) n'a rien à envier en importance à sa prédécesseur Nécora. C'est elle qui permit de démanteler le réseau de pilotes qui inondait de cocaïne la Galice. Son approche fut toutefois différente de celle préconisée par Garzón. Alors que celui-ci avait tenté de cueillir tous les capos lors d'un grand coup de filet, il s'agissait à présent de surveiller patiemment le panorama dans sa globalité pour ensuite attaquer et démanteler une à une toutes les branches du système mafieux. Une stratégie initiée par José Antonio Vázquez Taín et complétée par la juge de Cambados, Irene Roura. On arrêta des mécaniciens, des travailleurs de chantiers navals, des pompistes, des chauffeurs, des citoyens qui prêtaient leurs garages et quiconque, par sa personne ou influence, collaborait de près ou de loin avec l'organisation. C'en était fini du temps où il suffisait de fermer les yeux. Tous ceux qui étaient en contact avec l'organisation de « Patoco » tombèrent. Au total, après deux vagues d'arrestations, il y eut 26 mises en examen.

L'Opération Tabaiba doit son efficacité – entre autres – à la création en 2007, soit deux ans plus tôt, d'une unité spéciale contre les mafias, le crime organisé et le narcotrafic : le Groupe d'intervention spéciale contre le crime organisé (GRECO) de la Police nationale qui allait devenir un redoutable ennemi pour les clans galiciens.

« O Saro » et « O Parido » tombèrent en janvier 2009, lors de la première phase de l'opération. Ils se rendaient avec Andrés García Gesto, du clan des « Lulús », à Muxía, pour y décharger 3 600 kilos de cocaïne. Seulement, on les intercepta et ils n'eurent d'autre choix que de se débarrasser des ballots et d'abandonner l'embarcation. Ils seraient arrêtés quelques jours plus tard, puis remis en liberté dans l'attente d'un procès. Gregorio García « Yoyo », du clan des « Conexos », sauta sur l'occasion pour prendre les rênes de l'empire « Patoco » avec l'aide de ses cousins, les frères Fabeiro. Ils menèrent ainsi deux opérations en janvier et février, introduisant huit tonnes de cocaïne. Mais le 12 février, un étrange événement se produisit : « Yoyo » perdit la « Patoca ». Le offshore, sombre et immense comme le cadavre d'un éléphant, apparut échoué sur le sable aux premiers rayons du soleil, bercé par le va-et-vient des vagues sur la plage d'Area Fofa, à Nigrán. L'un de ses moteurs était cassé. L'embarcation contenait près de 20 000 litres d'essence, en plus de matelas et d'une quantité impressionnante d'aliments et d'eau. Autrement dit, elle avait été apprêtée pour une longue sortie en haute mer. Pourquoi abandonnèrent-ils la « Patoca » ? S'agissait-il d'un énième règlement de comptes ? Non, cela eut été bien trop suicidaire. Il se peut que le navire ait souffert une quelconque panne avant de quitter l'estuaire ou que le pilote se soit vu dépassé par les dimensions et la puissance de l'embarcation. L'emblème de l'organisation finirait tracté par une grue de la Guardia Civil, entouré d'une nuée d'agents prélevant des empreintes digitales. Désormais, la « Patoca » patrouille les eaux de l'océan Indien pour l'armée espagnole et veille sur les bateaux de pêche qui sont la proie des pirates somaliens.

Quelques semaines après cet incident traumatique, les « Conexos » furent appréhendés lors de la deuxième phase de l'Opération Tabaiba. « C'est la première fois, déclarait un agent de la Police nationale suite aux arrestations, que nous sommes parvenus à qualifier de délits contre la santé publique l'activité de différentes personnes qui apportaient, d'une façon ou d'une autre, des moyens et des soutiens aux transporteurs de stupéfiants, en connaissance de cause. » Résultat de l'opération : 26 personnes jugées, 12 embarcations rapides confisquées, ainsi que deux yachts, deux chalutiers, des dizaines de moteurs hors-bord, des grues, des tracteurs pour remorquer les bateaux, trois camions, deux 4 × 4 et 180 000 euros en liquide. Condamnés à un total de 145 ans de prison et 3 milliards d'euros d'amendes lors du méga procès qui s'est tenu dans les locaux de l'Audience nationale à San Fernando de Henares, près de Madrid, les 14 principaux inculpés purgent actuellement leur peine. Seul absent à la barre, le grand nautonier, l'homme à l'origine de tout : Manuel Abal Feijóo, alias « Patoco ». Le roi de la ria. Le patron des pilotes.

# Les organisations

## *David Pérez Lago et le spectre du clan Oubiña*

L'histoire se déroula plus ou moins comme suit : en 2005, Tania Varela et David Pérez Lago tombèrent amoureux. Soit, le mot est sans doute un peu fort, mais le fait est qu'ils commencèrent à sortir ensemble. Cette précision s'impose à l'aune de la réputation de David Pérez, un amateur de bonne chère, toujours accompagné de femmes, jamais la même. Elle, c'est une avocate de Cambados ; lui, le beau-fils de Laureano Oubiña, fils d'Esther Lago et nouvel homme fort du clan Oubiña. Un an plus tard, la police leur passe les menottes, alors qu'ils sont accusés de trafic de drogue. L'avocat madrilène Alfonso Díaz Moñux, qui avait défendu par le passé les intérêts de Sito Miñanco et de Laureano Oubiña, les représente et obtient la mise en liberté de Tania. Cliente et avocat entament alors une relation amoureuse. Tania s'installe à Madrid et travaille dans le cabinet de Díaz Moñux. L'avocat commence à recevoir des menaces, qu'il dénonce à plusieurs reprises devant le tribunal de première instance numéro 12 de Madrid, mais aussi auprès de la Brigade de lutte contre les enlèvements et les extorsions de la Police nationale. Il assure être suivi. Le 18 décembre 2008, des hommes de main lui tirent deux balles dans la tête au moment où il récupère sa voiture dans un parking du quartier madrilène de Chamartín. Tania est avec lui. Elle assiste à la scène et s'en sort indemne. Les tueurs s'en vont.

C'est alors que démarre le feuilleton, avec David Pérez dans le rôle du principal suspect. Une première piste avance l'hypothèse d'une vengeance personnelle du capo contre l'homme qui lui piqua sa copine. Cela paraît peu probable. Lorsque Tania partit vivre avec l'avocat, David avait déjà conquis de nouveaux cœurs et ne semblait pas le moins du monde traumatisé. Une deuxième piste pointerait en direction d'un règlement de comptes entre sicaires colombiens dans le contexte d'une cargaison partiellement livrée. La troisième piste, la plus vraisemblable, introduit un rebondissement hollywoodien et déplace l'intrigue loin des Rías Baixas. Au moment de son assassinat, Díaz Moñux travaillait à la défense d'un certain Zakhar Kalashov, chef de la mafia géorgienne. Quoi qu'il en soit, Tania Varela se déroba à la justice en 2013, peu avant que ne soit prononcé le jugement dans son procès pour appartenance à la bande de David Pérez Lago. L'avocate prit la clé des champs et fait désormais l'objet d'un mandat d'arrêt international. Interpol pencherait pour une retraite islandaise, mais la vérité est qu'elle n'a plus donné signe de vie.

David Pérez Lago était surnommé « Davicito » lorsqu'il effectuait sa scolarité dans un établissement privé à Saint-Jacques-de-Compostelle. Il intégra dès l'adolescence les codes de son entourage : grosses cylindrées, bling-bling, soirées et filles. Le fils à papa-narco arousan typique. À un détail près : David était malin. Et très doué en narcoaffaires. D'après ce qu'en savent les autorités, le jeune homme fit ses débuts en 1999, lorsqu'il aida sa mère, Esther Lago, et son beau-père, Laureano, à introduire 12 tonnes de haschich à bord du *Regina Maris*. Le même déchargement qui provoqua la fuite d'Oubiña en Grèce et son emprisonnement ultérieur et définitif. Lorsqu'on le captura sur l'île d'Eubée, Laureano était accompagné de David, qui à 21 ans seulement était déjà passé bras droit de son beau-père. Et quand sa mère décéda l'année suivante dans un accident de la route, David prit le contrôle de l'organisation. Ce qu'il fit avec brio, d'après les enquêteurs.

Le beau-fils d'Oubiña réussit à restructurer tant bien que mal l'empire du fondateur, devenant par la même occasion le nouveau capo du narcotrafic galicien. Il partageait son temps entre les Rías Baixas et Madrid, collectionnait les voitures de luxe, possédait trois villas (une à Vilagarcía, une autre à Madrid et une troisième à Las Rozas) ainsi qu'un vaste réseau d'entreprises. C'était, par ailleurs, un habitué des soirées et des boîtes de la *jet set* madrilène.

Une belle vie qui prit fin en avril 2006, lors de l'Opération Roble (chêne). Il fut surpris en train de décharger 2 000 kilos de cocaïne à Corme[1], sur la Costa da Morte, territoire des « Lulús », avec qui il travaillait régulièrement. Il écopa de neuf ans et recouvra la liberté en 2014 pour mieux affronter un autre procès pour blanchiment d'argent. En février 2015, il trouva un accord avec le bureau du procureur et accepta une peine de trois ans. Pour nombre de policiers à l'époque, cette condamnation n'était que le début d'une longue saga. « Nous avons des raisons de croire qu'il est toujours actif, soutenait un commandant de la Police nationale. Il est parmi les plus grands capos de la région. Dès sa sortie, il retournera aux affaires. Nous en sommes convaincus. »

D'autres défendent le contraire. Il existe une croyance indéboulonnable parmi les narcos galiciens selon laquelle si l'on obtient un accord avec le procureur, c'est que l'on a livré des renseignements en échange. La remise de peine de David désigne le beau-fils d'Oubiña comme indic de la justice. La méfiance des clans d'Arousa envers celui qui ne fera que trois ans est énorme.

Toujours est-il que ce sont les premiers qui avaient

1. On raconte sur la Costa da Morte qu'une partie de cette cargaison n'a jamais été enlevée et qu'elle demeure planquée non loin du lieu de déchargement. En 2009, José Manuel Vázquez, président de l'association contre les drogues Vieiro, déclara : « Il y a un chargement quelque part dans un village de la zone », puis ajouta que « le fond de l'océan est parsemé de paquets de drogue qui ont coulé ». En 2012, un sicaire colombien abattit dans Muxía le narco José Ramón Santos López « O Pichón », un associé des « Lulús », un possible règlement de comptes d'après la police, en rapport avec cette cargaison. En décembre 2014, Bernardino Ferrío, un autre narco de Muxía, allait connaître le même sort. Là encore la police fit porter le chapeau à la cocaïne égarée, jusqu'à ce qu'elle se prononce plutôt pour une tentative de braquage de la part d'une bande spécialisée dans le détroussement de narcos.

raison : en 2018, « Davicito » serait de nouveau capturé, aux côtés d'un autre revenant, l'increvable Sito Miñanco.

### *Les « Mulos » ou les trompe-la-mort*

Le clan le plus puissant de ces années-là était celui des « Mulos », baptisés ainsi d'après le surnom de leur leader, Rafael Bugallo, « O Mulo » (La Mule), un bonhomme de Cambados de 1,80 mètre fan de bodybuilding.

« O Mulo » débuta comme convoyeur de tabac pour le compte des « Charlines ». Puis il sauta le pas et décrocha le rêve ultime de n'importe quel pilote arousan : piloter pour le compte de Sito Miñanco. Il prit part à plusieurs go fast et frôla la mort à deux occasions au moins. Le 5 octobre 1992, il sentit le canon d'une arme entre ses côtes tandis qu'il téléphonait dans une cabine. C'était « Tucho » Ferreiro venu lui réclamer le paiement d'une dette. L'homme de main l'emmena dans un cimetière et l'obligea à creuser sa propre tombe. Ayant pratiquement fini, « O Mulo » bondit sur son bourreau, le mordit à la main et détala sous une pluie de plombs. Les Rías Baixas étant ce qu'elles sont, un an plus tard, « Tucho » tenta à nouveau sa chance. Cette nuit de 1993 lorsque, après avoir fait sauter la tête de Danielito Carballo dans le bar Museo de Vilagarcía et assassiné Juan José Agra sous les yeux de sa fille, « Tucho » mit le cap sur le rade où « La Mule » avait ses habitudes[2].

2. Se reporter au chapitre Narcoviolence.

Grâce à ses bonnes fréquentations, en 2001, « O Mulo » concluait un accord directement auprès de Carlos Castaño, leader des Autodéfenses Unies de Colombie (AUC), un groupe paramilitaire aujourd'hui rebaptisé Los Urabeños. La DEA intercepta et confisqua le chalutier *Paul* dans les eaux caribéennes, avec 2 000 kilos de cocaïne à bord, et le juge Taín ordonna l'arrestation de « O Mulo » qui dirigeait l'opération sur le continent. Remontant le fil de l'enquête, c'est le procureur antidrogue américain lui-même, Daniel J. Cassidy, qui se rendit à Vilagarcía d'Arousa pour traquer les connexions entre les paramilitaires colombiens et les clans galiciens. Cassidy ne voyageait pas seul. Avec lui débarquèrent des agents de la DEA qui patrouillèrent dans Arousa entre les parcs à moules et les plages. « La Mule » avait sans doute visé trop haut.

Un journaliste préférant garder l'anonymat soulève un point curieux au sujet de cet accord : « "O Mulo" travaillait pour quelqu'un de plus haut placé lorsqu'il conclut ce marché. Il est impossible qu'il ait négocié directement avec les paramilitaires. » Mais alors, avec qui ? « Un grand capo galicien dont on ne connaît rien, ou plutôt, de qui on ne peut rien dire. » Nous reviendrons plus en avant sur cette délicieuse insinuation.

En revanche, il est de notoriété publique que « O Mulo » réussit à consolider l'organisation la plus puissante de Galice parmi toutes celles qui prirent la relève. Ainsi traqué par le juge Taín, Bugallo s'exila au Portugal, d'où il dirigerait deux autres déchargements au moins. En 2006, Il faillit se faire coincer à Tui, une localité galicienne frontalière, s'étant aventuré pendant quelques heures côté espagnol. Cerné, il emboutit un véhicule de la police et prit la fuite. En août 2008, ayant récupéré 2 000 kilos de cocaïne au large du Cap-Vert, il fut repéré par le SVA. « O Mulo » poussa les moteurs à plein régime avec un patrouilleur à ses trousses et un hélicoptère de la Police nationale qui ne le quittait pas d'une semelle. Tout en fendant la mer, ils larguèrent les ballots (lesquels atteindraient la côte la semaine suivante). Arrivés à la plage de A Lanzada, Arousa, ils échouèrent sur le sable et mirent le feu au bateau, puis ils sautèrent dans des 4 × 4 qui les attendaient et s'enfoncèrent dans la montagne. Les baigneurs de A Lanzada – parasol et glacière à la main – découvrirent au petit matin l'impressionnant offshore gisant à moitié cramé sur le sable. Dix-neuf mètres de long sur trois de large, et six moteurs 220 CV. Au dedans, à défaut de drogue, 1 000 litres de carburant. Une semaine plus tard, la Guardia Civil arrêtait « O Mulo » et son copilote (et cousin de Sito Miñanco), Fernando Prado.

En 2012, profitant d'une mesure de liberté conditionnelle, « O Mulo » reprit du service. Du moins, il essaya. Le plan consistait à introduire 1 700 kilos de cocaïne à bord du chalutier *Ratonero*, en principe dévolu à la pêche au maquereau dans le golfe de Gascogne. Mais l'opération échoua et pratiquement tous les membres du clan furent arrêtés. On lança un mandat d'arrêt à l'encontre de « O Mulo », qui disparut des radars pendant deux ans. Mais aussi invraisemblable que cela puisse paraître, Bugallo n'avait pas bougé de son palace de Cambados, pourvu de tous les équipements du parfait narcotrafiquant : planques, passages secrets, piscine olympique, parking pouvant accueillir jusqu'à 12 voitures et caméras de surveillance dans chacune des pièces. En constructeur pointilleux, dix ans auparavant, « O Mulo » avait fait raser la villa tout juste érigée, ne la trouvant pas tout à fait à son goût.

C'est depuis son palace qu'il tenta, en janvier 2015, de coordonner son dernier coup : l'introduction de 49 ballots de cocaïne colombienne à bord du *Coral I*, un bateau de pêche battant pavillon vénézuélien. Mais le 17 janvier, les hommes du GRECO donnèrent l'assaut et le débusquèrent tapi dans l'une de ses planques.

« Je vais toujours essayer de m'échapper, moi. Toujours… », aurait-il dit aux agents du commando.

Le lendemain de sa mise en détention, un journaliste demanda à l'un de ses voisins ce qu'il pensait du capo. « Rafael est un bon gars, voyons. Il n'a rien fait de mal », lui répondit celui-ci.

« O Mulo », « qui n'a rien fait de mal », purge en ce moment l'ensemble des peines accumulées pendant toutes ces années.

### *Les « Piturros », la famille avant tout*

La biographie des « Piturros » a ceci en commun avec celle des « Charlines » qu'il s'agit d'un clan fondé sur des liens de parenté et dont presque tous les membres – de Vilanova, sans exception –, de père en fils, d'oncle en neveu, ont pris part, de près ou de loin au trafic de drogue. Le patriarche, qui fêtera bientôt ses 80 ans, est José Manuel Vázquez Vázquez et nous l'avons déjà croisé. Collaborateur de Pablo Vioque, il le trahit auprès du juge Garzón pour une histoire d'argent. Nous avons également mentionné son fils : Juan Carlos Vázquez García, qui se fit coffrer à 20 ans par le juge Taín dans l'affaire du *Playa de Arbeyal.* Ainsi que José Ángel Vázquez Agra, bras droit de « Patoco ».

Nous réservons une mention spéciale à Manuel Díaz Vázquez, neveu du patriarche, et qui en 2012 fut condamné à 11 ans de prison pour son implication dans une tentative de déchargement de 2 200 kilos de cocaïne. Le clan, dans sa quasi totalité, fit l'objet de l'Opération Cisne (cygne). L'administration fiscale les accuse d'avoir blanchi quatre millions d'euros probablement issus du trafic de drogue. Des capitaux dont le clan se serait servi pour créer des sociétés, parmi lesquelles le centre commercial de Vilagarcía, plusieurs boutiques de luxe et une entreprise de pêche hauturière. La plupart de ces biens ont été saisis et leurs comptes gelés. Même si à Vilanova tout le monde peut vous dire quelles sont les enseignes hôtelières et commerciales des « Piturros », et combien elles seront heureuses de vous accueillir.

### *Les « Panarros », qui détestent les « Piturros »*

L'histoire qui suit est un embrouillamini digne des meilleurs *thrillers* mafieux. Accrochez-vous si vous désirez sortir vivants de cette macédoine de noms.

Le 19 février 2001, « Manolo le Catalan » et Joaquín Agra « O Panarro » s'attelèrent au déchargement d'une cargaison de cocaïne à bord du vaisseau *Abrente*. On les arrêta, mais ils furent rapidement relaxés.

Cette relaxe énerva prodigieusement le clan des « Piturros », persuadés que Joaquín Agra avait obtenu sa libération en balançant leur implication dans une autre affaire. Cette prétendue trahison *made in* Arousa fut à l'origine de la rivalité proverbiale qui oppose toujours les deux clans. Et dont la plus belle bataille fut livrée lors du procès intenté contre les deux groupes en 2009.

Le patriarche du camp « Piturro », José Manuel Vázquez, et le frère du leader des « Panarros », José Agra, partageaient le banc des accusés, devant répondre du transport de 3 000 kilos de cocaïne à bord du chalutier *Pietertje* (arraisonné par le GEO au large de Cadix). Dans sa déposition, Vázquez (qui traînait l'étiquette de « bavard » depuis qu'il avait vendu Vioque à Garzón) assurait que le cerveau de l'opération était Joaquín Agra (frère de José), celui-là même qui l'avait dénoncé lors du procès dans l'affaire de l'*Abrente*, mais qui dans ce procès, là, n'était même pas mis en cause.

Le tour inopiné que prenait sa déposition fit sortir de ses gonds le clan des « Panarros » qui comptait bien rendre les coups sous la ceinture. Lorsque son tour vint de monter à la barre, José Agra assura qu'il n'était pour rien dans cette affaire, puisque sa famille ne traitait pas avec Manuel Vázquez, qu'il accusa au passage d'être un « informateur ».

Puis il raconta que c'étaient les « Piturros » qui l'avaient invité à dîner chez eux à Vilanova en 2006 et que ce fut la femme de « O Piturro » qui lui proposa de prendre part au déchargement. Sa mission, dit-il, consisterait à piloter le hors-bord qui irait à la rencontre du *Pietertje*. José Agra refusa l'offre arguant qu'il avait le cœur fragile. Plus tard, son frère Joaquín[3] l'avait prévenu : « Ne rentre pas dans les histoires de "O Piturro", c'est un indic de la police. »

Le combat se termina sur un match nul : « O Piturro » écopa de 13 ans et José Agra de 11. Arousans jusqu'au bout des ongles, les « Panarros » n'ont pas lâché l'affaire.

### *Les « Roma », la voyante et les nichons sur internet*

L'exception qui confirme la règle. Ou plutôt, l'illustration d'une autre règle moins connue. Les « Roma » étaient un clan sans antécédents judiciaires lorsqu'en octobre 2007, son chef, Ramiro Vázquez Roma, fut capturé. Une vraie surprise pour nombre d'habitants et une nouveauté pour la police qui ne l'avait pas dans le viseur. Une exception donc, parce qu'il n'était l'héritier d'aucune figure historique et qu'il n'avait rien à voir avec les narcos des années 1990 ; et l'illustration d'une deuxième règle, puisqu'en tant

3. Le patriarche des « Panarros », Joaquín Agra, se déroba à la justice en 2008. Deux ans plus tard, des agents du GRECO lui mirent la main dessus alors qu'il sortait d'un café à Pontevedra. Il portait la barbe, une casquette, des lunettes de soleil et avait pris du poids. Il écopa de 20 ans. La police surveille de près ses fils, dont l'un, Jorge Agra, fut assassiné au Paraguay en 2004, après – semble-t-il – s'être fait la malle avec l'argent de la famille.

que parfait inconnu, il est la preuve qu'à l'ombre des gros bonnets et des grandes familles du narcotrafic galicien, s'activent autant de petits clans qui n'ont jamais été démasqués.

Vázquez Roma était un marin de Cambados qui fit fortune grâce à la navigation de plaisance et alla jusqu'à créer son propre chantier naval, à Cambados tout d'abord, puis à Viana do Castelo, au Portugal.

Doué d'une exceptionnelle habileté, il parvint à bâtir un empire qui comptait, entre autres, un hôtel à Ribadumia, dix commerces, vingt propriétés rurales, des vignobles, cinq bateaux et des parts dans des chantiers à Vigo et au Portugal. Un patrimoine qui faisait vivre une grande partie de la famille, et qui transformait *de facto* les « Roma » en un clan caractérisé. Dans son chantier portugais, le capo fit construire un offshore de 25 mètres (plus grand que la « Patoca ») et qui, comme le découvriraient les inspecteurs, était destiné à un groupe de trafiquants marocains, clients réguliers du constructeur naval.

D'après l'enquête, le clan faisait entrer la cocaïne des frères Saín Salazar (l'une des organisations colombiennes héritières des anciens cartels).

« Le cas de Roma est typiquement celui de l'entrepreneur des Rías Baixas qui tente sa chance avec un déchargement et fait un carton, explique un commandant de la Police nationale. Nous estimons qu'ils sont nombreux dans cette situation. Ils réalisent un grand coup et reviennent à leurs activités licites. Mais certains succombent à la cupidité et remettent le couvert. C'est ce qui lui arriva. »

D'après le ministère public, en 2007, Vázquez Roma tenta

d'introduire 4 000 kilos de cocaïne à O Morrazo. En 2013, dans l'attente de son jugement et ayant effectué le séjour maximal en détention provisoire, Roma dirigea une nouvelle opération. Cette fois, la demande émanait d'un capo vénézuélien du nom de José Gregorio, et Roma se rapprocha de certains historiques, comme Francisco Javier Suárez Suárez, grande figure de la contrebande galicienne des années 1990. L'enquête révéla que le clan avait organisé la livraison de 3 400 kilos de cocaïne qui plombaient les cales du chalutier sénégalais *Rippide.* Celui-ci devait retrouver le voilier *Pisapo* le 26 mai 2013, mais une avarie à bord l'empêcha de prendre le large. Dans cette période d'incertitude, pris de panique, l'un des participants de deuxième ligne, le narco Manuel Rodríguez Camesella, téléphona jusqu'à vingt fois à une voyante pour savoir si le déchargement connaîtrait un dénouement heureux. À chaque appel, la devineresse lui assurait que tout se déroulait à merveille. Une blague de voyante : le *Rippide* se mit à tourner sur lui-même en attendant le voilier, ce qui permit à l'armée de le situer et de donner l'assaut. Entre rumeur et information, on raconte que les enquêteurs auraient localisé le *Rippide* grâce à un membre de l'équipage, un Indonésien qui, en surfant sur un site porno, fit entrer un cheval de Troie dans le système informatique qui moucharda des mots de passe et ses coordonnées GPS. Cette opération, baptisée « Albatros », est mieux connue à Arousa comme l'opération des « nichons à 100 millions », la valeur estimée de la cocaïne qu'ils transportaient.

### *Les « Charlines » ne meurent jamais*

Le clan à la Sicilienne qui fournit sa propre relève. En 2006, l'Opération Destello démantela le nouveau réseau du clan Charlín. D'aucuns en Galice – un peu trop sûrs d'eux – les donnaient pour morts. Erreur. En août de cette même année, le neveu du patriarche, José Benito Charlín Paz (le fils de José Benito – on se croirait dans *Cent ans de solitude* –, le capo frère du « Vieux », mort d'un arrêt cardiaque en 2007, après avoir tenté d'introduire quatre tonnes de haschich dans le réservoir d'un camion rempli d'huile qu'un chien d'Algésiras renifla), le neveu du patriarche, donc, dirigea une opération à laquelle participèrent d'autres clans de la ria et qui consistait à faire entrer 5 000 kilos de cocaïne à bord du *Zenith*, un yacht de luxe. Lorsqu'en août 2006, le yacht rentra à La Corogne, chargé à ras bord, il fut intercepté par le SVA. De nouveau les ballots jetés à l'eau et de nouveau, deux mois plus tard, leur arrivée sur les côtes, poussés par la marée. Une perte qui ne fut pas du goût de Jorge Isaac Vélez, représentant de l'ancien cartel de Cali et résident madrilène. Ils retentèrent l'opération en décembre et se replantèrent. Ce deuxième échec se solda par une descente que la police, avec sa légendaire sobriété, qualifia de « plus important coup de filet en Galice depuis le début du siècle. » Outre le capo colombien et José Benito, ce sont d'autres noms à consonance historique qui tombèrent entre les mains de la justice : José Luis Oubiña Ozores, cousin de Laureano, et Daniel Baúlo (relaxé), fils de Manuel Baúlo, du clan des « Caneos ». On s'étonnera de voir les « Caneos » et les « Charlines » de nouveau réunis, étant donné que Manuel Baúlo avait été assassiné chez lui par des sicaires colombiens censément engagés par les « Charlines ».

Cette nouvelle livraison des « Charlines » se pare à son tour d'une très retentissante affaire de règlement de comptes. La disparition en 2004 – à ce jour non élucidée – de Fernando Caldas.

Caldas travaillait pour les « Charlines » en tant que narco et comme employé d'un magasin de téléphonie appartenant au clan. « On lui confia quelques courses, et comme c'était bien payé, il y alla à fond », raconte son amie Nerea. « Le problème avec Caldas, c'est qu'à chaque fois qu'il recevait sa paye, tout le monde était au courant. Il roulait dans une voiture tunée, avec lecteur DVD et sièges en cuir blanc », explique Abel, un autre proche de Caldas. « Un jour il est entré dans ma boutique et m'a demandé si nous avions des balances de précision et des compteuses de billets. Je lui ai dit qu'il m'en restait une. Il est parti avec, et le lendemain il est revenu en disant : "Trouve-m'en dix de plus". »

Le chef du clan était alors Jorge Durán Piñeiro, le conjoint de Rosa María Charlín, nièce du patriarche. En 2005, Durán Piñeiro fut condamné à neuf ans pour trafic de drogue et attend aujourd'hui son jugement dans un autre procès. Piñeiro n'aimait pas les manières clinquantes de Caldas et le lui signifia. Mais le jeune homme n'en faisait qu'à sa tête. Le 16 juillet, il ne rentra pas dîner chez ses parents. Il ne répondait pas non plus au téléphone. « On s'est mis à l'appeler, au début ça sonnait, puis après rien », fourni. Son pire échec est celui du *Meniat* en 2002, un chalutier transportant 1 800 kilos de cocaïne, intercepté au cours de l'Opération Candil (Lampe). « O Carallán » fut condamné à 13 ans de prison et n'hésita pas une seule seconde au moment de sa première permission. Il disparut et s'enfuit en Colombie, d'après les enquêteurs. Bien que certains habitants assurent l'avoir vu dans Ribeira à l'occasion. Faut dire qu'il n'en était pas à son coup d'essai : déjà en cavale entre 1994 et 1997, il se livra finalement à la police. Sa deuxième évasion serait aussi la dernière. « O Carallán » mourut en mars 2014 dans un hôpital colombien, victime, dit-on, d'un abus de *fariña*.

Trois mois plus tôt, en janvier, la police avait retrouvé la trace de Falcón Fontán, alias « Mito », un autre narco de Ribeira, disparu sept années durant après sa chute au cours de l'Opération Tejo : 5 000 kilos de cocaïne destinés à Arousa et que l'on intercepta avant qu'ils n'atteignissent les Açores. Contre toute vraisemblance, « Mito » fut cueilli par la police dans son village natal, Ribeira où, d'après ce qu'on dit, il était resté tout ce temps. Le jour de son arrestation, cela dit, il portait une casquette, et dessous, une perruque.

José Antonio Creo, l'homme qu'un indic de la Guardia Civil identifia aux côtés de Marcial Dorado en plein déchargement, était lui aussi aux abonnés absents. Un jour il sortit de chez lui pour comparaître devant le juge, et n'est toujours pas rentré. José Carlos Pombar est un autre disparu. La police pense l'avoir localisé en Gambie, où il aurait tourné la page, se consacrant à la pêche artisanale. Le doyen des évaporés est Santiago Garabal Fraga, un historique qui cumule plus de vingt-cinq ans on ne sait où. Sur Luis Fernández Tobío, le dernier enfant de Barbanza à s'être envolé, nous reviendrons plus en avant. Son histoire, en tant que témoin clé sorti de la circulation juste avant la tenue du procès du clan des « Pasteleros » (Pâtissiers), est digne de la mafia.

# Éternel recommencement

Il n'y a pas si longtemps, la ria d'Arousa voyait débarquer des équipes de journalistes de toute l'Europe. Des chaînes de télé allemandes, les journaux français, les magazines néerlandais… venus capturer des instantanés de la dernière opération ; les images d'une cargaison fraîchement saisie, avec ses ballots empilés compulsivement à l'entrée du port. Les quotidiens espagnols dépêchaient des envoyés spéciaux et les rédactions galiciennes avaient leur indispensable correspondant à Vilagarcía. Il ne reste aujourd'hui plus de journalistes consacrés – à temps plein – au trafic de drogue dans la province. Même la presse régionale ne semble plus s'intéresser à la question. Le corollaire dans l'imaginaire collectif est qu'il ne se passe plus rien. Que le narcotrafic en Galice est une affaire du passé. Mais non.

« Le message envoyé depuis les plus hautes instances aux journalistes est qu'il demeure huit ou dix types qui agissent ponctuellement », s'insurge un agent de la Guardia Civil spécialiste de la lutte contre le trafic de stupéfiants.

débordant sur la politique. Tenter de cantonner le phénomène à la Galice revient à vouloir changer la roue d'un véhicule en marche.

La Colombie continue de fournir. Les anciens cartels ont laissé la place à des groupes organisés dont les chefs sont les héritiers de ces organisations historiques pour lesquelles travaillaient les Miñancos, « Charlines » et autres. Ils ont leurs bases arrière au Venezuela et des bureaux en Espagne. Leurs représentants coordonnent les opérations, gèrent les paiements et se font justice dès que ça grince. « Récemment, on a vu trois Colombiens dans les rues de A Guarda. Ils posaient des questions. Sans doute un problème avec une livraison », raconte Félix García. L'accent colombien est encore aujourd'hui de mauvais augure dans les Rías Baixas.

Pas d'exclusivité. Bien qu'à une moindre échelle que les cartels, les FARC et les paramilitaires font aussi appel aux services des narcos galiciens. Et depuis quelques années, les clans se sont trouvé un client tonitruant. La Camorra napolitaine. Dans un entretien accordé en 2010 au journal *Faro de Vigo*, Ricardo Toro, chef du GRECO, affirmait que la Camorra et d'autres organisations criminelles italiennes passaient par des transporteurs galiciens – autrement dit des Rías Baixas – pour introduire de la cocaïne en Espagne et ailleurs en Europe. « La Camorra est d'ores et déjà en cheville avec les clans galiciens et, de fait, le parquet antimafia a déjà ouvert deux informations judiciaires là-dessus. » Le spectre de la Camorra s'invita en 2009, lorsque les Napolitains tentèrent d'introduire sur la côte galicienne cinq tonnes de cocaïne à bord du chalutier *Doña Fortuna*. Ce déchargement frustré était dirigé par le capo José Manuel Vila Sieira « O Presidente ». Le procureur antidrogue de Pontevedra, Marcelo de Azcárraga, expliquait il y a quelques années que le contact entre les Galiciens et les camorristes n'est pas direct, mais que les clans des Rías Baixas agissent comme intermédiaires entre Italiens et Colombiens. « Les relations avec la Camorra se sont tissées lorsque les Italiens ont voulu importer de la cocaïne. La langue rend la discussion moins fluide avec les Colombiens et qui plus est, ce sont les Galiciens qui ont leurs contacts. Ainsi, ils s'érigent en intermédiaires et ce faisant, ils évitent le rapport direct entre les Italiens et les Sud-Américains, se rendant alors indispensables. Toute la cocaïne qui arrive dans les mains de la Camorra passe par le réseau galicien. »

La question que tout le monde se pose est : qu'en est-il des cartels mexicains, dans tout ça ?

À l'heure actuelle, ce sont les plus puissants dans le circuit du narcotrafic international et malgré tout, il ne semblerait pas qu'ils exportent à grande échelle vers l'Europe, et encore moins *via* la Galice. « Nous savons qu'ils ont fait des offres et qu'on leur a dit non. Nous ignorons pourquoi », répond un cadre de la Police nationale. Le sujet ne semble pas tranché, bien qu'en octobre 2012 certaines informations aient filtré insinuant que derrière la cargaison interceptée sur le navire *Nikolay* à destination de la Galice il y avait le cartel de Sinaloa.

On arrêta lors de cette opération quelques Colombiens

refusent parce qu'ils savent que depuis quelques années, la police arrête tout le monde, y compris les mécaniciens.

Aujourd'hui, le rôle des narcotrafiquants galiciens se cantonne au transport. Certains clans touchent à la distribution, mais cela reste marginal. Les clans sont puissants et emploient beaucoup de monde, mais ils sont loin, très loin, d'avoir l'influence qu'avaient les organisations mafieuses dans la Galice des années 1980 et 1990.

Pratiquement tous les capos détiennent de l'argent sur des comptes en Suisse, à Singapour ou à Hong-Kong. Le problème, le véritable casse-tête est de parvenir à le blanchir. La législation, de plus en plus restrictive et les services de police de l'administration fiscale, de plus en plus développés, les tiennent en étau. Ils tombent tous dans le même piège. L'éclatement de la bulle immobilière de 2008 les toucha durement. Alors que les banques d'Arousa accueillaient à bras ouverts Esther Lago et ses sacs poubelles remplis de dollars, florins et pesetas, désormais les établissements galiciens ne veulent plus rien savoir du narcotrafic. Le temps est révolu où, lorsqu'un habitant de Vilagarcía allait au guichet, il constatait qu'il avait quatre millions de pesetas sur son compte et s'en allait sans poser de questions.

# En terrain hostile

« Hermétiques. Des gens très fermés. Et très malins », répètent à l'envi les enquêteurs depuis 30 ans. « Il est extrêmement compliqué de pénétrer ces organisations. Nous ne sommes d'ailleurs pas parvenus à démêler pleinement leurs relations ni leur fonctionnement précis », assure un agent de la police.

Pour les individus comme lui, policiers et gardes civils, les Rías Baixas sont un terrain hostile. Un territoire ennemi. « C'est incroyable. Là-bas, les murs ont des oreilles », s'exclame Félix García. Lorsque les agents arrivent au péage à l'entrée des Rías Baixas, ils règlent comme tout un chacun et se gardent bien de montrer leurs cartes professionnelles. « Ils savent tout de suite qu'on est là. Ils ont des gens partout. Télépéage obligatoire, et si nous y allons à cinq, ce sera dans cinq voitures différentes », soutient un agent. Il y a quelques années, la police arrêta un certain Sánchez Picón qui vendait aux clans des listes avec les numéros d'immatriculation de tous les véhicules de la police et de la Guardia Civil de Galice. « L'enflure avait même falsifié un cachet pour les faire passer pour authentiques. » Ce qu'elles n'étaient pas. Néanmoins, les listes étaient étonnamment exactes. « Il nous arrive de voir des gens noter nos plaques d'immatriculation. Tout est contrôlé », assure un garde civil. Un policier ajoute : « Bien qu'en vérité ils connaissent nos voitures plus ou moins par cœur. On est obligé d'en louer. Ils les sentent de loin. »

Si un groupe d'agents se rend dans un café ou à une station-service des Rías Baixas, c'est toujours le Galicien qui prend la parole, pour éviter qu'un accent extérieur ne les trahisse. « Il y a des endroits qui nous sont interdits, auxquels nous ne pouvons accéder. Lorsque vous avez quatre mecs qui se présentent en jean et sweat dans le port de Vilagarcía, tout le monde comprend de qui il s'agit. Si nous arrêtons une camionnette à Vilanova ou sur l'Île d'Arousa, c'est pareil. Ça leur met la puce à l'oreille. Quand c'est comme ça, nous savons d'avance que nous n'obtiendrons rien ce jour-là. » Un gradé de la police raconte qu'il rentra à Cambados pour Noël. « Je venais à peine de franchir le panneau à l'entrée de la ville lorsque j'ai reçu un appel : "T'es donc là, toi ?" C'était un capo. Je lui ai dit : "Mais comment tu sais ça ?" »

« À Cambados, rares sont les commerces sans caméras. Ils repèrent six inconnus qui entrent dans un bar et c'est cuit. La journée est foutue », poursuit Félix García. La surveillance est d'autant plus minutieuse à l'approche d'un déchargement. Dans les jours qui précèdent, ils envoient quelqu'un aux Canaries et lui prennent une chambre au dernier étage d'un hôtel avec vue sur le port pour qu'il prévienne si jamais le *Pretel* du SVA prend la mer. Un service facturé 500 euros la journée. Même chose dans les rias : les clans sont au courant dès que le moindre vaisseau ou hélicoptère part en mission. On se livre une guerre souterraine, un jeu d'échecs invisible pour le commun des visiteurs qui, tous les étés, viennent déguster des fruits de mer et se baigner sans se douter de ce qui se trame en coulisses.

Les capos actuels ne se réunissent que très rarement, préférant recourir à tout un tas de gens en lesquels ils ont confiance : transporteurs, magasiniers, mécaniciens, avocats… Ils se méfient du téléphone – bien qu'accros à WhatsApp, d'après un agent – et s'ils n'ont d'autre choix que de se voir en personne, ils adoptent des comportements franchement paranoïaques. Un garde civil raconte : « En 2009, nous avons eu vent d'une réunion entre "Costiñas" et "O Pastelero" dans un bar de Carril. Nous y sommes allés et un collègue s'est garé à proximité de l'endroit, pour essayer de relever une immatriculation ou prendre une photo. Lorsque tout le monde s'est trouvé dans le bar, "Costiñas" est retourné dans la rue, il a pris sa moto, et a jeté un coup d'œil dans chacune des voitures garées. Le collègue s'est allongé en espérant passer inaperçu. Après son inspection, "Costiñas" est retourné à l'intérieur. Quelques minutes plus tard, tout le monde sortait et s'en allait. La réunion était annulée. »

À l'instar des policiers de Baltimore dans la première saison de « The Wire », les inspecteurs espagnols savent à peine à quoi ressemblent les capos qu'ils poursuivent. Ils assurent qu'une photo prise dans un rétroviseur serait déjà un exploit.

L'un des plus grands capos actuels, « O Pastelero », a changé cinq fois de voiture en autant de mois. « Ils les emmènent constamment au garage. Elles sont inspectées jusque dans les moindres recoins et on leur installe des brouilleurs d'ondes », raconte un agent. Le dernier tour en date, d'après les autorités, est le revêtement en aluminium du soubassement pour contrer la pose de traceurs magnétiques par des agents. « L'autre jour, nous avons suivi un traceur de Santiago à Santander. En nous approchant, nous avons constaté que le GPS avait été jeté dans la remorque d'un camion. Ils sont très futés. Et très pro dans leur domaine : un jour un capo a pris sa voiture et a roulé d'une traite jusqu'en Algarve. Et nous derrière, bien entendu. »

La police sait, par exemple, qu'en février 2002 « Costiñas » introduisit dans Burela plus de 3 000 kilos de haschich. Ou que les « Lulús », pour les fêtes, déchargèrent une cargaison importante sur la Costa da Morte. « Déjà qu'on les trouvait très fermés, mais dans le cas des "Lulús" ça dépasse l'entendement. Il est impossible de les coincer. Lors de l'opération de Noël, ils avaient 15 types qui surveillaient dans la montagne. Tous munis de téléphones neufs. Ils les déballent juste avant de commencer le déchargement et lancent une chaîne d'appels. La consigne est de laisser sonner trois fois, puis de raccrocher. Ce qui veut dire que tout se passe bien. Si l'un d'eux déroge à la règle, ils arrêtent tout, se débarrassent des téléphones et s'en vont », raconte un policier.

Cette prudence maladive est la conséquence logique des avancées en matière de législation et de police. La lutte sans relâche alimente la créativité dans les deux camps. De sorte que l'équilibre perdure.

Prétendre vouloir coincer les clans la main dans le sac est une utopie, à moins de pouvoir compter sur un indic. La Police nationale en possède, cela va de soi. Tout comme la Guardia Civil. En règle générale, n'importe quel narco qui ne conteste pas son jugement, ou qui plaide coupable, intègre immédiatement la liste arousane des suspects.

« Des paranoïaques. Vraiment. Ils ont un problème psychologique », soutient sans ironie Félix García. « Tous des stressés chroniques. Ils passent tout au crible, se méfient de tout le monde. Ce n'est pas une vie. » Un membre de la Guardia Civil est du même avis : « Ils font quatre fois le tour du rond-point. À chaque fois. On ne sait jamais. » Les capos de nos jours, aux antipodes de ces personnages populaires, habitués aux honneurs et aux bains de foule, et à qui l'on réservait les meilleures tables dans les meilleurs restaurants, sont des êtres solitaires rongés par la méfiance, incapables de profiter de leur argent en toute liberté. « Avant, lorsqu'ils préparaient un déchargement, ils organisaient un gueuleton de coquillages au resto. Aujourd'hui ils font quarante fois le tour du bois et deux types se retrouvent sous un arbre. »

Il ne faut pas confondre absence de frime et absence de richesse. Ils se montrent très discrets vis-à-vis de l'extérieur mais dans l'intimité c'est tout le contraire : lorsqu'on captura en décembre 2014 le leader du clan des « Pasteleros », ses voisins furent surpris de découvrir que sa villa abritait un fabuleux palace.

« Il y a un capo archiconnu d'Arousa qui possède un appartement impressionnant à Dubaï. Ils se bichonnent et s'habillent en marques même s'ils n'ont aucune idée de ce qu'ils portent. Ils sont pleins aux as », nous dit Félix García. Un agent de la Guardia Civil cite un autre exemple parlant, loin de ces « réunions sous un arbre ». « On avait mis sur écoute l'avocat d'un capo important. Un jour il a appelé le Grand Hôtel de A Toxa et a demandé combien coûterait la privatisation du casino le temps d'une soirée. On entendit la voix qui s'étranglait à l'autre bout du fil : "Le quoi ? Le casino ? Beaucoup, beaucoup d'argent." Et l'avocat de répondre : "Dites-moi combien et je vous dirai si les gens que je représente sont en mesure de débourser la somme." Le type lui donna un montant et l'avocat conclut : "Parfait, on réserve." »

« Je me demande si ça vaut la peine de devenir millionnaire si c'est pour vivre dans le stress et l'inquiétude permanente », lance un policier. La réponse, nous la connaissons : c'est le piège de l'avidité ; les capos galiciens ne savent pas décrocher. « Il arrive qu'on en cueille un, raconte un officier de police, je lui demande alors pourquoi il fait ça. C'est toujours la même histoire : "Une fois que tu es dedans, les Colombiens ne te lâchent plus", ou alors "Je leur devais de l'argent..." Ça m'échappe. Avec un seul déchargement tu t'en mets plein les poches, tu ramasses trois ou quatre millions d'euros et tu vis de tes rentes. Point. Mais il leur en faut toujours plus. C'est l'avidité qui les fait plonger. »

Et s'ils en veulent plus, ils savent très bien ce qu'il leur reste à faire. Ils remettent alors le couvert. Et c'est de nouveau la paranoïa, les trois sonneries et les tours de ronds-points. Sans jamais profiter de l'argent qu'ils ont gagné. Et ainsi de suite. Le narcotrafic en Galice est bien vivant. Il est plus actif à certains moments qu'à d'autres. Mais il n'est pas éteint. Tant s'en faut.

# *Who's who* aujourd'hui dans les rias

### *« Pastelero », le type à la pâte feuilletée*

Tout était prêt en mars 2003 pour ouvrir le procès qui allait jeter en prison Óscar Rial Iglesias, alias « Pastelero » (Le Pâtissier), « le capo le plus puissant qui opère en Galice à ce jour », comme le décrit un agent de la Guardia Civil. Il devait répondre pour avoir essayé de faire entrer 3 000 kilos de cocaïne à bord du chalutier vénézuélien *San Miguel*.

José Luis Fernández Tubío, un membre de l'organisation des « Pâtissiers » ayant pris part à la tentative de déchargement, répondit à l'appel des justes, ou céda à la terreur de la prison, et décida de se mettre à table : il servit la tête d'Óscar Rial et celles des « Pasteleros » sur un plateau d'argent. En échange, le tribunal le plaça sous protection permanente. Connaissant le pouvoir du clan, une équipe de police accompagnait jour et nuit le repenti, dans le seul but de voir le témoin clé arriver en un seul morceau le jour du procès.

Quatre jours avant le début des audiences, Tubío se volatilisa.

D'après ce que l'on en sait, il demanda à son escorte de le laisser sortir seul un soir dans Boiro, son village d'origine, et il ne revint jamais. En revanche, deux lettres du disparu arrivèrent au tribunal dans lesquelles il expliquait que tout ce qu'il avait dit était faux et demandait pardon au capo pour les problèmes occasionnés. « Pastelero » fut relaxé. Tubío, le témoin clé dans cette affaire, réapparut l'année d'après. Non dans un coin exotique et reculé de la planète, mais lors d'un contrôle routier à Zamora. Il fut à nouveau appréhendé, mais se terre, depuis, dans un silence sépulcral.

Un certain José Isasis González, un narco colombien au passeport vénézuélien, refit surface également. Il réapparut le 10 juin 2014, sans vie et sans jambes, dans un congélateur cadenassé de Ponteareas (non loin de Vigo). Isasis faisait partie de l'équipage du *San Miguel*, le bateau arraisonné, et fut le seul à se rendre au procès des « Pasteleros ». Bien que les enquêteurs ne sachent pas de façon certaine si sa mort est en lien direct avec le clan galicien, l'affaire – inévitablement – donne matière à réflexion.

Ce fait divers, rappelons-le, n'a pas eu lieu en Sicile ou au Mexique. Mais en Galice. Il n'y a pas si longtemps.

*

À l'aube du XXI$^{e}$ siècle, Óscar Rial était un simple pâtissier de Vilagarcía. Il préparait des viennoiseries, des friands et des *empanadas* ; et avait la moitié des effectifs de la Police nationale à ses trousses.

La suspicion rejaillit sur sa famille lorsqu'en 2007 son nom apparut dans les rapports de l'Opération Destello. Même si « Pastelero » devait être relaxé, l'épisode allait attirer l'attention de la police et de la Guardia Civil qui commencèrent à surveiller de près le type à la pâte feuilletée. Ils découvrirent peu à peu que derrière les gâteaux il y avait des appartements, des voitures de luxe, des investissements et un palace dans les environs de Vilagarcía de style classique du capo des rias : sculptures, piscine avec fontaine et caméras dans toutes les pièces.

« Pastelero » faisait peu de déchargements, mais tous étaient parfaitement conçus. « Ils sont extrêmement minutieux, ils prévoient jusqu'au moindre détail. Et s'il y avait quoi que ce soit, si insignifiant soit-il, qu'ils ne sentaient pas, ils arrêtaient tout », raconte un agent de la Guardia Civil. Le revers eut lieu en 2008, lorsque, chemin faisant, les hors-bord censés aller chercher la cocaïne du *San Miguel* tombèrent en panne. Par mesure de prévention, il fut décidé de faire couler les embarcations en haute mer et de mettre les pilotes à l'abri dans le *San Miguel*, mais le chalutier aussi tomba en rade. Lorsque le GEO accosta le bateau, l'équipage était déshydraté et affamé.

L'un de ces malheureux était Tubío, le témoin qui avait pris la clé des champs. L'autre était l'expérimenté José Constante Piñeiro Búa, alias « Costiñas », bras droit de « Pastelero » (celui qui prit sa moto pour aller inspecter les voitures avant une réunion). « Comme des frères, ils font tout ensemble. Ils avaient même deux Audi S3 avec des plaques d'immatriculation qui se suivaient », explique un garde civil. Le troisième pilier de l'organisation est José Andrés Bóveda Ozores, alias « Charly ».

Le gendarme raconte une anecdote qui montre bien l'étendue du pouvoir du clan : « L'autre jour, nous avons soumis "Charly", un membre qui possède un concessionnaire dans les Rías Baixas, à un petit contrôle. Nous avons appelé les bureaux et leur avons demandé des informations sur leur contrat d'assurance. Peu après, nous recevions un coup de fil de la Délégation provinciale du gouvernement régional qui voulait savoir pourquoi nous avions demandé ces renseignements. Je n'en croyais pas mes oreilles. » Il se peut bien que l'expression d'incrédulité qu'il affiche en terminant de raconter son histoire soit la même que celle qu'il a eue au téléphone.

Le clan des « Pasteleros » comptait une quarantaine de membres. « Sans vouloir prétendre que les "Pasteleros" avaient atteint une forme d'organisation semblable à celle des années 1990, le fait est qu'ils étaient devenus très puissants. Ils transportaient la came et la distribuaient aussi. C'est ce que l'on a de plus proche des anciennes organisations », juge-t-on parmi les forces de l'ordre.

Certains agents vont plus loin. Le garde civil chargé d'enquêter sur le clan est convaincu que derrière les « Pasteleros » se trouve l'éternel Sito Miñanco. « Nous pensons que c'est lui le chef, le plus haut décideur à la tête de cette structure. Et qu'il dirige tout depuis sa cellule. » Une théorie non dépourvue de fondement : en 2010,

Sito fut transféré à la prison de Huelva. Un an plus tard, le directeur de la prison était destitué, apparemment, après avoir accepté deux voitures haut de gamme, courtoisie d'un narcotrafiquant présent dans son établissement. On apprit par la suite que Sito jouissait de tous types de confort et de privilèges dans sa nouvelle prison, allant du téléphone aux sorties ponctuelles. Deux ans plus tard, alors reclus dans la prison d'Algésiras, Sito eut droit à sa première permission (officielle, cette fois-ci) et quitta la prison pour une durée de six jours. Où alla-t-il ? En Galice, évidemment, pour se réunir, d'après les observations de la Guardia Civil, avec « Pastelero ». « On en tombait des nues. Il avait passé 12 ans en prison et son premier réflexe en sortant c'était de se réunir avec un autre capo. » Ainsi, l'on comprend mieux que le tribunal lui ait interdit de mettre les pieds en Galice lorsqu'il lui accorda la semi-liberté en avril 2015.

Mais « Pastelero » n'allait pas tomber à cause de cette réunion. Il tomba en décembre 2014, comme tout le monde : pour blanchiment d'argent. Depuis un moment déjà, la Brigade anti-blanchiment de la Police judiciaire recherchait minutieusement la façon de mettre au jour sa combine, lorsqu'elle tomba sur une piste prometteuse : l'achat d'une mine de cuivre en République Démocratique du Congo, une opération qui brillait au milieu des relevés bancaires telle l'étoile du berger. L'enquête fut bouclée pour les fêtes de fin d'année de 2014 et donna lieu à un coup de filet comme au bon vieux temps, avec hélicoptères et chiens, qui paralysa Vilagarcía. Aucune trace de drogue à son domicile, mais la répression des trafics a plus à voir avec les chiffres qu'avec les ballots. Nous savons jusqu'ici que « Pastelero » a largement utilisé un réseau de sociétés avec des retraités prête-noms, qui font toujours l'objet d'enquêtes. En janvier 2015, il fut libéré sous caution, celle-ci ayant été fixée à 200 000 euros. Il attend son jugement. Nul ne sait si une fois de plus, l'héritier pressenti de l'âge d'or du narcotrafic parviendra à s'en tirer indemne. « En attendant, il faut continuer de le surveiller », se résout le gendarme.

Dans le sillage des « Pâtissiers » se trouvent les « Boulangers », un clan de Ribadumia qui, selon les enquêteurs, collaborait jusqu'à il y a peu avec leurs voisins. Les « Panadeiros » rejoignirent les affaires en 2006 en introduisant de petites quantités de cocaïne ramenées de Colombie. Ils tinrent un an, puis tombèrent en 2007 en essayant de faire entrer 270 kilos dans un conteneur dans le port de Vigo. Les leaders du groupe, Francisco et Rafael Thomas Barreiro, écopèrent de dix ans. Mais la police est convaincue que le reste de la bande demeure active.

Toujours d'après la police, un autre clan allié serait celui des « Carniceiros » (Les Bouchers), un groupe restreint et très opaque de Vilanova qui collabore ponctuellement avec les « Pasteleros » sur de petits volumes.

### *Les classiques : « Lulús » et « Charlines »*

Aux côtés des nouveaux groupes, deux de leurs aînés se maintiennent actifs sur la Costa da Morte : les « Lulús » et les « Charlines ». Les premiers constituent, d'après la police, le clan le plus vigoureux de nos jours, et celui qui leur cause le plus de soucis.

Le dernier grand coup d'éclat qui nous soit parvenu remonte à la nuit du 5 décembre 2014. Une réunion était prévue entre Bernardino Ferrío[1], un narco de Muxía partenaire des « Lulús » et un groupe intéressé par un éventuel déchargement avec eux. Ferrío, un vieux loup de mer du narcotrafic galicien, les reçut chez lui à Alboi, un village de la Costa da Morte. Parmi les invités se trouvaient quelques Colombiens. Ce qui devait être une négociation au sujet d'un go fast tourna très vite au braquage. Les faux narcos étaient en réalité une bande qui volait les trafiquants. Une branche pour le moins risquée. Et plus encore si ton client du jour c'est Ferrío, un dur à cuire, comme le décrivent plusieurs agents. L'un des Colombiens sortit une arme et lui tira une balle dans l'estomac, et Ferrío lui rendit la politesse. Quatre jours plus tard, un habitant de Ribadeo de nationalité colombienne se présentait à l'Hôpital de Lugo avec une blessure par balle à la jambe. Des mois plus tard, la police parvint à capturer les braqueurs, qui attendent d'être jugés.

L'autre indémodable classique, la bande des « Charlines », est aujourd'hui entre les mains de la troisième génération. Le patriarche, toujours en vie, a raccroché dit-on, et se

1. Un épisode que la police a d'abord cru être en lien avec le déchargement de cocaïne de 2006, œuvre des « Lulús » et de David Pérez – le beau-fils d'Oubiña – et dont on croit qu'il reste des ballots planqués quelque part dans la zone.

consacre à boire des cafés en terrasse à Vilanova, et à recevoir les hommages de ses contemporains. Le mari de sa petite-fille, Marcos Vigo, est aujourd'hui à la tête du clan. Bien que derrière les barreaux. Il tomba en 2013 au cours de l'Opération Albatros, lors d'un coup dirigé par Vázquez Roma, victime de la bourde d'un marin curieux de porno. « Même s'il est en prison, on le surveille de près », raconte un agent. « On sait qu'il dispose d'un téléphone à l'intérieur. On le lui laisse, ça nous donne des pistes », dit-il presque en riant.

Solidement arrimé à Vigo, on a Jorge Durán Piñeiro, compagnon de Rosa María Charlín, nièce du patriarche. Il écopa d'une peine de neuf ans en 2005 et attend son jugement dans une autre affaire. Et ce n'est pas fini. Tous deux furent mis en cause dans la disparition – et le possible assassinat – de Fernando Caldas, le jeune de Vilagarcía dont le corps pourrait bien être enterré sous l'un des piliers du pont de Milladoiro.

José Luis Viñas Morgade, alias « Manzanita », est un autre membre des « Charlines ». Pour sa part, un vétéran qui repousse constamment son départ à la retraite. Il faut ainsi remonter à l'Opération Nécora pour retrouver les premiers échanges entre « Manzanita » et la Guardia Civil. En octobre 1990, cette dernière le coursait dans Cambados alors qu'il transportait 1 200 kilos de cocaïne à l'arrière de sa camionnette. Se voyant acculé, il se jeta à la mer et s'enfuit à la nage. Son chef de l'époque, Manuel Rey Vila, autre associé des « Charlines », était à ses côtés, mais plutôt que dans la mer, lui opta pour se cacher dans un réservoir d'eau. On le retrouva à moitié gelé.

Dans la liste des illustres toujours actifs pour le compte des « Charlines », nous trouvons aussi Manuel Gómez Rey, alias « Chanfainas » (Le Chorizo), et Antonio Carballa Magdalena. Le premier fut capturé en 2007 lors de l'Opération Destello, à Melilla, où il se rendait régulièrement. « Le Chorizo », d'après ce que l'on en sait, mettait son talent au service des mafias marocaines en tant que pilote de hors-bord. Un savoir-faire acquis auprès de Sito Miñanco, lorsque celui-ci transportait encore des cartons de cigarettes. Le second, Carballa Magdalena, doit répondre aux accusations de blanchiment d'argent et pour avoir joué les bailleurs de fonds, à des taux, on imagine bien, scandaleux.

Les autres membres du clan ne sont pas moins inquiétés. L'Opération Repesca (Repêchage) les poursuit pour blanchiment. Enfants, petits-enfants, neveux, tous impliqués, d'après l'enquête, dans des mouvements d'argent colossaux. En 2009, le clan fit une offre de 800 000 euros pour une conserverie, ancienne propriété de la famille avant saisie, et qui revenait sur le marché. L'illustration parfaite de la circularité du narcotrafic galicien.

### *Les « Peques »*

Nous trouvons également, dans le casting de l'Opération Nécora, José Fernández Touris, alias « O Peque », un émigré revenu en Galice dans les années 1980, à la tête d'une entreprise de construction à Vilanova avant de se reconvertir dans le trafic de cigarettes. Il sauta le pas en 1992, en essayant de faire entrer deux tonnes de cocaïne à bord d'un yacht anglais. Ses enfants sont aujourd'hui à la tête du clan, non sans quelques dysfonctionnements internes. À l'été 2009, l'un des fils du capo se promenait dans Cambados lorsque, sans crier gare, deux Roumains l'entravèrent et le rouèrent de coups. L'un le tenait par derrière tandis que l'autre le frappait, comme dans les films, mais en plein jour. « O Peque » se rebiffa (c'est un type plutôt costaud) et rendit un ou deux coups, néanmoins ses agresseurs parvinrent à s'enfuir. L'affaire n'en resta pas là, bien sûr. « O Peque » monta dans sa voiture, un 4 × 4 Mercedes et prit en chasse les Roumains partis à bord d'une BMW. Il finit par les percuter, détruisant les deux véhicules, sous le regard médusé des habitants venus assister à la scène. La Guardia Civil mit fin au spectacle. Apparemment, la raclée avait été commandée par sa propre famille pour une histoire de succession des biens issus de l'activité du patriarche.

### *Les « Burros »*

Parmi les clans arousans en activité suivis de près par la police et la Guardia Civil, mais sans antécédents judiciaires, s'illustre celui des « Burros », une organisation familiale très fermée de Vilagarcía. Les « Ânes » sont actifs depuis des lustres, sans doute depuis les années 1990, mais ne se livrent qu'à très peu d'opérations. Une ou deux par an, parfaitement orchestrées. Ils consacrent l'essentiel de leur temps et de leur énergie à investir l'argent des déchargements dans un large réseau de sociétés. Certaines sont de véritables institutions dans les Rías Baixas, dont une célèbre entreprise d'équipement nautique. « C'est un groupe qui a toujours opéré dans l'ombre des grands, en toute discrétion, et c'est pourquoi personne ne parle d'eux. Mais ils sont très puissants. »

Le chef des « Burros » dispose de solides soutiens politiques. Son nom apparut dans la presse lorsqu'éclata l'affaire Campeón[2], un scandale de corruption qui éclaboussa les plus hautes instances de la politique galicienne et nationale.

### *Les « Pulgos »*

Tout aussi familial et hermétique, mais moins puissant, le clan des « Pulgos » est implanté à Boiro. Cette organisation participe surtout à des opérations dirigées par des capos de plus grande envergure. Ces derniers temps, ils ont

2. Le cas Campeón, ouvert en 2001, se pencha sur une affaire de prétendues attributions irrégulières de subventions en échange de commissions versées à des responsables de l'administration. L'entrepreneur pharmaceutique Jorge Dorribo déclara s'être réuni avec le ministre de l'Équipement de l'époque, José Blanco, afin d'accélérer des démarches en sa faveur auprès du ministère des Finances. Une entrevue pour laquelle le cousin de José Blanco aurait perçu, dit-on, 200 000 euros. En 2013, le Tribunal Suprême classa l'affaire.

travaillé pour José Manuel Vila Sieira, « O Presidente », l'un des relais de la Camorra napolitaine dans les Rías Baixas, également originaire de Boiro. D'ailleurs, les enquêteurs n'excluent pas la possibilité que le « Presidente » soit en réalité le chef actuel du clan. Lui comme son fils ont été condamnés à 15 ans de prison pour le déchargement en 2005 de cinq kilos de cocaïne à bord du chalutier *Doña Fortuna* qui, nous l'avons vu, était affrété pour le compte du mafieux italien.

### *Les groupes de l'ombre*

Passé ce cap, nous naviguons désormais dans les eaux troubles de la spéculation. Une journaliste spécialiste du trafic de drogue indique l'existence de puissants hommes d'affaires galiciens endossant depuis des années le costume de capos. En vérité, ce n'est un secret pour personne. Dans un entretien réalisé en 2010 pour le *Faro de Vigo*, le procureur antidrogue de Pontevedra s'exprimait avec une rare franchise : « Il reste encore une poignée de capos actifs dans la province que nous n'atteindrons jamais avec la législation actuelle, puisqu'ils ne touchent pas à la marchandise et ne participent pas à l'organisation logistique. » La journaliste, experte en la matière, ajoute : « Ce sont des patrons qui ne se salissent pas les mains. Ils s'appuient sur des gens à tous les niveaux et il est pratiquement impossible de les rattacher à une quelconque opération. » Le rédacteur de *La Voz de Galicia*, Julio Fariñas, complète : « Ce sont des gens déjà très à l'aise financièrement et qui mènent des actions ponctuelles, partout ailleurs en Espagne sauf en Galice. Ils élisent un endroit, le plus dégagé possible, et réalisent des opérations irréprochables. » La Police nationale se montre plus circonspecte : « Il se peut qu'il y en ait qui placent de l'argent dans l'opération, mais nous ne les considérons pas comme des capos à proprement parler. Quiconque mène une activité continue est vite repéré. Nous ne croyons pas à l'hypothèse du grand capo tapi dans l'ombre et insaisissable. On raconte beaucoup d'histoires. »

Seul le temps prouvera si ces capos existent. Et s'ils se feront prendre. Et, même dans ce cas, nous restons convaincus qu'au-delà des Miñancos, Oubiñas et des « Charlines », il en existe d'autres en Galice qui auront réussi un sans-faute. Des figures que nous ne connaîtrons jamais et des histoires qui ne se retrouveront jamais dans les livres. Si toutefois il surgissait un jour quelqu'un de suffisamment insensé pour écrire un livre sur le trafic de drogue en Galice.

# La peste

La fille d'Esther Lago (l'épouse décédée de Laureano Oubiña) était là avec une copine. « Ou une cousine, je ne sais plus », précise Milagros, habitante de Vilagarcía et propriétaire du magasin dans lequel les jeunes filles entrèrent, il y a cinq ans. « Je l'ai tout de suite reconnue. J'ai oublié ce qu'elle voulait acheter. » Voulait, dit-elle, parce qu'elle n'acheta rien. Au moment de payer, Milagros lui dit qu'elle refusait son argent et lui ordonna de sortir. « Elle sourit, chercha dans son sac et me tendit le double sans jamais se départir de son sourire… » La voix de Milagros – dont le fils Alfonso fut emporté par la drogue il y a 20 ans – se teinte d'une colère contenue. « J'ai attrapé son argent et je l'ai jeté dehors. Il a percuté la vitrine. Et je lui ai redemandé de partir. » La fille d'Esther Lago ramassa l'argent, se tourna vers Milagros et s'en alla. « Je voulais lui dire que son argent était taché de sang. Mais j'ai perdu ma voix. »

La ligne de démarcation entre la société et le narcotrafic, invisible dans les années 1980, poreuse dans les années 1990, est aujourd'hui clairement marquée dans les Rías Baixas. Ceux qui s'adonnent à cette activité sont désormais considérés, sans pudeur ni admiration, comme de simples délinquants. Il reste néanmoins un fardeau, un lourd vestige que la société arousane – et une grande partie de la société galicienne – traîne encore après des années de culture délictuelle. Une réalité que le journaliste Julio Fariñas a décrite dans les chapitres précédents. « On a couvé, toléré, puis appris à vivre avec des comportements manifestement illicites. » Cette connivence est aujourd'hui plus subtile, certes, mais toujours présente. Elle est pénible à entendre. Ou à lire, dans le cas présent.

L'impunité a disparu, mais pas la chape de silence. Les Galiciens le savent et se taisent. « Que voulez-vous qu'ils fassent ? », demandait Enrique León, l'ancien commissaire de Vilagarcía. Sa question rhétorique renferme l'une des clés du phénomène : Comment pouvons-nous affronter individuellement le narco ? Doit-on porter plainte au commissariat ? Alerter la presse ? Et le lendemain, que se passe-t-il ? Le narco est aussi le voisin de quelqu'un. Le délinquant sait qui tu es. Il sait où tu habites et où tu travailles. Et puis, n'est-ce pas là le travail de la police ? Tous ces raisonnements sont parfaitement audibles, mais ne justifient pas le mutisme criant de la société, un « ce n'est pas mon problème » qui pousse trop de gens à renoncer aux actions sociales contre les clans. Un silence plus prononcé à Vilanova et dans d'autres petites communes qu'à Vilagarcía ou Cambados, plus grandes et plus modernes. Plus la localité est petite et reculée, plus il est difficile de combattre le narcotrafic. L'État n'est pas encore arrivé dans tous les recoins de son territoire.

« Les gens préfèrent ne pas s'en mêler, reprend Milagros. Par peur, parce qu'ils préfèrent fermer les yeux… Tous vous diront combien ils les détestent, mais personne ne fait rien. Avant, dans les réunions, on était des centaines de personnes, on organisait des manifestations… Aujourd'hui, on est 12 mamans et pas une de plus. Lorsqu'ils ne sont pas concernés directement, les gens s'en fichent. » Une journaliste locale ajoute : « En se persuadant que c'était une réalité inextirpable, les gens ont sombré dans la passivité. »

Depuis la mort de son fils, Milagros et son mari, Alfonso, œuvrent pour l'association « *Proyecto Hombre* » (Projet Humain) qui vient en aide aux jeunes toxicomanes. « Nous avons cherché pendant des mois un local pour l'association, mais personne ne voulait nous le louer. Tout le monde ici se dit opposé aux narcos, mais le moment venu, personne ne se mouille. Nous sommes quatre à donner de la voix. » On ne veut pas de problèmes. On ne veut pas se compliquer la vie. Voilà l'omerta, hélas compréhensible, de la Galice du XXIe siècle.

Il est tout à fait possible de pointer du doigt les strates de la société les plus accommodantes avec le narcotrafic. Pour les couches les plus défavorisées et dont les perspectives sont les moins favorables, la tentation de faire rentrer de l'argent grâce à des déchargements est parfois irrésistible. L'occasion ne se présente pas à la dérobée, sans crier gare. On ne propose pas, tout d'un coup, à un jeune chômeur de Cuenca de venir décharger de la cocaïne sur la plage. L'opportunité est là, larvée, depuis des décennies. Il suffit de l'accepter sans trop d'efforts pour trouver enfin une voie de sortie, qui aujourd'hui ne passe plus par le marché du travail. Le trafic de drogue demeure une alternative proche et envisageable. « On ne peut pas lutter contre ça », explique Fernando Alonso, administrateur de la Fondation galicienne contre le narcotrafic. « Quelqu'un aborde un gosse de 20 ans au chômage, dont la famille ne peut s'occuper et qui n'a pas franchement d'avenir, et lui propose 5 000 euros pour conduire une voiture jusqu'à Madrid, la laisser dans un parking et rentrer avec une autre voiture. Comment peut-on lutter contre ça ? » Antonio, un jeune habitant de Vilanova s'est vu proposer, quand il était encore ado, de participer à un déchargement. « J'ai décliné, mais deux de mes amis y sont allés. C'était de la coke, et ils ne l'ont plus refait, mais cette nuit-là ils se sont fait 1 000 euros chacun, et ça leur a pris 20 minutes. » Et c'est loin d'être un cas isolé.

Il serait malhonnête de réduire le phénomène à la seule volonté de se sortir de la pauvreté. Voler pour manger. Des centaines de personnes qui trempent dans le narcotrafic galicien ne connaissent ni la faim ni les difficultés pécuniaires. Parce que leurs parents se sont rempli les poches grâce à lui. Le narcotrafic dans les rias est bien souvent une affaire de famille, un legs. Il suffit de prêter attention aux noms de familles des narcos du début des années 1990 : nous les retrouvons presque toujours dans les clans d'aujourd'hui. Et si ce n'est par les liens du sang, la transmission se fait de proche en proche : amis, voisins, associés en affaires… Les rapports qui unissent les narcotrafiquants sont pratiquement endogames. Comme pour les autres traditions, les ballots et les hors-bord se transmettent à la génération suivante. Laquelle, biberonnée aux déchargements, s'y sent chez elle, comme d'autres dans le magasin de chaussures fondé par l'arrière-grand-père.

Nous livrant à une analyse psychologique aussi risquée qu'inopinée, nous pouvons distinguer deux profils chez le narcotrafiquant galicien d'aujourd'hui : le capo et le « petit narco ». Le capo dirige son affaire, il est à la tête du clan. Généralement d'origine modeste, il maintient sa condition et s'en sert comme couverture : si sa famille fait dans la palourde, il continuera d'aller à la palourde. Mais au volant d'une Audi. Si elle a un parc à moules, il ira au parc à moules. Mais le sac à main de sa femme sera un Gucci. C'est là tout le *kitsch* du narcotrafic galicien : la dame qui vous sert un sandwich aux calamars porte une Rolex au poignet. Ce sont des détails qui en disent long dans les Rías Baixas.

La figure du capo a une variante, celle de l'homme d'affaires qui a réussi. Des hommes censément honorables qui possèdent des hôtels, des chantiers navals, des entreprises de nautisme ou des agences immobilières. Et qui de temps à autres procèdent aussi à quelques déchargements discrets ou injectent de l'argent dans leurs sociétés. « Quoi qu'il en soit, ici on fait la différence », explique Pablo, de Vilanova. « Ça saute aux yeux. Jusque dans la façon de se tenir. »

Après les capos, viennent leurs enfants. « Des fils à papa », tranche Verónica, une habitante de Vilagarcía. « Des nouveaux riches qui abusent de leur petit pouvoir. » Une phrase revient souvent à Arousa lorsque l'un de ces parvenus se fait coincer dans un coup de filet ou en train de décharger. « On ne les voit plus pendant un moment et lorsque quelqu'un pose une question, on lui répond invariablement : "Parti faire un master". C'est systématique, merde. Faut croire que pour les gens d'ici, aller faire un master en réalité cela veut dire aller en taule », s'exclame Pablo entre deux éclats de rire.

Milagros raconte une autre histoire, cette fois vécue par l'une de ses amies, employée dans une boutique de déguisements. « C'était à l'approche du carnaval et le fils de "Falconetti" est venu s'acheter un déguisement. À l'époque, son père était en prison. Eh bien, il est reparti avec un costume de bagnard, avec le boulet et tout le tralala. Ils n'ont aucune honte. Rien ne les atteint. Le père d'Esther Lago, je l'ai personnellement entendu dire qu'il y avait trop de camés à Vigo. C'est le comble. Quel cynisme. » Le mari de Milagros, Alfonso, ajoute : « Le maire de notre comarque a son fils en prison. Il ne va jamais le voir, parce que ça nuirait à son image. »

Tout en bas de l'échelle se trouvent les « petits narcos », les gamins qui commencent à travailler pour les clans. Messagers, pilotes, guetteurs... Une catégorie sociale de la côte galicienne facilement identifiable : grosse voiture de mauvais goût (ou moto, à défaut), brusques accès de générosité consistant à payer une tournée générale, vêtements de marque vulgaires... Le tout à 20 ans et sans métier connu. « Dans certaines strates sociales, le "petit narco", c'est cool. Ça le fait. On aspire à le devenir. Il y a même des gosses qui s'en donnent l'allure sans rien être du tout. »

Le risque de l'analyse stéréotypée, c'est que l'on finit par se méfier de tout le monde. « Il y a un moyen très simple de savoir qui fait du trafic de drogue, surtout parmi les jeunes : une grosse BMW et à l'intérieur un gamin de 22 ans un peu niais. C'est évident. Qu'on m'explique sinon d'où il sort la voiture », argumente un habitant de Cambados. Ajoutant : « Tu demandes : "Et l'autre là avec sa BMW, il fait quoi dans la vie ?" On te répond : "Il est mécanicien à Vilaxoán." C'est clair, non ? »

Ce sont des gosses qui ont lâché l'école et qui savourent la gloire éphémère de leur jeunesse. Le témoignage que livre María, une jeune avocate de O Grove, est éloquent. « Il m'est arrivé quelques fois, lorsque j'étais à la fac de droit, de croiser des camarades qui avaient abandonné le lycée. Ils étaient en décapotable et me proposaient d'aller faire un tour. Ils me disaient tous : "Mais pourquoi tu fais des études ?" Ils ne le disaient pas sur le ton de la moquerie. Ils ne comprenaient vraiment pas, puisque, eux, avaient assuré leur avenir. » María a défendu certains de ces jeunes devant les tribunaux.

La suspicion facile ne se limite pas aux seuls « petits narcos ». Il existe tout un éventail de signaux qui à Arousa vous portent préjudice. Trop d'années passées dans un même paysage social. « Ici, dès que tu vois une grande maison, avec des dorures, des statues et des carreaux tape-à-l'œil… tu te fais une petite idée », raconte Verónica. Pablo renchérit : « Tu vois un bar avec trois grosses bagnoles garées devant.

Ton premier réflexe c'est de penser : il se passe quelque chose à l'intérieur. » Un autre habitant de Vilanova enfonce le clou : « Si dans un restaurant tu vois à la même table deux types plus ou moins connus, friqués, tu fais tes propres déductions : ces deux-là, ensemble, vraiment ? Ou alors, si tu en vois un dont tu sais qu'il baigne dedans, en train de boire un coup avec un entrepreneur… il ne faut pas chercher bien loin pour comprendre ce qui les réunit. »

Le problème c'est que les clans ne vivent pas dans une réalité étanche. Leur activité a eu un impact durable, et qui continue, sur toute la région. « C'est énorme, dit Abel, de Vilagarcía. La quantité de drogue que l'on trouve ici est énorme. Et il est plus aisé de trouver de la cocaïne que n'importe quelle autre drogue. Même le haschich. » Il y a quelques années encore, on pouvait entrer dans un bar de Vilagarcía et voir des rails de coke tout prêts sur les bandes du billard. Dans toutes les toilettes de Galice, il y a des trous aux portes, pour contrôler ce qu'on y faisait. Abel poursuit : « Je me souviens être allé un soir dans les toilettes d'un bar et, lorsque je me suis lavé les mains, j'ai mouillé sans faire exprès un tas de rails de coke qui étaient là, prêts à l'emploi. On les y avait laissés, assumant que personne n'y toucherait. Je suis sorti et je me suis taillé direct. »

L'étiquette vous colle bien au-delà des frontières de la Galice. « Si tu dis à Madrid, ou ailleurs en Espagne, que tu viens de Vilagarcía… soit tu te fais chambrer soit on te demande de la coke, sans rire », explique Verónica. « Moi, on m'en a demandé des centaines de fois, rien qu'en entendant mon accent. »

Une telle quantité de drogue dans un espace aussi réduit ne peut qu'entraîner des conséquences désastreuses. Alfonso, le fils de Milagros, a capitulé après trois ans de dépendance à la cocaïne et à l'héroïne. À 25 ans, il décida de mettre fin à son calvaire en se pendant dans un foyer à La Corogne. « Alfonso, comme pratiquement tous les gamins d'Arousa, a grandi au contact de la drogue. Et s'est fait dévorer par elle. » Dans le salon de sa maison de Vilagarcía, Milagros raconte son histoire, bouleversée. « Le plus incroyable est qu'Alfonso, de tous mes enfants, était le plus doux. Celui dont tu pensais : "Lui, à l'adolescence, il ne va pas me causer de soucis." » Mais. Il y a toujours un « mais » dans les Rías Baixas. « Tiens, par exemple : à 16 ans, Alfonso intégra l'orchestre de l'École navale de Marín. Nous l'avons envoyé chez les militaires pour le tenir éloigné des problèmes. Plus tard, nous avons su que le lieutenant vendait de la drogue aux jeunes. » Milagros, à bout de forces, fond en larmes.

« Le plus ahurissant, poursuit Alfonso, son mari, c'est que beaucoup de parents continuent de vendre. Je connais des gens à Arousa qui ont perdu des enfants à cause de la drogue et qui font du trafic. » La narcoculture ne s'encombre pas de principes. « Ici, nous avons tous connu des enfants de narcos qui étaient accros. » Dans le vécu quotidien de Milagros et Alfonso au sein de *Proyecto Hombre* se déploie l'envers du narcotrafic, la triste réalité qui dépouille le récit de tout romantisme et le présente sous une lumière crue, sans fioritures ni artifices. « Je me souviens de la fois où l'on a emmené un jeune chez lui. Le gamin était complètement accro et ce jour-là il était dans un état déplorable, allongé sur le trottoir. Nous l'avons pris dans la voiture, et il nous a dirigés tant bien que mal jusqu'à chez lui. Sa mère nous a aidés à le mettre au lit. Elle était dévastée, elle pleurait, un mouchoir dans la main. En face de chez eux, il y avait trois grosses maisons. Avec des Mercedes et des 4 × 4 à l'intérieur. Elle les montra du doigt en disant : « Lui, lui et lui. » Ceux qui avaient mis son fils sur le chemin de la came vivaient à moins de 30 mètres.

*

La *fariña* a profondément transformé la zone. L'argent provenant du trafic de drogue que l'on a investi, et que l'on continue d'investir, dans les rias est incalculable. Des centaines de commerces, d'entreprises, de cafés, de boîtes de nuit et de boutiques sont nés grâce à l'argent des déchargements. Ce sont aujourd'hui des établissements réguliers, mais qui doivent leur existence à la cocaïne ou au haschich. José Vázquez, maire de Vilanova dans les années 1980, soutient : « Ce que je vais dire est grave, mais rares sont les entreprises ici qui n'ont pas, à un moment ou à un autre, été en rapport avec le trafic de drogue. C'est terrible à dire et c'est un état de fait très douloureux. Mais c'est la vérité. » En 2010, le SVA recensa 100 établissements de Vilagarcía et de ses environs dont la raison d'être était de blanchir de l'argent. « Patoco », le défunt pilote, à lui tout seul, se fit confisquer 124 établissements dans la comarque après sa mort. Selon une étude de la Fondation galicienne contre le narcotrafic, rendue publique en 1997, 80 % des entreprises hôtelières d'Arousa étaient la propriété de narcotrafiquants. D'ailleurs, l'auteur de cette étude est un ami d'Alfonso, le mari de Milagros. Lequel, en sortant de la présentation du rapport à Vilagarcía, découvrit qu'on lui avait crevé les pneus de sa voiture. Vrai de vrai.

Il y avait un café à Vilanova (10 500 habitants) dont le gérant expliqua, lors du passage des inspecteurs, qu'il servait 2 000 cafés par jour.

« Ces gens-là ont fait fortune grâce au trafic de drogue et désormais il faut les voir se pavaner dans leurs grosses voitures et leurs belles maisons, comme si c'étaient des entrepreneurs de talent », s'emporte Milagros.

— Et tu n'as pas peur de les montrer du doigt ?

— Peur ? Non, ils ne me font pas peur. J'ai perdu mon enfant, et avec lui ce qui me restait de peur.

Réussir à préserver son éthique alors que 80 % des bars sont connectés au trafic de drogue relève de la gageure. « Moi, je n'entre pas dans les bars qui appartiennent aux narcos, explique Verónica. Moi, et plein de gens. Mais d'autres y vont. Ils s'en moquent. Parfois, c'est simplement qu'ils ne sont pas au courant. D'autres fois, t'as pas le choix. » Milagros est du même avis : « J'imagine que moi aussi je fréquente des commerces de narcos sans le savoir, étant donné que pratiquement tout leur appartient. Mais je fais en sorte de me renseigner. C'est tout ce que je peux faire... » Puis elle raconte que si quelqu'un entre dans son magasin avec des sacs d'une enseigne qu'elle sait être en lien avec le narco, elle les lui remplace. Ça ne se fait pas beaucoup : « Les gens s'en fichent, ils y vont de toute façon. Il y a des parents qui ont leurs enfants dans *Proyecto Hombre* et continuent d'acheter dans des boutiques de narcos. »

Puis elle ajoute, enfonçant le couteau dans la plaie : « Si par le passé on fermait les yeux sur les narcos, aujourd'hui c'est sur l'argent des narcos. »

*

Les biens que la justice a confisqués aux clans vont tous au Plan national sur les drogues. Soit, mais il reste un problème à régler : une partie de ce patrimoine s'entasse et perd de sa valeur. Ce qui arrive notamment avec des bateaux immobilisés jusqu'à pourrir sur place. Un problème qui existait déjà dans les années 1980 et qui n'a jamais été réglé.

Il y a un moratoire sur l'administration et la vente des biens confisqués aux narcos tant qu'un jugement définitif n'a pas été prononcé, ce qui d'ordinaire prend des années. Le dépôt du Fonds des biens confisqués de La Corogne regorge de voitures de luxe, de bateaux et de moteurs voués à la rouille. Jusqu'à un tiers de ces biens, d'après les données de ce même organisme, se retrouve à la casse depuis quelques années. Et ce, lorsque les proches des capos ne s'en réclament pas les dépositaires. « Les épouses et les enfants des détenus, explique Fernando Alonso, se promènent au volant de leur BMW dans les rues de Vilagarcía ou conservent la villa de luxe. Cela envoie un message d'impunité. Et décourage tous ceux qui les combattent. »

Le meilleur exemple est le patrimoine de Sito Miñanco. Sa famille détient encore aujourd'hui pratiquement tous ses biens, les villas autant que les voitures de luxe.

Il existe en réalité une alternative, une voie qui permettrait d'éviter cette situation. Cela s'appelle l'aliénation anticipée, une disposition grâce à laquelle un juge, s'il en décide ainsi, peut procéder à la confiscation des biens en l'absence de condamnation. Mais rares sont les juges qui y ont recours, car cela n'est pas sans risques. Fin 2013, le magistrat Fernando Grande-Marlaska relaxa le clan des « Pasteleros » après le rétropédalage du témoin clé, José Luis Fernández Tubío. Suite à la relaxe, le juge se vit dans l'obligation de lever toutes les mesures qu'il avait imposées sur les sociétés, les véhicules et les comptes. Un mastodonte bureaucratique qui s'étala sur plusieurs années.

« Il n'est pas d'usage que les tribunaux prononcent une aliénation anticipée », explique Javier Zaragoza, actuel procureur du Tribunal Suprême. « La pratique généralisée est la mise sous séquestre des biens. » Ce qui veut dire qu'un tiers des biens confisqués va chez le ferrailleur.

« Il faut faire quelque chose à ce sujet, s'agace Luis Rubí, avocat et administrateur judiciaire du domaine de Baión. Il faut éviter que la famille Miñanco puisse jouir de ce patrimoine. Il faut également accélérer ces procédures, car à l'heure actuelle nous tournons autour de 14 à 15 années de séquestre, ce qui entraîne une dévalorisation. On ne peut pas se contenter de dire qu'il y a un manque de moyens, ou d'effectifs. S'il faut plus de moyens, on se doit de les débloquer. » Fernando Alonso va plus loin encore : « Nous souhaitons qu'ils soient saisis plus tôt et automatiquement, sans que cela passe par le juge. D'ailleurs, nous demandons l'adoption de l'inversion de la charge de la preuve. »

L'inversion de la charge de la preuve est une demande qui ne lui sera pas accordée si aisément. Elle consiste, *grosso modo*, et dans un langage dépouillé de technicismes, en la présomption de la justice qu'un patrimoine s'est constitué à partir d'activités illégales, dans le cas présent, du trafic de drogue. Cette présomption obligerait le propriétaire à démontrer que ses biens proviennent d'activités licites. Autrement dit, si un juge venait à trouver suspect qu'un petit primeur de Vilagarcía possède trois villas et cinq voitures, il pourrait alors l'accuser de se livrer à une activité délictuelle, et ce serait alors au petit primeur de prouver son innocence. Une sorte de présomption de culpabilité qui s'accorde mal avec la constitution, mais qui, après des années d'impunité dans les rias (et la vue du petit mécano du coin qui a acquis trois maisons sur la plage), est perçue de plus en plus comme la seule façon de mettre un terme au narcotrafic.

Tout n'est pas forcément morose. Deux tiers des biens expropriés aux narcos font l'objet d'une vente effective. Le domaine de Vista Real, qui appartenait aux « Charlines », est aujourd'hui un bien public (quoique légèrement à l'abandon, il faut bien le dire) avec une plaque destinée à garder le souvenir de la victoire des Galiciens sur les clans : « Ils pourront couper toutes les fleurs mais ils n'empêcheront pas le printemps [d'après un vers de Pablo Neruda]. En souvenir des victimes galiciennes du narcotrafic. » Autre exemple : dans les dispositions officielles envoyées par la Xunta aux candidats à la réhabilitation et décoration du domaine de Baión, il était précisé noir sur blanc qu'il ne pourrait nullement être fait référence aux drogues ou au trafic de drogue. C'est la consigne principale.

La politique galicienne, elle aussi, semble s'être assainie. Se rallier le soutien des capos ne rapporte plus de voix depuis des années, même si l'on n'a pas la preuve que cela vous en fasse perdre : passé le scandale des photos de Feijóo en compagnie de Marcial Dorado sur son yacht, le président de la Xunta a conservé son mandat et l'affaire semble oubliée. La transformation des trafiquants en simples délinquants les a éloignés du politique. Avec une conséquence regrettable : coupés du phénomène, les élus se sont mis à l'ignorer. Et ont taillé dans les dépenses. En janvier 2014, le vaisseau *Fulmar* des douanes fut transféré de Vigo à Cadix. La police et la Guardia Civil font également remonter des doléances. « Nous disposons de très peu de moyens à présent, ce qui revient à leur donner l'avantage », explique un commandant de la Police nationale. « Tout est réinvesti dans la lutte contre le terrorisme. J'imagine qu'il faut se faire une raison. »

Le manque d'intérêt, nous l'avons vu, n'épargne pas plus la presse. Et atteint la plupart des Galiciens, qui voient le trafic de drogue comme un souvenir passé, et non comme une réalité présente. Un souvenir qui naquit sur la côte à l'assaut des navires, sur la *raia* avec la contrebande de pénicilline et celle de ferraille dans le Bas Miño. Qui se poursuivit avec le trafic de carburant et se consolida grâce aux cartons de cigarettes. Qui sauta le pas et inonda la côte de ballots. Et qui cherche la faille pour continuer à faire entrer de la cocaïne tandis qu'il crée de nouveaux commerces pour justifier ses gains. De Celso et « Terito » aux « Pasteleros » et « Patoco ». De Sito aux neveux de Charlín. Des barques aux hors-bord et leurs 1 000 chevaux.

N'oublions pas ce qui n'est pas révolu.

# Bibliographie

CARRÉ, Héctor. *Febre,* Edicions Xerais, 2011.

CONDE, Perfecto. *La conexión gallega. Del tabaco a la cocaína,* Ediciones B, 1991.

ESCOBAR, Juan Pablo. *Pablo Escobar. Mi padre,* Planeta, 2015.

Traduit en français par Arthur Desinge : *Pablo Escobar, mon père,* Hugo doc, 2017.

GARCÍA MAÑÁ, Luis Manuel. *O lume de Santo Antón,* Edicións Xerais, 1997.

GONZÁLEZ MARTÍNEZ, Praxíteles. *Yo también fui contrabandista en el estuario del Miño,* O Rosal, 2013.

LEMA, Rafael. *Costa da morte, un país de sueños y naufragios,* Grupo de Acción Costeira da Costa da Morte, 2011.

PORTABALES JR., Ricardo et CRUZ, Julián Fernández. *El diario de mi padre. Testigo protegido,* autoeditado, 2015.

RIVAS, Manuel. *Todo é silencio,* Alfaguara, 2010.

Traduit en français par Serge Mestre : *Tout est silence,* Gallimard, 2014.

RODRÍGUEZ MONDRAGÓN, Fernando. *El hijo del ajedrecista,* Editorial Oveja Negra, 2007.

SUÁREZ, Felipe. *La Operación Nécora +,* autoédité, 1997.

TRIGO, José Manuel et TRIGO, Ramón. *O burato do inferno.* Faktoría K de libros, 2010.

URBANO, Pilar. *Garzón. El hombre que veía amanecer,* Plaza & Janés Editores, 2000.

Remerciements

Ce livre n'aurait jamais vu le jour sans le travail acharné d'un groupe de journalistes galiciens qui ont risqué et risquent toujours leur vie pour nous informer sur ce sujet. Cet ouvrage leur est dédié avec toute mon admiration.

Merci Arturo Lezcano, mon éditeur *extérieur*, pour ton aide, ta patience et ton soutien. Pour ton regard avisé.

Merci Álvaro de m'avoir accordé la confiance de Libros del K.O., merci Emilio pour ton marquage serré. L'action est à toi, je n'ai fait que pousser le livre dans les filets.

Merci à mes parents et à ma sœur Cris. Je m'étonne toujours qu'après 34 ans d'embardées, ils aient toujours foi en moi.

Merci à tous ceux qui m'ont consacré du temps pour m'informer, m'expliquer et me raconter leur expérience au contact du narcotrafic en Galice.

Pour nombre d'entre eux, cela n'a pas été facile ni agréable. Je vous en suis infiniment reconnaissant.

Merci à tous ceux qui m'ont encouragé tout au long de l'écriture en disant : « Préviens-moi de sa sortie, je l'achèterai sans faute. » Qu'il en soit ainsi.

# Table des matières

MIXTE
Papier issu de sources responsables
FSC® C003309

L'éditeur de cet ouvrage s'engage dans une démarche de certification FSC® qui contribue à la préservation des forêts pour les générations futures.

Pour en savoir plus :
www.editis.com/engagement-rse/

Achevé d'imprimer en décembre 2021
par Normandie Roto Impression s.a.s. à Lonrai
N° d'impression : 2106133

*Imprimé en France*